中国道路丛书

厉以宁主编　程志强副主编　赵秋运主编助理

中国道路与民营企业发展

商务印书馆
创于1897 The Commercial Press

2019年·北京

序　中国道路与民营企业发展

厉以宁

一、民营企业需要逐渐摆脱传统发展方式

在 2008 年国际金融危机对中国经济产生强烈冲击以前，不少人对中国经济增长的速度和出口增长的势头都感到满意，只有较少的人察觉到这意味着中国经济发展方式存在问题并且越来越具有出口依赖性质。2009 年这一年中国经济从增长率下滑到年终的回升，以及中国的出口从大幅度减少到年终的趋稳，使人们普遍认识到，这种出口

依赖型的经济增长方式不能再继续下去了，否则中国经济难以真正走上稳定持续增长的道路。这也可以说是 2009 年这一年我们从中国经济的波动中学到的最宝贵的知识之一。

为什么中国经济会成为出口依赖型的？要回答这个问题，首先要认识到，中国经济在这以前已经成为高速度增长依赖型的经济。中国经济增长必须有高速度，这是受就业压力越积越大的逼迫所致。换句话说，进入 20 世纪 90 年代以后，由于国有企业改革所引起的人员分流，以及农村多余劳动力一直不断地流向城市，再加上城镇每年新增劳动力需要就业，使得就业形势始终是严峻的，于是经济增长必须高速度。2008 年的经济波动表明，当该年 11 月起经济增长率下降到 6%—7%时，失业人数就骤然上升了，似乎中国经济增长率只有达到 9%—10%，甚至超过 10%时，就业问题才稍稍缓解。为了社会稳定，看来高速增长是唯一可供的选择。从另一个角度看，这意味着中国经济已被迫地绑在高速增长这辆战车上，非高速不可。

如何实现经济增长？无非要依赖投资、消费、出口。其中，对投资的依赖是一贯的。20 世纪 50 年代起，投资就在经济增长中起主要作用。至于消费，这些年来，直到现阶段，由于种种原因，一直没有成为带动经济增长的主要因素。剩下的就是出口，近些年来，正是出口在中国经济中起着越来越重要的作用，对经济增长率和就业的贡献越来越大，从而使中国经济增长对出口的依赖也越来越突出。能增加出口，并不是坏事，即使在今后，我们仍然应该重视出口贸易，继续开拓国际市场。但较大程度地依赖出口，却不一定是好事，因为这容易导致我们受制于人、受制于其他国家的政策变动、受制于国际形势的动荡不定。何况，在过去这段时间内，中国的出口产品中有相当多的产品全凭劳动力成本低廉，而企业赢利空间则是有限的。除劳动密集型产品出口而外，还有一些出口产品是高耗能型的，它们在生产过程中消耗的是中国的能源，污染则留在中国，因此对中国来说是得不偿失的。尽管这些产品的出口维持了一部分工人的就业并为国家挣得了外汇，但这是一种不可持续的出口带动经济增长的方式。

二、民营企业最迫切解决的几个问题

1. 为什么民营企业最迫切要求解决的是产权保护一视同仁？

民营企业和民营企业家为了要求产权保护一视同仁，是同他们的切身利益有关的。他们认为，如果自己创办一个企业，产权保护是直接受惠的。如果参与了国家投资为主的国有资本企业中，对民间投资者的产权保护，至多只能间接受益、打折扣的受益。即使民营企业和民营企业家不参与国企改革，不向国企投资，他们同样迫切需求保护自己的产权。国企欠民企的，是商业纠纷；民企欠国企的，则是侵占国有财产——这种观念绝对错误。千万不能认为，民企只顾个人利益。因此，在如今国家需要民企时，对民企的政策就松一些，将来等国家经济发达时，民企就应受限制。这种观点非常错误。应认识到，民营企业同样是国民经济的重要组成部分。在法律面前，国企和民企是平等的，产权都受到法律的保护。

2. 民营企业迫切要求解决的另一个问题：市场交易规则的公开化、透明化

在市场竞争中，一切按法律、法规、市场规则进行，这是给予民营企业和国企的同样的权利。民营企业不要求国家给与更多的照顾，只要规则平等它们就满意了。然而政府，特别是一些地方政府，总想把项目留给地方国企，形成地方国企的垄断，至于民企则受排挤。这种机会不平等现象，或“玻璃门”现象，各地都有。

民企和国企在市场竞争中，都需要政府监管到位。如果监管不到位，国企、民企都可能违规违法，它们适用于同样的处置，而不应因所有制而异。同时，无论国企还是民企，都应具有社会责任感，把

握两条底线：一是法律底线，二是道德底线，不可突破。突破的结果，无论国企还是民企都应受到同样的处理。

3. 民营企业(包括家族企业)的职业经理人制度、产权激励制和员工持股

物质资本和人力资本共同创造财富的理论应当兑现：不能让利润全部给物质资本投入者，而让人力资本的投入者只从成本中的工薪部分取得报酬。

职业经理人制度是国企改革中的难题，但民营企业可以先行。民营企业要摆脱家族控股和掌权的老模式，先采取职业经理人制度。产权激励制度在民企中的推行也比国企推行容易得多。每一个民营企业都可以采用产权激励制度，因行业和企业状况而定。同样的道理，民营企业实行员工持股制度也比国企容易些，因此可以推行。

4. 民营企业，包括小微企业"抱团"，既有经济意义，又有社会意义

在遇到经济下行或市场销路紧缩时，民营企业(包括小微企业)通常采取"抱团"的做法，这是可行的。民间通常采取这种互助协作的方式，这一传统继续已多年。"抱团"有多种形式，如"抱团取暖"、"抱团过冬"、"抱团外出"、"抱团抢市场"等等，无论哪一种形式，都体现了民营企业、小微企业的"共同命运感"和社会责任感。互信、互助、互济将在"抱团"行动中体现出业主们的精神，这就是认同。在这里，认同是最重要的。"共同命运感"和"社会责任感"都是以认同为基础的。

当前都在谈改革，最需要的改革是什么呢？最急迫的改革是什么呢？最急迫的改革是社会主义体制要赋予企业自主经营的权利，取消所有制歧视，打破行业垄断，缩小审批范围，这是最重要的，把这个东西一改，其他就很容易推进了。比如财政体制怎么改，金融体制怎么改，资源价值怎么改，最要紧的就是让企业真正成为自主经营者。

三、民营企业在混合所有制经济建立和发展过程中将向现代企业转型

中国现阶段的民营企业家,大体上由三部分人构成。

第一,从个体工商户、小业主逐年积累而形成的一批民营企业家。他们在改革开放以后最早在市场中摸爬滚打而挣得一份家业,并由此扩大生产经营规模,成为民营企业的创办人、合伙人。

第二,由乡镇企业改制而兴起的一批农民企业家。其中不少人就是当初的社队企业(后改为乡镇企业)的负责人或骨干。他们有能力,有市场意识,并有创业远见。他们在发展市场方面是有贡献的。因为这时,他们所在企业的产品需要自找市场,自谋销路。他们带着样品和订单,走遍城乡,在共同努力下,一个处于计划经济体制之外的乡镇企业商品市场终于形成了,大一统的计划经济体制终于被打破了。以后,随着乡镇企业的转型、改制,乡镇企业的产权明晰化并落实到个人,这些当初的乡镇企业的负责人和主要骨干也就转化为民营企业家。

第三,所谓"九二派"。也就是邓小平 1992 年南方讲话以后,从体制内转到体制外,自行创业,逐渐发展壮大,而陆续成为企业界人士。当然,"九二派"是一个笼统的说法,实际上 20 世纪 80 年代内就已经有不少从体制内转到体制外的先行者了。他们之中有不少人曾经在政府机构和国有企业中担任过干部,有高等学历,又有实际部门工作的经验,并且熟悉体制内经济和管理的操作。特别是,由于对国外的经济状况了解较多,对世界科技进步的趋势有较深刻的认识,所以,他们无论在科技界、工商界、金融界还是在新兴产业方面都有较大的潜力,一旦由体制内转到体制外,很快就在民营企业界占据优势,创办的民营企业也占上风。他们在素质上的优势是小业主出身的民营企业家和乡镇企业负责人出身的企业家远远不

及的。

以上三类不同背景、不同经历的民营企业家中,第一类民营企业家不易摆脱小业主意识,他们依然把小业主阶段的创业经验牢记在心,从而形成浓厚的家族中心观念,即使认为有必要采用股份制形式,但实质上仍然是家庭成员持股制,坚持“肥水不流外人田”。

第二类民营企业家的背景和经历中,乡镇企业的经营理念和管理理念依然牢固存在。与第一类民营企业家比较接近的是:他们也形成了家庭中心的观念,所以即使也采取股份制形式,家庭成员持股制仍是基本的。如果一定要对第一类民营企业家和第二类民营企业家之间找出差异的话,也许可以这样认为,即出身于乡镇企业的民营企业家中,除了某个家庭中心以外,可能还带有乡土观念,这是指:当初走向民营企业的过程中,可能有好几个家庭都曾是乡镇企业中的创业者,他们既是同村的好友,又是创业时的伙伴,现在企业做大了,于是形成了几个家庭共同主持已经壮大的民营企业,分庭抗礼,势力不相上下。这样一来,反而会出现一种意想不到的后果,即如果遇到困难,或遇到影响本企业发展前景的大事,几个不同家庭的代表会坐在一起商量对待,这就与单纯由小业主成长起来的民营企业不一样了,因为在那里只有家长一个人拍板做主,家长是权威,家长本人一言九鼎,谁都得服从他。不错,家长有经验,但经验可能是财富,也可能是包袱。而由乡镇企业演变而成的民营企业,如果不是以一个家庭为中心,而是有几个家庭共同主持,所有可以采取的重大决策由会议讨论,共同通过决策,这就比一个家族拍板、一位家长说话算数要前进了一步。当然,这也不否认另一种可能性存在,即当几个家族的代表各有看法,难以形成统一意见时,这家民营企业可能由此分裂,结果形成两家或多家民营企业。

第三类民营企业家与前面提到的两类民营企业家相比的最大特点是,他们有高学历,懂科技,了解世界经济和产业的发展趋势,再加上有从体制内转向体制外的经验，一心想把自己创办的民营企业转型为现代企业。在许多人的眼中，他们是新型的民营企业家，他们是中共十一届三中全会决定的坚定拥护者，他们不仅同意市场调节在资源配置中起决定性作用的决议，而且也同意加快建立和发展混合所有制经济。他们对法制建设重要性的认识同样是深刻的。在法制不健全的条件下，他们一般不会轻易参股于国有企业。只有在法制健全，而且有法必依、违法必究的情况下，才会把投资于混合所有制企业作为自己的发展途径。

同样，我们还可以设想，今后会有越来越多的以小业主为背景起家的民营企业，以及更多的以乡镇企业为背景发展起来的民营企业，会从家庭制企业走向混合所有制企业。在这方面，一是要有信心，因为走向现代企业制度是大势所趋。但家庭企业仍会继续存在是无疑的；又一是要有耐心，对家庭企业的转型改制要等待一个时期，因为这些家庭在实践中将会逐渐体会到现代企业制度对企业的发展肯定更适合、更有利。

四、民营企业参与国有企业改革的几点讨论

1. 为什么知名的民营企业对参与国有企业改革不热情？

民营企业感到参股于国企缺乏安全感。这主要反映于国有企业的资产是国家的，如果民营企业参股后，国企拆股可能被认为是有意低估国家资产，形成国资流失。民营企业还感到参与国企后，人事权掌握于国企手中。民营企业家即使被安排在某一主管位置上，但很难成为掌握实权的核心成员。此外，民营企业也感到，国企被民营企业参股后，如果法人治理结构未真正改革而继续亏损，民营企业有可能受到指责。这样，对国企改革不热情，不参与。最后，民营企业的产权能够得到有效保护是有疑问的，所以他们谨小慎微，不愿插手。

2. 如何界定民营企业收购国有资产中的“国有资产流失”问题？

关于“国有资产流失”一词，应当规范使用，而不能滥用，否则会扩大对民营企业的歧视，同时又会不利于国有企业的改革。国有企业改制为混合所有制企业的过程中，或国有股减持的过程中，很可能成为不法分子攫取国有资产的机会，结果会形成国有资本的大流失，使国家遭受严重损失。这种说法并不是没有道理。有些人以苏联和某些东欧国家在 20 世纪 90 年代的改制转型过程中国有资产的私有化为例，认为不能不严禁这种廉价出售国有资产或容许某些有权势的国企负责人把国有资产化为个人私有的行为。这的确值得我们警惕。

难道因为苏联和某些东欧国家发生过这些情形，我们就不允许国有资本的减持和国有企业的重组么？难道因此就不再考虑建立和发展混合所有制经济么？当然不应如此。从中国的实际出发，如何推进改革，应按中央的决定和部署施行。如何建立和发展混合所有制经济，如何防范国有资产的流失，如何杜绝私人对国有资产的侵吞，一切必须按法律法规、规章制度执行，这是必须遵循的原则。

规范、有序、公开，这六个字是每一个主管国有资产和国有资本的机构和每一个从事国有资产和国有资本工作的人员务必牢记的。不规范、不公开，不仅以后会发生各种后遗症，而且会导致国有资产和国有资本的流失，包括使国有资产落入私人腰包。有序进行，也即成熟一个，改革一个，切不可一哄而起，表面上轰轰烈烈，但弊端丛生，后患无穷。

民营企业之所以不愿意参与国有企业的资产重组，不愿参股于国有企业，在很大程度上是怕惹上麻烦，认为多一事不如少一事。这是常见的现象，实际上不利于国企改革。究竟如何对准备出售的国企股权做出正确的、符合实际的资产评估，需要有资质的评估单位做出评价，而不能由国企监督部门说了算。如果确实发现内外勾结以致发生国有资产的大量流失，不管是什么人所为，一律依法处理。

3. 有没有可能成立工商界人士组成的股权基金向国企参股？

由工商界人士组成股权基金向改制中的国有企业参股，在新组建的有民营资本介入的国有企业，情况似乎好一点，但基本情况未大变，所以民营企业家原来的种种疑虑依旧存在。何况，由工商界人士组成的股权基金如何运作，又是一个新问题。这样的基金由哪些人控制？他们能照顾到入基金的股票的利益吗？依旧是未知数。对吸纳工商界人士组成的股权基金，在参与的国有企业总额中究竟能占多大的比例，出多少董事，也是未知数。这些股东担任的董事能真正发挥作用吗？因此，股份基金也许只是一种形式，不解决实际问题。

4. 民营企业或民间资本参股、控股混合所有制企业应遵循什么原则和努力方向？

当前，民营企业和民间资本是否愿意参股于国有企业的资产重组或改制为混合所有制企业的活动，首先应当遵循自愿原则，即不摊派，也不强制。但问题并非仅限于此。在国有企业与民营企业家座谈如何建立混合所有制经济时不少民营企业家有如下的担心，即认为在国有企业控股的情况下，民营企业一旦参股进去了，很可能等于把钱白白送给了国有企业，受到名为混合所有制企业，实际上仍然是国家控股企业的摆布，重大决策都由国有资本决定。那么，如果民营企业投入的资本数多，成为民营企业控股的企业，会不会发生什么状况呢？民营企业仍然很不放心。他们说，国家控股企业本身做不了主，它们受上级行政部门控制，只要行政部门说了算，这不是同样置参股甚至控股的民营企业于附庸的地位吗？可见，民营企业家、民间投资者的上述担心不是没有道理的，所以必须遵守自愿原则。

怎样解除在民营企业、民间资本参股甚至控股混合所有制企业产生的顾虑呢？至少应当从以下三个方向着手：

一是加快国有资本体制的改革。

国有资本体制的改革分两个层次。第一层次是国有资本配置体制的改革，以资源配置效率的升降作为主要考核指标，即国资委不再具体管辖一个个国资企业，而只管国有资本的运作。为此，在国资委下面设立国有投资基金公司体系，包括按行业划分的若干个国有投资基金公司。无论是行业性的国有投资基金公司还是综合性的国有投资基金公司，都不直接管辖国有企业，包括国有控股企业，以及有国有投资的混合所有制企业，而且只负责国有投资的增增减减、进进出出。其目标是用活、盘活国有资本，以提高国有资本的资源配置效率。

二是要加快国有企业管理体制的改革。

国有资本体制改革的第二层次应是国有企业管理体制改革。这里所说的国有企业，既包括因行业特殊而保留的国有独资企业，也包括国有控股企业，还包括有国有投资在内的混合所有制企业。所有这些企业都应当把完善法人治理结构放在首位，即建立股东会、董事会、监事会和总经理聘任制、任期制、责任制的体制，并使它们充分发挥作用。不管民营企业是参股于上述国有企业，还是对上述国有企业进行控股，也不管上述国有控股企业已成为民营企业控股企业，一律按法律、法规、规章制度办事，国有投资基金公司只管资本的进出和增减，而不干预企业的运作。这样，在上述企业中，国有资本的投资方和民间资本的投资方一律处于平等的地位，企业在法人治理结构充分发挥作用的前提下，成为自行决策、自主经营的市场主体。

三是国有股减持、退出、转让过程的规范化与公开化。

在混合所有制企业建立过程中，尤其是在国有股减持、退出、转让的过程中，一定要规范化，一定要公开化。对于国有资产的评估，一定要经过严格的审计。如果在改制过程中漏掉了必不可少的环节，或模模糊糊，将来会成为后患。国有企业负责人为什么对于组建混合所有制企业有顾虑，因为他们害怕以后说不清楚，若干年后再翻出来追究，被扣上诸如“侵吞国有资产”、“贱卖国有资产”、“受贿”、“中饱私囊”等罪名，所以往往处于“被动”状态而不热心混合所有制企业的筹划和国有股减持、转让等工作。民营企业家同样如此，他们担心以后会被指责“行贿”、“对国有资产巧取豪夺”，从而“化公为私”、“内外勾结，变国有资产为私有”等罪名一股脑儿加到自己头上。所以必须规范化、公开化、有序化，这样就可以证明自己一切按照法律、法规和规章制度办法，以示清白。

由此看来，上述问题的妥善解决在民营企业和民间资本参股，甚至控股于混合所有制企业的过程中是十分必要的。说得更确切些，这是民营企业和民间企业在建立有国有资本参与的混合所有制企业的过程中不可回避的重大问题。

目 录

理 论 篇

实 践 篇

理论篇

改革开放以来民营企业的政策变迁与未来展望

程志强

自1978年实行改革开放以来，中国经济走过了40年波澜壮阔的征程。这40年与中国五千年的历史相比，是短短一瞬，但它却深深影响和改变了中国和中国人。究其原因，这40年的砥砺前行是和民营企业不断发展壮大紧密联系在一起的。而在这过程中，民营企业的发展是伴随着思想解放、改革开放的深入、政策环境的持续优化而不断壮大的，也在一定程度上推动了中国经济体制向社会主义市场经济的演变，更是40年中国改革开放的一个缩影。

习近平总书记在2018年召开的民营企

业座谈会上指出，改革开放40年来，我国民营经济从小到大、从弱到强，贡献了50%以上的税收，60%以上的国内生产总值，70%以上的技术创新成果，80%以上的城镇劳动就业，90%以上的企业数量。经济发展能够创造中国奇迹，民营经济功不可没。

一、民营经济的政策变迁

（一）思想大解放，个体经济迎来春天（1978—1983年）

十一届三中全会是改革开放的开端，实行家庭联产承包责任制新政策，启动了农村改革的新进程，颁布了发展农业生产的一系列政策和经济措施，提出“社员自留地、家庭副业和集市贸易是社会主义经济的必要补充部分，任何人不得乱加干涉”的新认识，为广大农民进入市场交易富余农产品解决了思想障碍。由于思想得到极大解放，作为民营经济最基本的形态——个体经济开始出现在改革开放初期，随着改革开放的深入，相关政策陆续出台，为个体经济发展提供了广阔的空间。

1979年4月，国务院批转工商行政管理总局《关于全国工商行政管理局长会议的报告》，首次提出了恢复和发展个体经济。11月，党中央批转中共中央统战部等六部门《关于把原工商业者中的劳动者区别出来问题的请示报告》，决定将小商小贩恢复劳动者身份，摘掉“资本家”或“资本家代理人”的帽子。1980年7月，国务院颁发《关于推动经济联合的暂行规定》指出，走联合之路，组织各种形式的经济联合体，是调整好国民经济和进一步改革经济体制的需要，是我国国民经济发展的必然趋势。9月，中央印发的《关于经济体制改革的初步意见》提出：“我国现阶段的社会主义经济，是生产资料公有制占优势、多种经济成分并存的商品经济。”1981年3月，中共中央、国务院转发国家农委《关于积极发展农村多种经营的报告》指出：“积极鼓励和支持社会个人或合伙经济服务业、手工业、养殖业、运销业等。凡是适宜社员个人经营的项目,尽量由农户自己去搞,生产队加以组织和扶助。”对发展农村个体经济在政策上开了口子。6月,十一届六中全会通过了《中共中央关于建国以来党的若干历史问题的决议》,指出:“国营经济和集体经济是中国基本的经济形式,一定范围的个体经济是公有制经济的必要补充。必须实行适合于各种经济成分的具体管理制度和分配制度。”7月,国务院下发了《关于城镇非农业个体经济若干政策性规定》。该规定是国务院第一个有关个体经济的行政法规性文件,对有关个体经济的方针政策作了全面阐述,基本勾画出个体经济的管理框架。10月,在《中共中央、国务院关于广开门路,搞活经济,解决城镇就业问题的若干决定》中,再次指出:“开辟集体经济和个体经济的就业渠道……一定范围的个体经济是社会主义公有制经济的必要补充。”1982年9月,党的十二大报告提出:“社会主义国营经济在整个国民经济中居于主导地位。巩固和发展国营经济,是保障劳动群众集体所有制经济沿着社会主义方向前进,并且保障个体经济为社会主义服务的决定性条件。由于我国生产力发展水平总的说来还比较低,又很不平衡,在很长时间内需要多种经济形式的同时并存。”“在农村和城市,都要鼓励劳动者个体经济在国家规定的范围内和工商行政管理下适当发展,作为公有制经济的必要的、有益的补充。只有多种经济形式的合理配置和发展,才能繁荣城乡经济,方便人民生活。”文件中的相关表述,已经是对改革开放后诞生的个体经济给予的肯定,个体经济的地位已经上升到公有制经济的“必要的、有益的补充”。12月,五届全国人大五次会议通过的《中华人民共和国宪法》规定:“在法律的范围内的城乡劳动者个体经济,是社会主义经济的补充。国家保护个体经济的合法权利和利益。国家通过行政管理,指导、帮助和监督个体经济。”自此,个体工商业者的利益在最高层次的法治框架下受到保护,更加具有进步意义。

几年以来,文件、方针、政策相继出台,对发展个体经济逐步细化，一次又一次重申“个体经济是公有制经济的必要的、有益的补充”，极大地调动了广大农民的积极性，使得个体经济有了跳跃式的大发展。从统计数据来看，全国个体经济从业人数由1978年的14万人，到1983年的746.5万人，5年时间增长了近53倍，总户数也由47.3万户，增长到590万户，增长了近12倍。个体经济的消费品零售额也由最初的几乎为0，增长到160亿元，在社会商品零售总额中的比重占到2.9%（见表1）。

表1　1978—1983年全国个体工商户发展情况

年　份	户数(万)	从业人员(万)	注册资金(亿元)	消费品零售额(亿元)
1978	—	14	—	—
1979	—	31	—	—
1980	47.3	81	0.53	—
1981	182.9	227.5	5	—
1982	261	319.8	8.3	—
1983	590	746.5	30.7	160

数据来源：中国私营企业发展报告（1978—1998）。

（二）肯定个体经济与乡镇企业，确立合法地位（1984—1991年）

1984年10月召开的中共十二届三中全会，通过了《中共中央关于经济体制改革的决定》（简称《决定》），标志着改革开放全面展开，是当时指导中国经济体制全面改革的纲领性文件。这次大会，在经济的认识理论上有了新突破，解决了计划经济与商品经济的传统认识误区，突出了对商品经济的认识，为改革确定了新的方向。在更深层次上，《决定》也实现了社会主义理论的重大突破。《决定》的提法没有否定计划经济，而是以新的认识和内容解释了计划经济，赋予了计划经济新的内涵，使其含义有了新的延伸。提出了社会主义经济是有计划的商品经济的新概念，而重点落在商品经济上。首次明确提出了“所有权”和“经营权”可以适当分开,明确地表达了国有企业可以国营,也可以非国营,即民营,为以后发展民营经济做了理论铺垫。《决定》再次强调,个体经济“对于发展社会生产、方便人民生活、扩大就业具有不可代替的作用……个体经济应该大力发展”。此前的中央文件中,从未提过“大力发展”的论调,这种更深层次的论述,为多种经济组织形式的发展提供了良好的社会、政治、经济环境,更进一步扫除了一些妨碍商品经济发展的“左”的僵化思维。

经过几年的改革实践和观察思考,1987 年 10 月,十三大报告对当前阶段的经济发展有了进一步认识,确立了社会主义初级阶段理论的重要内容,是将个体经济和私营经济的存在、发展作为社会主义经济制度和政策的组成部分。报告指出:“以公有制为主体发展多种所有制形式,以至允许私营经济的存在和发展,都是有社会主义初级阶段生产力的实际情况决定的。只有这样做,才能促进生产力的发展。”新的经济运行机制应当是“国家调节市场,市场引导企业”的计划与市场内在统一的机制。

1988 年 4 月,在七届全国人民代表大会上通过的宪法修正案中明确写道:“国家允许私营经济在法律规定的范围内存在和发展。私营经济是社会主义公有制的补充。国家保护私营经济的合法的权益和利益,对私营经济实行引导、监督和管理。”至此,宪法确立了私营经济作为社会主义公有制经济的补充的合法地位,这是对传统社会主义所有制理论的重大突破,为其他经济所有制的存在提供了宪法依据。短短两个月后,国务院发布《中华人民共和国私营企业暂行条例》,提出了私营企业的概念,并对其权利和义务和相关经营行为做出规定。自此,私营经济的存在和发展有了法律的依据和保障。

这个阶段的新理论和新思想,激发了个体经济和乡镇经济的活力。个体工商户从 1984 年的 933 万户,到 1991 年实现了 52%的增长率,从业人数也基本翻一番,总产值与消费品零食额都是有成倍的增长。乡镇企业方面，这个阶段实现了超常规的发展。总户数实现了2.1倍的增长，职工人数翻一番，总产值突破万亿元，总收入更是达到了1984年的5倍（见表2）。个体经济与乡镇经济经过这个阶段的长足发展，对整个国民经济的贡献越来越大，不但为冲破传统计划经济思维的枷锁贡献了力量，也为社会主义市场化体制改革奠定了基础（见表3）。

表2 1984—1991全国个体工商户发展情况

年份	户数（万）	从业人员数（万）	注册资金（亿元）	总产值（亿元）	消费品零售额（亿元）
1984	933	1 304	100	93.4	288
1985	1 171	1 766	169	189.5	479
1986	1 211	1 846	180	239.7	585
1987	1 373	2 158	236	305.6	714
1988	1 453	2 305	312	516.2	1 024
1989	1 247	1 941	347	559.5	1 147
1990	1 328	2 093	397	642.4	1 270
1991	1 417	2 258	488	782.2	1 526

数据来源：中国私营企业发展报告（1978—1998）。

表3 1984—1991全国乡镇企业发展情况

年份	总户数（万）	职工人数（万）	总产值（亿元）	总收入（亿元）
1984	606.52	5 208.11	1 709.89	1 268.2
1985	1 222.45	6 979.03	2 728.39	1 827.4
1986	1 515.34	7 937.14	3 540.87	2 223.6
1987	1 750.24	8 776.40	4 764.26	2 934.1
1988	1 888.16	9 545.45	6 495.66	4 232.2
1989	1 868.63	9 366.78	7 428.38	4 821.6
1990	1 850.40	9 264.75	8 461.64	5 218.6
1991	1 908.88	9 609.11	11 621.69	6 556.0

数据来源：中国乡镇企业年鉴（1991）。

（三）社会主义市场经济体制确立，民营经济冲破瓶颈（1992—1996年）

南方讲话和党的十四大的召开，确立了社会主义市场经济体制，促使改革开放进入新阶段。在这个阶段，人们对社会主义本质的认识又提升了一个层次，把对社会主义的理解从过去传统观念的束缚中解放了出来，对中国由计划经济体制向社会主义市场经济体制转变产生了巨大的推动力。邓小平的南方讲话和十四大报告的论断扫清了社会主义市场经济和其他各种经济形式之间的传统认识障碍，为多种经济成分并存、相互促进的社会主义市场经济体制的建立提供了坚实的理论基础和牢固的实践基石。这些新的认识从根本上清除了市场与计划绝对对立的僵化思想，对经济体制改革的未来方向，在理论上有了新的重大突破。

1993年3月，八届全国人大一次会议通过了宪法修正案，在宪法层面上肯定了国家实行社会主义市场经济。年内，国家工商行政管理局制定了《关于促进个体经济私营经济的发展的若干意见》，指出"除国家法律、法规明令禁止个体工商户、私营企业经营的行业和商品外，其他行业和商品都允许经营……积极支持个体工商户、私营企业发展第三产业"。12月，全国人大常委会通过了中国第一部有关公司的法律《中华人民共和国公司法》，对国企和其他各种成分的经济实体提出了要求，进一步规范企业的经营行为。

1993年11月召开的十四届三中全会，通过了《中共中央关于建立社会主义市场经济体制若干问题的决定》，对经济体制改革做出了更具体和系统的布局，为社会主义市场经济体制提供了总体的规划和行动的纲领。文件指出："社会主义市场经济体制是要使市场在国家宏观调控下对资源配置起基础性作用。"实现社会主义市场经济体制的目标,需要“坚持公有制为主体、多种经济成分共同发展的方针,并建立适应市场经济要求的现代企业制度;要建立全国统一开放的市场体系,实现城乡市场紧密结合,国内市场与国际市场相互衔接,促进资源的优化配置等”。这些论述,使各种经济成分的企业不仅有了开拓国内市场的广阔空间,而且对它们提出了更大的目标,也就是要走出国门,去开辟国际市场,充分利用国内外两个市场,迎接国际化、全球化的竞争与挑战,为它们指出了未来发展的大方向。

从表4数据可以看出,民营企业在1994年工业总产值已超过国有企业,在此之后经过高速发展,使得1996年的工业总产值比重超过了全国工业总产值的50%,这都得益于市场与计划的僵化对立思想得以清除,社会主义市场经济制度能够实行。中国改革开放的政策在这个阶段的布局已经为对接全球化环境做了准备,更加开放的环境将进一步刺激着民营经济发展。江泽民同志在1995年11月召开的亚太经济合作组织第三次领导人非正式会议上宣布,中国将从1996年起大幅度降低进口关税税率总水平,降幅将不低于30%。表明了中国经济将进一步和世界经济接轨,进一步融入全球经济。

表4　国有企业、民营企业、三资企业工业总产值比重

年　份	工业总产值比重(%)			工业总产值(亿元)		
	国有企业	民营企业	三资企业	国有企业	民营企业	三资企业
1992	51.5	40.9		17 824	14 141	
1993	47.0	42.0	7.5	22 725	20 325	3 614
1994	37.3	47.8	9.5	26 201	33 554	6 645
1995	34.0	49.5	11.7	31 220	45 444	10 722
1996	28.5	54.9	12.2	28 361	54 652	12 117

数据来源:中国中小企业发展报告(2008—2009)。

(四) 重新认识公有制实现形式,民营经济地位进一步提升(1997—2001 年)

经过 1992 年的目标确立,解除了思想上的羁绊,改革开放深入发展,非公有制经济突飞猛进。在创下一个又一个新纪录的同时,不少人萌生了对公有制经济主体地位是否依然稳固的担忧。在此背景下,党的十五大在 1997 年召开,对公有制实现形式的理论和实践问题作了深刻的阐述,指出“公有制实现形式可以而且应当多样化,一切反映社会化生产规律的经营形式和组织形式都可以大胆利用,要努力寻找能够极大促进生产力发展的公有制实现形式。在坚持公有制为主体的前提下,一切符合‘三个有利于’的所有制形式都可以而且应该用来为社会主义服务,公有制经济要寻找能够极大促进生产力发展的实现形式”。1999 年 3 月召开的九届全国人大二次会议通过的《中华人民共和国宪法修正案》上,把非公有制经济确定为社会主义市场经济的“重要组成部分”。由此,十五大对非公有制经济的地位和作用的描述,在国家根本大法的层面上,提供了长期稳定的制度环境和法律保障。

1999 年 1 月,首批 20 家私营生产企业获得自营进出口权,自此非公有制经济有了合法的直接从事对外贸易的权利,不但为进出口贸易增加了“生力军”,而且促使了民营企业的产品创新和技术进步,更体现了国家进一步调整所有制结构、创造平等竞争环境的政策导向,也为我国加入 WTO,融入全球经济创造了条件。2001 年 11 月,世界贸易组织第四届部长级会议在卡塔尔首都多哈以全体协商一致的方式,审议并通过了中国加入世贸组织的决定。自此,正式开启了民营经济融入世界经济的大门。

(五)新旧“非公经济 36 条”发布,促使民营企业稳定发展(2002—2012 年)

2001 年 11 月,党的十六大提出“两个毫不动摇”,既毫不动摇地巩固和发展公有制经济,毫不动摇地鼓励、支持和引导非公有制经济发展。“一个统一”,既坚持公有制为主体,促进非公有制经济发展,统一于社会主义现代化建设的进程中,不能把这两者对立起来。其成为了非公有制经济理论成熟的重要标志。2002 年 6 月,全国人大常委会通过了《中华人民共和国中小企业促进法》,将中国的中小企业基本政策法制化,这是我国第一部关于中小企业的专门法律,它的制定标志着中国促进中小企业发展走上规范化和法制化轨道。2004 年通过的宪法修正案对私有财产权的相关规定进行了修改,完善了保障条款,增加了补偿条款。在宪法层面完善私有财产权,有利于坚持基本经济制度,促进非公有制经济发展,有利于增强民营企业的积极性和创造性,有力地促进全面建设小康社会目标的实现。

2005 年 2 月,国务院发布《关于鼓励、支持和引导个体、私营等非公有制经济发展的若干意见》(简称“非公经济 36 条”)。这是改革开放以来第一部全面支持发展非公有制经济的全国性的正式文件,被誉为民营经济发展进入新阶段的标志。在中国成功应对 2008 年金融危机后,国务院于 2010 年 5 月发布《关于鼓励和引导民间投资健康发展的若干意见》(文件也共有 36 条,简称“新 36 条”)。新 36 条与非公经济 36 条相互补充、一脉相承,传达了政策的稳定性和连续性,增加了民间投资和调控的相关内容,更侧重操作性。

在这一阶段,改革开放初期形成的大多数乡镇企业,经历了较深入的产权制度改革,改制为私营或股份制企业。就表中呈现的私营企业和个体工商业数据来看,“新”“旧”36 条对其发展的促进作用,显而易见。2012 年,私营企业总户数发展到了 2002 年的 4.11

倍,解决就业人数过亿,注册资金增长11倍。个体工商业的资金规模已由2002年的3 800亿元左右,发展到了2012年的近2万亿元(见表5)。

表5 2002—2012私营企业和个体工商业发展基本情况

年 份	私营企业			个体工商业		
	户数（万）	人数（万）	注册资金（万亿元）	户数（万）	人数（万）	资金数额（亿元）
2002	263.83	3 247.5	2.48	2 377.5	4 742.9	3 782.4
2003	328.72	4 299.1	3.53	2 353.2	4 299.1	4 187.0
2004	402.41	5 017.3	4.79	2 350.5	4 587.1	5 057.9
2005	471.95	5 824.0	6.1	2 463.9	4 900.5	5 809.5
2006	544.14	6 586.4	7.6	2 595.6	5 159.7	6 468.8
2007	603.05	7 253.1	9.39	2 741.5	5 496.2	7 350.8
2008	657.42	7 904.0	11.74	2 917.3	5 776.4	9 006.0
2009	740.15	8 606.97	14.65	3 197.4	6 632.0	10 856.6
2010	845.52	9 417.58	19.21	3 452.89	7 007.56	13 387.58
2011	967.68	10 353.62	25.79	3 756.47	7 945.28	16 177.57
2012	1 085.72	11 296.12	31.1	4 059.27	8 628.31	19 766.72

数据来源:《中国民营经济发展报告(2014—2015)》。

(六) 对内深化改革,对外更加开放,世界经济一体化下的民营企业(2012年至今)

在全面深化改革的关键时刻,党的十八大报告强调,经济体制改革的核心是处理好政府和市场的关系,做到市场的归市场,政府的归政府。2013年,国家主席习近平提出“一带一路”倡议,为民营企业出海,实现经济互补,提供了政策支持。11月,党的十八届三中全会通过《关于全面深化改革若干重大问题的决定》,该决定在多个方面深化了非公有制经济改革,指出:“在功能定位上,公有制经济和非公有制经济都是社会主义市场经济的重要组成部分。在产权保护上,非公有制经济财产权与公有制经济财产权同样不可侵犯。在政策举措上，坚持权利、机会、规则平等，进一步创造公平公正的竞争环境。”习近平总书记关于基本经济制度的说明，可以说为非公有制经济的发展扫清了方方面面的障碍。三中全会将“一带一路”倡议上升到国家战略高度，从国内到国外，民营企业都获得了前所未有的发展机会，开启了全方位对外开放新格局。

二、民营企业发展的未来展望

40 年来，民营企业经过长足的发展，克服了许多问题，但仍然面临着一些困难。随着世界格局的不确定性，国内宏观环境的变化和企业自身的转型，无论这些会带来或大或小、或显性或隐性的问题，政府和企业都应总结过去的经验，基于更长远的角度，一起统筹谋划未来。

（一）完善法律保障和监管制度，贯彻落实发展政策

改革开放 40 年来，民营企业经历了与时俱进的发展，过去离不开法律对民营企业合法权益的维护、政府的合理监管和促进引导，未来更需要这三方面共同发挥作用。在法律保障层面，实体法维护民营企业的合法权益，明晰财产权属，营造公平竞争环境，提供促进发展所需条件；程序法上做到有章可循，清晰明确，简政放权。以法律的稳定性和规范性来调整民营经济关系。在监管制度层面，职能部门规范登记管理，守住职权界限，不越权监管，相互之间要协调监管，坚持以扶持为原则。同时，在法律允许的准入条件放宽后，加强准入后的监管，对相关违法行为进行查处，维护良好市场环境。在政策引导层面上，积极进行宏观调控，提高服务意识，解决实际问题。根据不同地区比较优势，制定产业政策，引导民营企业建立起低能耗、低污染、效益好的集群效应。地方政府需要转变观念，切实落实中央促进民营企业发展的指导意见，破除“玻璃门”，让民营企

业能够受到政策的扶持进行发展,能够进入越来越多的行业促进竞争,提升整体的社会效益。

(二) 发挥产业集群效应,加强东部与中西部企业合作

发挥产业集群的竞争优势与成长优势。在产业集群的内部往往已形成了高效的分工和协作,能够降低配套产品的采购、运输和库存成本,相互之间信息能够高效传播,交易成本也大幅降低。在为生产提供便利的同时,也正因为同一行业的同类产业聚集在一起,产品相互比较,能够在内部形成竞争。这种竞争与合作、分工与协作共存的状态,能够增强集群内民营企业应对市场变化的能力,进而提升整个产业集群的竞争力。竞争力的不断提升,又会对产业集群的规模产生正向反馈,起到延长产业链条的作用。同时,这种同类产业和相关企业产生的低成本、高生产率优势,以及较成熟的销售网络,又会不断吸引新的企业在集群内投资建厂。其次,大量的配套性企业和服务性机构也会增加,使得整个集群越来越完善,具有不断拓展产业链的潜力,拉动地区经济增长的优势。

在"一带一路"倡议背景下,引导东部优质民营企业与中西部地区民营企业进行合作交流,鼓励通过兼并重组等方式,将成功经验带到中西部,使产业集群在中西部更好地落地。让中西部比较优势与东部比较优势相结合,以民营企业为纽带,能够上下游企业共同走出去,扩大产品、技术、设备出口,选准在国际分工中的定位,不断提升在全球价值链中的重要性。

(三) 建立和完善融资体系,促进多元化融资

体系的建立需要从多个维度去构建。一是在法律的角度上,完善融资相关法律制度建设。首先,完善直接融资体系。正如目前筹备的科创板,在一定范围内,疏通、拓宽民营企业融资途径。随着国

内股市结构的丰富，债市的发展也要与时俱进，适度放宽民营企业发行债券的审批。并继续引导创投基金支持创新企业发展，为创投基金提供税收优惠。其次，完善间接融资体制。深化商业银行贷款责任制度改革，提高银行等金融机构对民营企业的扶持力度。发挥获批民营银行数据信息优势，倡导民营银行为民营企业在合法的前提下提供贷款。并在风险可控的前提下，鼓励其他金融机构支持民营企业融资。再次，建立和完善民营企业信贷担保体系。继续发展企业和个人社会信用征信数据平台，探索信用立法的可行性，借鉴民营企业发展较好地区的成功经验，如民间标会等，适时构建全国范围的民营企业信贷担保体系，为金融机构和非金融机构等提供为其贷款的参考依据。

（四）健全社会服务体系，构建政企大数据服务平台

民营企业的健康发展，不仅需要打造良好的经营环境，而且需要为其提供各方面的公共性服务。政府应发挥自身统筹和收集信息能力强的优势，打造一个开放的政企大数据服务平台。平台以全方位提供企业服务为宗旨，可按照行业划分围绕政策宣传、实施反馈、法规查询、数据收集、信用担保、对外合作、培训交流、第三方服务等方面建设，统筹发展改革、商务、市场监管、税务、金融机构、科研机构、行业协会、律师会计等职能部门和机构。切实落实好政策实施，打通“最后一公里”，提升政府公信力，增强企业发展积极性。提升创新创业能力，继续支持企业孵化器等公共性服务，营造竞争创新氛围。鼓励部分事业单位向中介服务组织转化，向民营企业提供服务。提供地区内和省外企业之间的交流合作机会，学习先进经验，扩展业务范围。培育中介服务体系，加强对中介机构的管理和监督，规范其工作程序和操作规程。在服务平台上建立包括政策信息、技术信息、市场信息在内的与民营投资有关的投资信息网络和发布渠道，引导民营投资健康发展。

（五）加强民企与政府沟通，及时反映诉求与实行政策的建议

政府在执行引导政策和制定实施细则时，缺乏民营企业的反馈与建议，导致政策制定和执行与现实情况脱节。一些较大民营企业的负责人可以利用人大代表或政协委员的身份向政府反映情况，但绝大多数民营企业无法与政府直接沟通。对此，需要构建民营企业与政府全方位沟通的机制。首先，针对重要问题，可申请或预约政府官员到企业座谈或登门座谈。其次，依托政企大数据服务平台，一方面可以在实施重大政策前，事先征询企业意见，另一方面，发放政策施行后的效果调查问卷，收集企业反馈意见。再次，充分发挥行业协会在政企之间的桥梁作用。政府可要求行业协会定期向相关职能部门进行沟通，企业也可不定期向行业协会报告当前经济最新动向，与当下自身发展难题。行业协会以书面形式向政府反馈，有必要时组织座谈形式，使双方充分沟通。最后，企业要主动参加政府组织相关政策宣讲会等活动，及时掌握最新发展政策。通过政企双方努力，切实打通政策“最后一公里”，让好政策能够落实到位，让好建议能够及时反映。

（六）以全球视野融入“一带一路”倡议，开启国际合作新阶段

中国民营企业的发展较短暂，积累的国际经验仍较欠缺。虽然有这样的劣势，但民营企业也有着规模小、环节少、决策反应快、经营效率高的优势，能够在复杂的国际形势下，易调头，做出较好的决策。民营企业在开展国际合作时，要坚持互利共赢的理念，积极贯彻本地化原则。从实际出发，重战略谋划，理性投资经营，创新国际合作新形式。“一带一路”倡议实施以来，走出去的民营企业“本土化”经营，取得了良好效果，提升了中国民营企业的国际形象。未来在谋取互利共赢的同时，更要着眼文化多样性，增强当地政府和民

众对中国民营企业的支持。借助东部与中西部企业共建产业集群的方式，立足于自身与海外实际情况，抱团出海，提升风险防控能力，利用政府和第三方机构提供的服务，精准捕捉市场需求的变化，调整投资经营策略。做到走得稳，稳中求进，避免随意性和盲目性，充分发挥自身"船小易调头"的特点，让中国民营企业的国际合作走得更远。

（七）树立环保意识，强化发展与环保并存

坚决实施大气污染防治行动计划（"大气十条"）和水污染防治行动计划（"水十条"），取缔不符合国家产业规划的高污染项目。随着环境整治力度的加大，会迫使民营企业改变以往以牺牲环境为代价而单纯追求经济效益的理念。在原材料采购和适用上减少、杜绝环境污染；在生产流程上正确处理副产品，以材料利用最大化为原则，让未来的民营企业更加清洁。同时，增进民营企业在高效热泵，多污染协同处理等新兴技术装备的研发和产业化，切合国家"十三五"规划，优化中国产业格局。倡导节能减排传统企业和环境污染治理企业一起"走出去"，不但有助于提升在沿线国家的企业形象，增进沿线国家对"一带一路"的信任度，而且也能够进一步带动国内节能环保产业发展壮大。

参考文献

1. 蔡昉等：《中国经济改革与发展》，社会科学文献出版社 2018 年版，第 43—64 页。
2. 冯兴元、何广文等：《中国民营企业生存环境报告（2012）》，中国经济出版社 2013 年版，第 3—16 页。
3. 海鸣：《中国民营经济发展研究》，研究出版社 2011 年版，第 104—125 页。
4. 林汉川、秦志辉、池仁勇：《中国中小企业发展报告 2018》，北京大学出版社 2018 年版，第 83--93 页。
5. 雷元江：《新中国非公经济史》，中共中央党校出版社 2018 年版。

6. 李子彬:《中国中小企业发展报告(2008—2009)》,中国经济出版社 2009 年版,第 49—140 页。
7. 李子彬:《中国中小企业 2017 蓝皮书》,中国发展出版社 2017 年版,第 89—116 页。
8. 史晋川:《中国民营经济发展报告》,经济科学出版社 2018 年版,第 265—302 页。
9. 王钦敏:《中国民营经济发展报告(2014—2015)》,社会科学文献出版社 2015 年版,第 140—145 页。
10. 张厚义等:《中国私营企业发展报告(1978—1998)》,社会科学文献出版社 1999 年版。
11. 中国民营经济国际合作商会:《中国民营企业国际合作蓝皮书(2016—2017)》,人民出版社第 2018 年版,第 3—15 页。

(程志强,北京大学光华管理学院)

一、给予民营经济平等的法律地位，为其提供有效的产权保护

现代市场经济条件下，政府的首要职能是为各经济主体提供有效的产权保护。产权保护不仅对抑制现实中存在的过度消费和资产向境外转移具有积极作用，而且是确立良好市场竞争秩序的基石。我国传统的所有制观念基本否定了非公有制经济存在的合法性，从中华人民共和国成立初期到改革开放之前，对非公有制经济大体经历了从歧视、改造到限制以至完全禁止的过程。改革开放以来，国家通过逐步修改《宪法》，基本上完成了对非公有制经济从"允许"到较为肯定的立法过程。然而，由于在法律上没有明确"国家保护私人财产神圣不可侵犯"，对私人财产权缺乏明确的定义和保护，民营经济发展依然面临着产权保护方面的法律障碍。从理论上说，没有得到有效保护的财产权利，并不是真正意义上的财产权利。在法律对私有财产权不能提供切实有效的保护情况下，加上传统观念和习惯势力对私有财产权的偏见和歧视，人们往往义正词严地批判各种形式的国有资产流失，却不能理直气壮地维护私人产权。中国有句老话："有恒产者有恒心。"只有为社会中一切合法财产提供切实、有效的保护，才能坚定民营经济长期发展的信心，才能形成高效运作的市场竞争环境，才能最终为我国经济的长期、稳定增长提供持久的动力源泉。

二、建立与民营经济发展现状相适应的融资体系

我国民营经济尤其是个体、私营经济在起步阶段基本上是靠个人资本投资。这样一个初始条件，决定了民营经济进入的产业大多集中在资金、技术门槛较低的劳动密集型领域。相对来说，早期的民营经济在资金供给方面的矛盾并不十分显著。然而，当民营经济

完成了资本的原始积累阶段，逐步由劳动密集型向技术、资本密集型升级，融资渠道供给不足的矛盾就日益突出。从直接融资方面看，由于整个金融组织结构缺少面向民营企业特别是中小企业的大量民营商业化银行，加上信用中介服务体系发展滞后，国有大银行无论在自身机制上还是在技术操作上，都无法适应民营经济大发展的需要。在直接融资方面，股权融资是民营企业特别是民营高科技企业最主要的融资形式，但由于目前全国性资本市场主要服务于国有企业改制与重组，地方性、区域性产权交易市场融资活动还属于“非规范”行为，不具有合法性，民营企业还难以通过股权融资实现大规模扩张和产权重组。针对民营经济发展中的融资“瓶颈”，一方面，要深化国有银行体制改革，将资金投入到最有效率的领域；另一方面，要打破国有金融的垄断局面，大力发展面向民营经济的非国有金融机构。目前，一些地区在民营金融机构和地方性产权交易市场建设方面实际上已经取得了不少成功经验，政府应避免采取完全禁止的做法，允许和鼓励一些成功的探索，重点在如何发挥有效监管职能上多下功夫。

三、打破行政性垄断，放开民营经济的市场准入政策

改革开放以来，我国民营经济的市场准入范围不断扩大。然而，相对于民营经济在现实经济生活中的重要地位来说，这种范围的扩大还远远不够。数十年来，民营经济取得长足发展的领域主要局限于初级服务业、流通领域以及一般制造业，而其他领域则主要为国有经济所垄断。行政性垄断的普遍存在，使我国经济实际上被分割为两个相对隔绝的不同部分，经济运行中同时存在着市场机制与行政机制两种不同的资源配置方式。在以国有经济为代表的基础产业和公用事业等领域，行政性资源配置方式依然占据重要地位，并且通过行政性垄断阻隔，制约着市场机制在资源配置方面发

挥其基础性作用,抬高了整个经济运行的成本。打破行政性垄断,放开民营经济的市场准入,不仅有利于进一步拓展民营经济的发展空间,而且有利于发挥市场机制配置资源的基础性作用。考虑到我国"入世"后的现实压力与挑战,及早地开放市场准入政策,将会使民营经济在国际竞争中处于有利的竞争地位。在这方面,应突破以往那种所谓"战略性"、"重要性"、"公益性"等笼统的产业划分的局限,只要是竞争性和赢利性领域都应对非国有经济开放。即使在传统上被视为必须国家垄断的某些行业,也应根据实际情况对垄断的层次、范围和环节作出充分论证,必将使能够市场化经营的部分进行必要的分解或剥离。

四、要以发展非国有或民营经济为主线,大力推进行政审批制度改革

传统计划体制下政府事无巨细的管理方式使企业几乎丧失了自主经营的权利,在向市场经济转轨中,由于政府改革滞后,这种管理方式依然通过大量行政审批制度在实际经济生活中发挥作用。不久前,深圳市政府在清理行政审批的调研中发现,一个三星级宾馆竟然需要办理 160 个各种"证件",宾馆 1 年为此要支付 21 万元"审批"费用,并且专门安排 2 个员工负责此项"业务"。深圳是以"小政府、大社会"模式发展起来的新型特区城市,并且是率先削减行政审批的城市,情况尚且如此,全国整体上的情况肯定会更严重。大量以企业设立、经营资格、许可证等行业管理名义存在的行政性审批,不仅给企业的创立和正常经营增加大量负担,而且严重制约了企业的创新活力,降低了企业运作效率。目前各地都推出了减少行政审批的改革措施,但由于部门利益和"条块体制"分割,减少的内容多属于"无利可图"部分,大量有"油水"的部分不仅取消得很少,而且普遍存在重复审批现象。政府管理体制创新,必须在削减

行政审批方面推出更大力度的改革,该取消的一律取消,对确实需要审批的,简化程序,公开透明。政府在减少审批环节方面搞"一条龙"服务是必要的,但更重要的是这条"龙"也不能过于臃肿、庞大。对于因政府部门职能交叉存在的"重复性审批",应在统一权利和责任的基础上合并,这样才能真正减少审批。

五、推进法治理念的创新和制度安排

市场经济本质上是法治经济,体制创新最终必须要反映在法治理念的创新和制度安排上。一是法治理念要从过于强调"管制"向维护市场主体平等权利方面转变,把维护和保障市场主体的权利作为法治的出发点和归宿。只有通过法律保障市场主体之间的权利平等关系,才能真正实现资源的合理配置,最大限度地促进社会生产力的发展和社会财富的增加。这种市场主体权利的保护首先应该是对其财产权的平等、有效的保护,这是维护市场公平交易和信用的基础。40多年改革的重要启示在于,市场主体产权的不平等是产生权力与市场交织行为的根源,而由此导致的不平等竞争也对社会生产力发展构成了制约。二是法治应鼓励市场主体的创新行为,变"允许"性的规定为"禁止"性规定。与传统计划经济体制下形成的固有观念相联系,我国在法治理念上基本是以"法律规定或允许"的行为作为保护的准则,凡是没有被"规定或允许"的行为都有被"事后"宣判为非法的可能与危险。显然,这种法治理念必然会制约市场主体的创新行为。而所谓"禁止"性理念强调的是:法律只规定什么是禁止做的,法律没有禁止的行为都是可以做的。这是一种鼓励创新的法治理念,也是促进生产力发展和保持社会经济活力的重要方面。总之,在市场经济体制创新中,法治建设不仅要约束经济主体行为,更要通过维护市场主体的平等权利创造平等竞争、鼓励创新的制度环境。

参考文献

1. 高尚全:“计划与市场相结合是现代社会化大生产的内在要求”,《学习与研究》1991 年第 2 期。
2. 高尚全:“进一步研究计划经济与市场调节有机结合的问题”,《中国物价》1991 年第 1 期。

（高尚全,中国经济体制改革研究会）

民营经济与共同富裕的逻辑统一

魏　杰　施戍杰

共同富裕是社会主义的本质，是共产党人的奋斗目标，也是中国梦的重要内涵。在求得民族独立和人民解放之后，只有完成人民共同富裕这一历史任务，才能最终实现中华民族的伟大复兴。达到共同富裕，一是要提高生产力，二是要实现分配的公平正义。在当前中国经济转型升级的新阶段，进一步发展民营经济是加速转变发展方式、调整经济结构，在中长期突破“中等收入陷阱”、中短期实现经济“稳中求进”的关键。但是，要促进民营经济进一步发展，激发整体经济活力，必须打破其长期以来受到的发展约束。

具体要从法律层面、政策层面入手，但归根结底是解决理论层面的问题。很多同志始终担心，民营经济的发展会加剧社会不公，会改变社会主义性质，最终违背共同富裕。他们始终想给民营经济的发展划一个上限。我们认为，这种担心大可不必！民营经济与共同富裕的逻辑是统一的。只有进一步发展民营经济，才能在社会化大生产中重建劳动者对生产资料的占有，才能建立起社会公平保障体系，在实现效率的同时达到公平，走向共同富裕。

一、民营经济的发展受到什么约束

改革开放以来，民营经济发展不可谓不迅速。但其成长始终存在深刻阻力，当前更是碰触瓶颈。要想打破“钟罩”，关键是厘清民营经济究竟受到什么束缚？

民营经济发展的直接约束是在政策层面。虽然十六大报告就已强调“个体、私营等各种形式的非公有制经济是社会主义市场经济的重要组成部分”，十七大报告就已要求“坚持平等保护物权，形成各种所有制经济平等竞争、相互促进新格局”，但“保证各种所有制经济依法平等使用生产要素、公平参与市场竞争、同等受到法律保护”仍然成为十八大报告的重音。这从一个侧面说明，在过去数十年中，民营企业发展的政策环境并未得到根本改善。民营经济在投资准入、要素获取上始终存在“玻璃门”与“弹簧门”，面临着拥有隐性补贴、地方保护、融资倾斜和垄断权利的国有企业不平等竞争，更经常沦为政策变更的“受害者”。

民营经济发展的制度约束是在法律层面。它体现于宪法对民营经济的某些阐述与定位上。

民营经济发展在政策与法律层面的障碍，归根结底缘于深刻的理论约束。其中，最关键的问题就是，民营经济是否与共同富裕相一致。共同富裕是社会主义的本质特征、价值诉求，也是中国特色社会主义的根本原则。但我们始终未能在马克思主义的框架内对民营经济与作为社会主义经济对立物的剥削经济形态做出正式而清晰的区分。我们在理论上始终存在误区,认为只有在生产资料全民所有的条件下才能消除对劳动者的剥削,实现按劳分配,从而达到共同富裕。虽然,我们突破"计划"与"市场"的思想桎梏,并为实现市场优化资源配置而保护产权、允许多种所有制并存,也就是允许个人成为生产资料所有者并占有剩余价值。但为彰显社会主义性质,我们反复强调,必须在生产资料所有制上坚持公有制为主体,从而保证以其为基础的按劳分配在分配方式中占据主体地位。在市场化改革之初,这一表述尚可调和生产资料占有剩余与追求共同富裕的理论冲突,并为民营经济发展腾出空间。可随着民营经济迅速壮大,仅二十余年,民营企业在法人数量、资产比重、就业吸纳、税收贡献上就超过公有制经济,上述调和已无法再通过放宽"公有制"内涵、重新界定"主体"概念加以维持。这就形成一个所有制悖论:如果继续强调公有制的主体性,就会压制民营经济发展,造成效率损失;如果放弃坚持公有制的主体地位,又似乎会扩大收入分配差距,并动摇社会主义方向。

如何破解"所有制悖论"? 学界争论激烈。为数不少的学者主张限制民营经济发展。他们将当前社会中出现的种种不公现象归结为民营经济,这将违背公平的帽子扣在效率头上。在他们看来,鼓励民营经济为"无奈选择",消灭民营经济却是"崇高理想"。这种产权承诺的内在不稳定导致大批企业家变更国籍。与这些学者截然相反,另一些学者放弃劳动价值理论。他们主张所有生产要素均创造价值,因此,按要素贡献分配价值也就理所应当。但这类观点只保证生产要素间的公平,劳动力仅是要素之一,没有回答要素数量占有差异导致的人的不平等。而劳动价值理论则是立足唯物史观,分析人与人之间的本质关系。两派学者在各自话语体系中自说自话,产生公平与效率之争,不利于改革共识的达成。

我们认为，破解“悖论”需立足劳动价值理论，重新探讨社会主义市场经济的公平问题，重新认识民营经济与共同富裕的关系。实现共同富裕，根本在两条。一是生产力提高，丰裕使用价值并有效满足人民群众的需求。二是生产关系完善，由劳动的数量与质量决定分享剩余的大小。前者指向效率维度、后者指向公平维度，但两者不可割裂。没有第一个维度，就不存在富裕的基础，也就不可能达到公平。而没有第二个维度，就不能搞对激励，也就无实现效率。我们认为，大力发展民营经济是提高生产力的充分条件，也是社会主义市场经济条件下实现公平的前提。这里统一民营经济与共同富裕的关键是建立起社会公平保障体系。党的十八大报告提出，公平正义是中国特色社会主义的内在要求，要求建立由权利公平、机会公平、规则公平结合的社会公平保障体系。其实质是在社会主义市场经济条件下，通过等价交换的规则公平、剩余积累的机会公平与剩余索取的权利公平，实现生产资料的按劳分配。在社会公平保障体系下发展民营经济，保证唯有个人的努力程度，即劳动决定生产要素的分布聚合，进而达到共同富裕。

二、促进民营经济发展亟待打破的理论定式

改革开放以来，民营经济从无到有、由小到大，创造财富、带动就业、贡献税收、推动创新、促进改革。这些是实实在在的贡献。可为什么很多人总担心民营经济的进一步发展会与共同富裕相矛盾，从而想将其限制？我们发现，对民营经济的担忧普遍基于三大理论定式，宏观经济无效率论、收入分配两极化论和经济赶超遭瓦解论。这些理论定式在传统经济学的教学与宣传中几乎“深入人心”。其背后的理论根源有两个，一是马克思对资本主义的批判，二是发展经济学对后发国家的建议。理论与国情都是在不断发展的。我们认为，只要坚持以发展的眼光看问题，上述担忧大可不必。我们应

打破理论定式,鼓舞民营经济进一步发展。

(一)宏观经济无效率论

我们一直有一种担忧,就是民营经济的进一步发展会加剧宏观经济的不稳定,造成效率损失。这种担心源于马克思对资本主义市场经济中,个体与集体协调性矛盾的批判。民营经济以利润为导向,由“无政府”的自由竞争协调。“在工场内部的分工中预先地、有计划地起作用的规则,在社会内部的分工中只是在事后作为一种内在的、无声的自然必然性起着作用,这种自然必然性只能在市场价格的晴雨表式的变动中觉察出来,并克服着商品生产者的无规则的任意行动……独立的商品生产者互相对立,他们不承认任何别的权威;只承认竞争的权威,只承认他们互相利益的压力加在他们身上的强制”。因此,市场依靠的是不断试错、优胜劣汰的事后调节,实现均衡只会是一种偶然。不同生产部门之间、产品供给量与最终需求量之间难以确保恰当比例,从而造成宏观经济不断波动。

我们必须承认,市场机制是有成本的。但问题是,我们应如何看待市场的协调成本。实践证明,市场经济是迄今最为有效的制度安排。市场波动是追求利润的主体在自由竞争中优胜劣汰的必然,是市场调节功能发挥作用的途径。它是市场优化资源配置必须付出的成本。马克思对市场协调机制的阐述是辩证的。在哈耶克之前,马克思就洞察到价格作为“晴雨表”的信息整合功能,并指出价格波动正是价值规律的实现途径。在科斯之前,马克思就充分认识到市场的成本,并由此提出让计划突破企业边界以替代市场的制度设想。但再优良的管理也无法以一套中央政府的指令驾驭高度复杂、动态扩张、瞬息万变的社会分工体系,在保持经济平衡的同时实现激励。实践中,即便改革开放前,我们也是多次向地方、向企业分权,依靠地方政府与国有企业自身进行试错。但由于没有价格引导,没有预算约束刚性,没有市场自发纠正,试错的成本更加高昂,甚至出现“一放就热，一收就死”的剧烈波动。反过来看，市场的协调却更加温和，也更具有积极意义。它是交替试错与创造性毁灭的过程。因此，政府应当设出经济波动的上限与下限，允许其范围内的市场调节。

打破民营经济发展约束，才能更好保持宏观经济的稳定。事实上，随着民营经济发展，市场的调节作用不断扩大，中国经济的波动是收窄而非扩大！政府应理性看待经济周期。缓和经济波动应以政策组合影响民营经济，而不宜直接指令国有企业逆周期行事。那只是政企不分的另一版本！国有经济不仅考虑经济绩效，更考虑政治绩效，为配合政府烫平经济周期，常常不管不顾、大干快上，逆势扩张。这种不顾经济规律的行为，只是将危机顺延、将矛盾放大，为经济埋下隐患。

（二）收入分配两极化论

我们的另一大担忧，是民营经济的进一步发展会加剧收入分配的两极化。一种流行的思维定式是将效率与公平割裂。在肯定民营经济促进效率的同时，认定其发展将导致社会不公，从而需要限制民营经济。事实上，效率与公平是不能分割的。没有生产力的发展，哪里来的公平呢？而放任社会不公也会造成有效需求不足，酿成经济危机，束缚生产力的发展。这种简单的二分法既不正确，也无益于解决问题。我们应深入探讨民营经济与社会公平的内在关联，以探求政策路径。

民营经济的本质是个人掌握生产资料，自然就是私有制。现在一些同志很怕提私有制，总觉得“私”是万恶之源，觉得“私”就是“资本主义”。这是对马克思的误解！马克思区分了两种私有制，并对两者都进行了辩证分析。第一种私有制是小生产者的私有制，劳动者与生产资料直接结合。马克思肯定了这种生产资料的个人占有是实现自由与个性的前提，但认为小生产者私有制无法与社会化大生产兼容,最终会被第二种私有制撕裂、吞噬。第二种私有制是资产阶级的私有制,生产资料由少数人占有,广大劳动者是无产者。马克思肯定了第二种私有制创造出巨大的生产力,但同时揭露其等价交换外衣下的深刻不平等。在资本主义扩大再生产中,由于劳动力成为商品,雇佣者只需支付劳动者的劳动力价值,其再生产自身家庭所需的生活资料价值,就能无偿占有劳动者创造的剩余。劳动者作为一个阶级,只能不断再生产劳动力,丧失掌握生产资料的机会。马克思认为,这种劳动与资本结构性的矛盾将愈发加剧,最终"炸毁"第二种私有制,并在生产资料共同占有的基础上重建个人所有制。因此,导致收入分配两极分化的并非私有制一般,而是一种特殊的私有制,是广大劳动者转化为劳动力商品与生产资料少数人占有的严格对立。劳动者作为阶级,没有掌握生产资料的可能!

中国民营经济的进一步发展,不是要形成第二种私有制,而是在社会化大生产中重建第一种私有制。如果我们坚持以发展的眼光看待马克思经济学,我们应当承认,这是可行的。一方面,小生产并不必然被大生产取代。企业规模越大,管理层级越多,对市场的灵敏度越低,改变既定流程或者说创新的难度就越大。而小企业灵活多变。这使得大企业往往选择将业务分包给小企业,也就是以市场协调的社会分工替代计划协调的企业内部分工。更重要的是,发现新市场、发明新技术的主体大多是小企业甚至是个人。小企业通过创新获得超额剩余价值,并通过信用杠杆迅速扩大规模,最终能战胜传统巨头。另一方面,市场经济的等价交换虽肯定资本对剩余的占有,却并未排除劳动者获得剩余的可能。扩大再生产的资本积累,将增加对劳动力的需求,导致工资上升。完全剥夺剩余的核心机制是相对过剩人口生产。竞争中努力提升劳动生产率的单个企业会选择增加其资本有机构成的新技术。这一趋势在全社会层次展开,将造成劳动需求量相对甚至绝对地减少,生产出相对过剩人口，工资从而会下降到适合资本增值需要的水平。但我们应看到，这一机制并不必然成立。不断在创新中产生的新生产部门，绝对剩余价值生产向相对剩余价值生产的转变，政府的转移支付，均可以让劳动者获得剩余。因此，进一步发展民营经济并不必然出现资本与劳动的对立格局。

与马克思设想的社会主义分配方式不同，社会主义市场经济承认生产要素占有一部分剩余劳动的权利。前者是建立在资本主义高度发达的生产力基础之上，属“第三大社会形态”。我国却是处在“第二大社会形态”生产力基础上的社会主义初级阶段。发展市场经济是当前中国提高生产力的主要手段，也是通往“第三大社会形态”的必由之路。随着市场化改革的深入，生产资料由国家与集体所有向个人分散，实现分散决策下个人利益驱动的优化配置。拥有生产资料的个人也就必然会参与到剩余价值分配。与马克思批判的资本主义市场经济不同，社会主义市场经济中的劳动者拥有获取一部分剩余劳动的权利。劳动力要素所有者不仅能够实现劳动力价值，还可以在价值增值的生产过程中同其他要素所有者一样分割一部分自身创造的剩余。在规则公平与机会公平的条件下，这部分剩余可以不断积累，转化为生产资料，并能够以此为凭进一步获得财产性收入。这将根本改变劳动与资本的关系。资本不再独享劳动所创造的剩余价值，每一位劳动者只需凭借劳动就可以分享剩余并将其累积为生产资料，从而打破生产资料占有的结构性不公。这样，金字塔式的资本—劳动力商品结构将被橄榄形的社会结构取代。

（三）经济赶超遭瓦解论

对民营经济进一步发展的第三种担忧，是担心国有经济会因此受到冲击，从而丧失实现赶超的经济基础。这一担忧与前两种不同，更多源自发展经济学的阐述。在发展经济学家看来，落后国家中传统经济为主体，资本稀缺、市场缺失，极易陷入“贫困陷阱”。但相对落后的紧张状态，又会激发政府推动经济发展，并具备后发优势。在这种发展条件下，国有经济作为政府干预的载体，承担着加速资本积累、推动技术进步的功能，构成经济赶超的基础。国有经济的决策依据不仅是自身利润，更是政府政策；其预算约束不仅是自身资本积累，更包括政府资源。在规模上，它能通过政府直接汲取全社会的资源扩大再生产，相较于民营经济更具动员能力。在空间上，它能够在多部门同时实施大规模投资，打破“贫困陷阱”。在产业上，它能投资外部性强而周转长、回报低的产业，这是民营经济获利并发展的基础。在技术上，它能依靠政策扶持，直接选择初始效益不高但潜力巨大的前沿技术，实现技术飞跃。为此，我们赋予国有经济廉价资源、垄断特权，但正是这些限制了民营经济发展。这构成了赶超性矛盾。

消除结构性矛盾，必须超越积累主义。在对民营经济的批评中，结构性矛盾与赶超性矛盾通常是并提的。但两者依据并非相容。不加区分，会出现分析错位。发展经济学家主张的国有经济是建立在落后国家的原始资本积累时期。国有经济承担是第二种私有制的历史任务，通过瓦解第一种私有制，更快推动资本积累，更快提高技术水平。而马克思主张的生产资料共同占有是建立在生产力高度发展之后，着眼于打破第二种私有制的结构性冲突。历史阶段与任务的不同，经济后果自然相异。为实现赶超而发展国有经济，必然会加剧结构性矛盾。为了赶超，我们在新中国成立初期发展相对排斥劳动力的高资本有机构成产业，并为此建立了严格的城乡二元制度。为了赶超，地方政府始终怀揣征地、拆迁、卖地、再投资的强烈欲望，始终担心工资提高会影响发展速度。农民被剥夺生产资料，剩余被用于再投资，这与“圈地运动”有何差别？高投资、低工资，也必然限制居民消费能力。我们可以争辩说，国有经济属于全民，这些是短期与长期、个体和整体的矛盾。但现实是全民未能从国有经济获益。马克思批判资本家无限制追求剩余价值而过度积累,而所谓"中国模式"恰恰是政府利用各种手段不断积累资本。这已造成国富而民不富的现实,造成有效需求的不足,造成官民之间的紧张关系。

以经济赶超为由反对民营经济,根源于对中国发展阶段的错误估计。一方面,中国已突破原始积累阶段。我们拥有世界第二的经济总量,当前缺乏的不是资本,而是资本的有效运用。我们拥有世界上最宏大的劳动力转移,户籍制度改革不是为创造自由劳动力(新生代农民工已不愿意回归土地),而是让他们享受到自己的劳动成果。另一方面,随着与世界发达经济体差距缩小,中国的后发优势正迅速消失。我们亟须的是实现经济转型,打造中国经济升级版。具体而言,必须将经济增长从外需导向转型为内需拉动型,从成本优势转型为创新驱动型,从投资推动转型为消费支撑型。三者交互影响,均以打破民营经济发展约束为前提。

打破民营经济的发展约束才能启动国内投资需求。中国因四万亿救市存在大面积产能过剩,并不意味投资需求已经饱和。一者,很多行业因垄断而有效供给不足;二者,消费者生活水平的持续提升也产生新市场、新机会。但投资渠道的制约,导致中国巨大的储蓄资源向国有银行体系堆聚,并进一步向大型国企集中。国有企业依靠市场垄断、资源廉价与隐性补贴,更多关注政府政策而非市场创新,极易造成生产部门间、生产与最终需求间的不协调。这些企业或过度积累而产能过剩,或因垄断巨额获利,但均不等于有效投资。大量有潜质的民营企业无从发展,投资机会难以实现。进一步发展民营经济不仅能充分利用投资机会与储蓄资源,还能增加垄断部门供给,在激发投资需求的同时降低价格,引致消费需求。

打破民营经济的发展约束才能实现创新驱动发展。创新有两种方式。一是追赶型创新,利用后发优势模仿领先者;二是原发型创新,依靠自主发明实现技术领先。随着与发达国家技术差距的缩小,中国发展的支撑是抢占技术制高点,大力开拓前沿新兴产业。这要求我们从追赶型创新转型为原发型创新,这需要变革创新组织体制。在追赶型创新阶段,一方面,对于少数重大项目,可以依凭举国体制,依托政府、科研单位与国有企业,依靠行政手段实现重大技术攻关;另一方面,民生产品也能利用本国的市场保护模仿他国成熟产品。但创新方式转型后,就必须更多依靠民众,充分利用人民群众的首创精神。一方面,应通过自由、竞争与利润激发创新动力;另一方面,需要产权的高效流转与个人掌握生产资料的充分保障,实现创新者与生产资料的有效结合。而这两方面均需民营经济的发展。

打破民营经济的发展约束才能扩大国内消费需求。我们必须明确,消费是生产的目的,而不是生产的手段。为实现剩余价值去刺激消费,是马克思对资产阶级私有制的批判。而我们一直强调的发展,本质也是增加未来的消费能力。只有消费得到增加,人们才能从发展中受益,才能实现共同富裕。扩大消费要求居民收入的提升,这在初次分配中包括工资性收入与财产性收入两方面。而中国当前存在两个显著的结构性现象。一是,蓝领工人工资显著上升,而大学生等人力资本所有者工资性收入甚至低于前者。除去刘易斯拐点与高等教育扩招产生供给结构变化,其关键原因是,中低端制造业与服务业已向民营经济放开,实现资本有效积累,带动对劳动力的需求;而高端制造业与服务业却未向民营经济全面放开,其有效供给不足。二是,中国居民因公共服务不足,有着巨额的预防性储蓄需求。但由于金融体系的国有垄断,真实储蓄率极低,而其他投资渠道亦受限制。这导致中国居民的财产性收入同样很低。要扭转这两个结构性问题,就必须鼓舞民营经济的发展,在增加对高人力资本所有者需求的同时,拓展居民投资机会。

三、社会公平保障体系是民营经济与共同富裕的结合点

民营经济的进一步发展不与共同富裕相矛盾,反而是其前提。我们所说的民营经济,不是马克思批判的少数人掌握生产资料、多数人一无所有的资产阶级私有制。我们所说的民营经济,是在社会化大生产中重建的劳动者对生产资料的占有,是绝大多数人依据自己的劳动获得财产。其发展能够稳定宏观经济,能够缩小收入差距,能够促进中国经济的转型升级。社会公平保障体系是民营经济与共同富裕的结合点。在社会主义市场经济条件下,剩余价值实现的规则公平、剩余积累的机会公平、剩余索取的权利公平紧密结合,共同构成社会公平保障体系。一方面,市场经济条件下,生产资料对剩余的获取激发在竞争中积累的动力,劳动生产率不断提高。另一方面,每一位劳动者均能获取自身劳动创造的一部分剩余,有同等机会将其累积为生产资料,生产资料获得的财产性收入经国家再分配可进一步积累,不断累积的剩余在等价交换中得到实现。因此,归根到底是劳动的质量与数量,决定每一位劳动者生产资料的占有量。也就是说,唯有个人的努力程度,即劳动,决定生产要素的分布聚合。这正是达到共同富裕的前提条件。

第一,等价交换的规则公平,也就是交易的公平,是社会公平保障体系的第一个层次。

等价交换是规则公平的核心,也是市场经济的本质规律。这里的“价”是生产价格。它意味着相互统一的两个层次。一方面,商品交换的依据是与社会需要量相匹配供给量的社会必要劳动时间。另一方面,自由竞争中的资本在不同有机构成的部门间流动,形成平均利润。当前中国,由于垄断与行政干预,存在相当多的非等价交换。居民储蓄利息、股票分红与土地转让价格低,获取贷款、发行股票、租买房产的成本高。而国有企业的成本与收益却相反。这不

利于共同富裕。

一方面,贯彻等价交换的规则公平必须进一步发挥市场在资源配置中的基础性作用。应扭转市场化进程中要素市场远远落后产品市场发展的不对称。资本市场应拓展广度、增强竞争,打破供给与需求两方面对民营经济的限制。土地市场应打破土地用途管制与征地按原用途补偿为核心的制度体系,不再排斥农村土地产权所有者。劳动力市场应打破户籍制度的人为分割,统一城市与乡村、城市居民与农民工、本地居民与外地居民之间的劳动力市场。必须进一步完善产品市场,打破区域间、城乡间,行业间、所有制之间的交易壁垒。另一方面,贯彻等价交换的规则公平必须保障财产所有权的平等。保障各产权所有者能平等使用生产要素、公平参与市场竞争、同等受到法律保护。这是实现人与人平等的先决条件。产权平等,要求交易双方只作为商品所有者进行交换。它是交换客体平等在人与人关系中的反映,又进一步指向了作为上层建筑的政治形式平等。“人们扮演的经济角色不过是经济关系的人格化,人们是作为这种关系的承担者而彼此对立的。”“作为在法律的、政治的、社会的关系上发展了的东西,平等和自由不过是另一次方的这种基础而已。”因此,这规则公平要求法律层次的改革。

第二,剩余积累的机会公平,也就是投资机会的公平,是社会公平保障体系的第二个层次。

《世界发展报告》将公平竞争环境界定为,社会所有成员在成为社会上活跃、政治上有影响力、经济上有生产力的角色方面享有类似的机会。社会与政治地位由经济地位决定,后者取决于剩余劳动的分配。因此,机会公平的核心是生产资料占有机会的均等,也就是通过投资实现剩余积累的机会均等。

机会公平要求每一名社会成员获取经济地位的概率是其自身努力与才能的函数,而与出生背景、现有财富程度无关,从而实现同代间与代际间的阶层流动。一方面,生产资料占有的机会公平是以商品交换的规则公平为前提。交换客体的平等,可以扩大生产资料竞争的范围。交换主体的平等,保障竞争不受经济领域之外因素的影响。交换方式的自由,保证每一位社会成员都可以不加限制地选择自己的交易标的、交易对象、交易方式,从而在市场中充分寻找机会。在等价交换的竞争规则中,机会属于个别劳动时间低于社会必要劳动时间的一方。另一方面,生产资料占有的机会公平是对商品等价交换的超越。机会是稀缺的,竞争是获取机会的手段。内在能力与外在条件的不同导致积累的机会远非一致。已有的剩余劳动分配又会影响新一轮竞争机会的分布,导致累积的马太效应。因此,机会公平要求引入市场之外的制度设计,在市场初次分配后再分配。它要求健康、智力、才干的生产与再生产条件的公平,也就是医疗、教育与社会保障资源在性别、城乡、区域间平等分配。它要求改革税收制度,增加所得税与财产税比重,减少上一轮分配格局对新一轮竞争机会的影响。它要求完善劳动力市场及人事安排制度,保证剩余分享不同的就职岗位对所有人平等开放。它要求发展金融信贷与风险投资业,保证创业者同等具备获得信贷支持的机会。如此一来,无论地位高低,每位公民平等享有公共资本;不论数额大小,每份资本具备同等增值途径。

第三,剩余索取的权利公平,也就是发展权利的公平,是社会公平保障体系的第三个层次。

权利与机会不同,它普遍而非稀缺,因此无须竞争。权利与福利不同,它是一种资格而非单向给予,因此需要付出。剩余索取的权利公平是指,每一位劳动者只需凭借劳动,就有资格获取一部分剩余价值。只要劳动时间超过必要劳动时间,劳动者就不仅实现其劳动力商品的价值,还可以在价值增值的生产过程中同其他要素所有者一样分割一部分自身创造的剩余。它保证了发展的权利。发展的途径是投资,无论是物质资本投资还是人力资本投资,投资的源泉都是剩余。与马克思设想的社会主义分配方式不同,社会主义市场经济承认生产要素占有一部分剩余劳动的权利。与马克思批判的资本主义市场经济不同，社会主义市场经济中的劳动者拥有获取一部分剩余劳动的权利。在规则公平与机会公平的条件下，劳动者获得的剩余能够不断积累，转化为生产资料，并能够以此为凭进一步获得财产性收入。这将打破生产资料占有的结构性不公，根本改变劳动与资本的关系。

提高劳动生产率是实现剩余索取权利公平的物质基础。它为劳动者与生产资料所有者实现剩余分享的正和博弈创造可能。当生活资料范围与构成的变化，不能抵消全社会劳动生产率提高导致的生活资料价值的降低，劳动力再生产的社会必要劳动时间将会减少。这将提高无酬劳动相对于有酬劳动的比重，为劳动者与生产资料所有者共同增加剩余获取创造条件。如果劳动生产率提升到足够高，在剩余劳动增加的同时，劳动时间还可以减少，为人的自由全面发展奠定基础。

调整经济结构是实现剩余索取权利公平的生产条件。它不仅加速生产率的提升，更能减少相对过剩人口的生产。这样，劳动者才能在使用价值与价值层面共同享受到生产力提高的成果，即更加丰富的生活资料与对剩余价值增加部分的分享。相对过剩人口包含三种，即现代工业在经济、产业与劳动力生命周期中对工人的排斥与吸收所产生的流动形式，农业资本积累导致的农业过剩人口所形成的潜在形式，从工业和农业过剩者中不断得到补充的非正规部门就业者所构成的停滞形式。二元经济条件下，中国农村存在大量潜在过剩人口。在原有的低技术层次产业结构中，由农村转出的青年劳动力被低工资、强劳动、薄利润的劳动密集制造业吸收。他们无法获得城市户口及其代表的福利，缺乏上升通道，成为中国特有的“农民工”群体。及至中年，该群体中的劳动者难以承受高强度劳动，或返乡，形成流动过剩人口；或进入城市非正规部门，沉淀为停滞过剩人口。减少相对过剩人口需深化并拓展现代制造产业体系，大力发展先进服务业，加速城镇化进程，并提高劳动者素质，以吸纳潜在过剩人口与停滞人口并减少中年失业。

深化政府职能改革是实现剩余索取权利公平的制度保证。深化改革的最大攻坚，是改革作为其推动者的政府自身。政府是制度的供给者。其职能转变的实质，是变革剩余分配与积累制度，以充分保障劳动者对剩余的占有与累积。一方面，在初次分配阶段政府应放弃要素垄断收入，减少剩余占有份额，为劳动者分享剩余腾出空间。政府应从金融市场撤出，打破资金供给的国有银行垄断，扩大金融主体，通过市场竞争降低存贷利差。政府应从土地市场撤出，减少财政收入对售卖土地依赖，缓解地价上涨压力，并保障土地所有者权益。另一方面，在再分配阶段，政府应调整税收与财政支出结构，保障剩余在人与人之间公正分配。应减少劳动报酬的税负，增加对生产资料（也就是财产）的课税，开征房产税、资本利得税、遗产税。应减少政府直接积累，增加民生建设支出，实现投资主体由政府转向每位劳动者。转变政府职能，必须变革官员晋升机制，由追逐 GDP 的锦标赛竞争转向真正对民众负责，促使地方政府转变亲资本立场，切实保障劳工利益。

等价交换的规则公平、剩余积累的机会公平、剩余索取的权利公平，共同构成社会主义市场经济的社会公平保障体系。有了这个体系，我们就能进一步发展民营经济，在社会化大生产中保障劳动者对生产资料的占有。每一位劳动者均能获取自身劳动创造的部分剩余，有同等机会将其累积为生产资料，凭此获得的财产性收入经国家再分配可进一步积累，并由等价交换实现，共同富裕便成为可能。

四、结语

进一步发展民营经济与实现共同富裕是统一的。其结合点就是建立社会公平保障体系。因此，要实现共同富裕中国梦，就必须打破民营经济发展约束。

中国道路,是中国特色社会主义之路,就是共同富裕之路。只有打破民营经济的发展约束,才能在社会化大生产中重建劳动者对生产资料的占有。民营经济的发展内生于社会公平保障体系建设。通过建设规则公平,社会个体能够在利润引导、竞争鞭策与自由保障下发挥创造性、寻找市场机会、组合生产要素,并在不断试错中优胜劣汰。通过建设机会公平,生产要素将由最能实现其有效配置的个人所有,资本积累将由最具创新能力的企业完成。通过建设权利公平,每一位劳动者均有条件通过劳动获得剩余。这样,每一位劳动者均能获取自身劳动创造的部分剩余,有同等机会将其累积为生产资料,凭此获得的财产性收入经国家再分配可进一步积累。这将在实现效率的同时达到公平,从而坚定中国道路。

中国精神,是爱国主义与改革创新的精神,就属于社会主义核心价值。只有打破民营经济的发展约束,在马克思主义框架内正确认识民营经济与共同富裕的关系,才能实现爱国之情、改革之愿与社会主义信仰的统一。改革开放40年来,我们在思想领域出现一些混乱:有人以改革为名反对社会主义,亦有人以爱国为义否定改革。纷争的根源在于,当市场化改革取得举世瞩目成就而又产生巨大收入差距之时,我们很少以社会主义理论形态为改革指引方向。我们应树立社会主义市场经济公平观,明确进一步发展民营经济能实现共同富裕。唯有如此,才能自信社会主义市场经济既能实现效率又能达到公平,才能凝聚中国特色社会主义共同理想,才能实现社会共同体的团结一心与自强不息,才能弘扬中国精神。

中国力量,是中华民族大团结的力量,就是每一个中国人的力量。只有打破民营经济的发展约束,在社会化大生产中重建个人对生产资料的占有,并由个人的努力程度(劳动的数量与质量)决定生产资料的占有分布,才能激发每一个个体的智慧与奋斗。我们应进一步发展民营经济,建立由权利公平、机会公平、规则公平紧密结合的社会公平保障体系。让每一位劳动者都拥有平等权利获取一部分剩余，都具备同等机会累积剩余、占有生产资料，都在等价交换中将剩余实现。唯有如此，才能保证每一位中国人共同享有践行梦想的权利、共同享有梦想成真的机会、共同享有为梦奋斗的果实，才能汇聚起十三亿人不可战胜的磅礴力量。

践行"中国梦"，必须打破民营经济的发展约束。让每一位中国人都有机会、有条件、有动力去实现心中梦。唯有如此，才能坚定中国道路、弘扬中国精神、汇聚中国力量，走向共同富裕。

参考文献

1. 马克思：《资本论(第一卷)》，人民出版社 2004 年版。
2. 马克思：《1857—1858 年经济学手稿(上册)》，人民出版社 1979 年版。

(魏杰，清华大学经济管理学院；施戍杰，国务院发展研究中心)

降低费率对冲民营企业职工养老保险缴费负担——从社保征缴体制“费改税”谈起

郑拓 刘伟

相较于西方发达国家，我国的社会保障体系建立较晚，运行机制一直不够清晰，数次改革都不够彻底。在各项社会保险种类中，职工养老保险是最重要的组成部分之一，也拥有着最高的征缴比例，自1991年颁布《国务院关于企业职工养老保险制度改革的决定》（国发[1991]33号）起，其缴费率就是28%（企业缴纳20%，个人缴纳8%），直到2019年4月4日，根据国务院办公厅的通知要求，养老保险单位缴费比例才首次下降到16%，雇主和雇员双方缴费率为24%（见表1）。

表 1　各国企业养老保险缴费费率(%)〔1〕

国　　家	费　　率	国　　家	费　　率
埃及	17	德国	9.45
新加坡	16	日本	8.737
瑞典	15.73	美国	6.2
英国	11.9	韩国	4.5
澳大利亚	9.5	智利	1.15

注:原始数据已根据最新政策调整。

与美国、加拿大等西方主要国家相对比,由于我国职工养老保险制度设计之初便承担了“老人”的历史问题,“老人”的转型成本是由“中人”和“新人”通过支付较高的费率承担的(“老人”是指在养老保险建立时已经退休的人,“中人”是指在养老保险建立时正在工作的人,“新人”是指在养老保险建立后不断参保的人);同时,我国养老保险“三支柱”发展很不均衡,“第一支柱”社会养老保险承担了近80%的养老保险金,“第二支柱”企业年金和职业年金,和“第三支柱”商业养老保险起步较晚、起点较低。可以预见,在未来很长的一段时间内,我国职工养老保险将主要依赖于国家承办的“第一支柱”。因此,我国职工养老保险中,企业缴纳部分的费率要远远高于其他国家,企业负担很重。

我国的养老保险费用征收机构从20世纪90年代初的社会保险制度建立的试点初期,就形成了部分地区由社保部门征收、部分地区由税务部门征收的“双重征缴”格局。虽然税务部门参与征缴社保费早已有之,但以往都是由社保部门负责核定缴费基数与缴费额度后,交由税务部门代为执行。而社保部门无法准确掌握各个企业的真实工资成本,缴费基数不详不实。企业面对沉重的缴费压力,有动力利用制度漏洞,逃费漏费。部分企业在给职工缴费时,按

〔1〕 摘自“社保征管体制改革,经济影响几何?”,国泰君安证券研究,2018年9月4日。

照当地规定的保险缴费金额的基数下限来进行缴纳;部分企业甚至以非正式的形式雇用员工,不缴纳保险金。这里面,民营企业是社保缴纳不合规的重灾区。根据2018年最新的数据统计,全国整体上社保缴纳及时性合规率为85.11%,接近较高层次水平,基数合规率仅为45.32%,处于较低层次水平。[1]民营企业在这两项指标中的表现均弱于全国平均水平,其社保缴纳及时性合规率为83.30%,基数合规率为40.04%。

为了解决职工养老保险制度沦为“交易型制度”的问题,同时为了践行党中央“以精算平衡和公益共济推进社保改革”的要求,2018年3月,在中共中央公布的《深化党和国家机构改革方案》中,对八大领域做出了六十项改革。其中的第四十六项“改革国税地税征管体制”是将基本养老保险费、基本医疗保险费、失业保险费、工商保险费、生育保险费等各项社会保险费交由税务部门统一征收。同年7月20日,中共中央办公厅、国务院办公厅印发了《国税地税征管体制改革方案》。强调了:要通过这次改革,理顺职责关系,逐步构建起优化、高效、统一的税收征管体系。提高征管效率,降低征纳成本,增强税费治理能力。并明确要求2019年1月1日为新方案落地时间。

此次改革一锤定音,要求社会保险费全部交由税务部门征收。而且此次改革要求税务部门“全责征缴”,即同时包括缴费基数的核定和征缴两个环节。利用“金税三期”数据库,社保费征缴基数和额度可根据企业的真实工资成本自动生成,逃费、瞒报的可能性不复存在。根据中金公司的研究报告[2],对2017年的测算结果是,在五险一金缴费基数规范化之后,社保征缴收入将会增加7 000

[1] 《中国企业社保白皮书》,2018年版,第15—17页。

[2] 梁红、王慧:“降税费已是当务之急——从社保费由税务部门征收说开去”,《中金观点》2018年9月4日。

亿元(其中主要是职工养老保险),企业的社会保险成本将提高14%,从严征缴之后对民营企业的冲击是巨大的。决定公布以来,有些省份更是做出开始追缴企业以往欠费的决定,如江苏省常州市对常州市裕华玻璃有限公司做出追缴十年欠费合计201万元的决定[1]。历史欠费较多的民营企业主开始恐慌,有些企业甚至已经开始裁员[2]。

为此,李克强总理在2018年9月18日主持召开的国务院常务会议上,对社会保险费用征收体制转型提出了四点要求:第一,把已经敲定的减税降费措施切实落实到位。第二,再次明确强调国务院"总体上不增加企业负担"的已定部署。第三,严禁各级政府机关自行对企业历史欠费进行集中清缴。第四,要求各部门抓紧研究,提出降低社保费率方案,并与征收体制改革同步实施。

2018年11月1日,习近平总书记在"民营企业座谈会"上肯定了改革开放40年以来,我国民营企业发展取得的成绩。面对当下民营经济所具有的"五六七八九"的特征,即民营经济贡献了50%以上的税收、60%以上的国内生产总值、70%以上的技术创新成果、80%以上的城镇劳动就业、90%以上的企业数量,党和国家必须长期坚持社会主义市场经济制度,支持民营企业发展不动摇。习近平总书记在会上进一步指出:"要根据实际情况,降低社保缴费名义费率,稳定缴费方式,确保企业社保缴费实际负担有实质性下降。既要以最严格的标准防范逃避税,又要避免因为不当征税导致正常运行的企业停摆。"

针对社保征缴体制"费改税"的新政策和国家"确保(民营)企

---

[1] "江苏一企业被追缴十年社保200多万元,'五险一金'的这些规定你知道吗?",《扬子晚报》2018年9月10日。

[2] "多地追补社保费,税务统征变在哪",《北京商报》2018年9月5日。

业社保缴费实际负担有实质性下降”的要求，本文从必要性和充分性两方面论证以“降低职工养老保险企业缴纳部分费率”为征缴体制改革的配套政策，来对冲民营企业承担的从严征缴后的缴费负担，并论证合意的降费空间，为后续的政策制定和制度设计提供建议。

一、降低企业职工养老保险费率的必要性

（一）民营企业无法转嫁从严征缴所带来的运营成本

职工养老保险费是以企业向员工支付的工资或薪金为课征对象的，本质上还是一种“工薪税”。根据劳动供求理论和工薪税归宿理论，社保缴费上升所带来的企业用工成本上升，将导致企业实际支付给员工的劳动力价格超过了其劳动边际生产率。理论上，对于企业主来说，社会保险“费改税”所增加的企业运行成本，可以通过压低员工工资和减少雇佣规模两个途径转嫁出去。

如图1所示，假定原来的均衡条件下，劳动需求曲线 D_0 和供给曲线 S_0 相交于A点，原有工资水平为 W_0，原有雇佣规模为 E_0。假设社会保险“费改税”政策靴子落地之后，企业对于每位劳动力缴纳职工养老保险的增加值为 C。如果要维持原有工资水平 W_0，则企业需要负担的劳动力价格为 W_H($W_H=W_0+C$)，需求曲线向左平移到 D_1。原工资水平在新的需求曲线上对应的雇佣规模为 E_1，而劳动者的劳动供给仍为 E_0，劳动力的供求差对企业员工的工资产生下压的力量。如果要维持原有的雇佣规模 E_0，则员工必须接受 W_L($W_L=W_0-C$)的工资水平，此时社会保险成本的增加完全转嫁于企业员工身上。

但在现实中，社会保险增加的成本在员工与企业之间的分配，将取决于企业特征、员工特性、劳动力市场供求弹性等众多因素，必然会对工资水平和雇佣规模同时产生影响，形成 $A'(E',W')$ 的新均

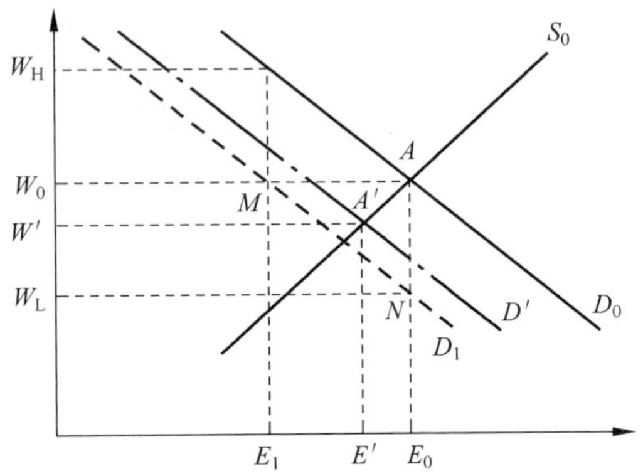

图 1 社保缴费与企业压力

衡。根据相关实证研究,对于中国的企业来说,社会保险实际缴费费率每提高一个百分点,企业员工工资水平将下降 3 个百分点,企业雇佣规模将下降 5 个百分点,企业将承担 97% 的社保成本[1]。再者,以 2017 年为例,城镇私营企业员工年平均工资为 45 761 元,远低于城镇非私营单位职工年平均工资 74 318 元。对于民营企业来说,通过压低工资转移运营成本的想法更加不可能实现。

受到新政策冲击的民营企业并不在少数。根据统计,社保征缴"费改税"之前,60%左右的民营企业主都或多或少的利用过制度漏洞,尽可能的减少养老保险费用的缴纳,以减轻企业的运行负担,或以更高的名义工资吸引优秀员工。国家机构改革之后,从严征缴所带来的压力,将实打实地落在这些企业身上。近几年随着我国经济下行压力的凸显和经济结构转型等多重因素的影响,我国民营企业经营困难重重。此时从严征缴社保费用会使得企业运营成本压力骤增,民营企业主将难以维继。一方面,企业的雇佣规模和生产水

〔1〕 钱雪亚、蒋卓余、胡琼:"社会保险缴费对企业雇佣工资和规模的影响研究",《统计研究》2018 年第 35 卷第 12 期,第 68—79 页。

平都会受到影响，利润率降低、扩大再生产受到抑制，企业的竞争力相应下降。另一方面，过高的社保费率会降低企业参保的积极性，鼓励企业在劳动力市场上进行非正式的雇佣行为，甚至导致社会保险更大规模的“逃费”行为，不利于企业家精神的培养和法治社会的建立。

（二）高企的职工养老保险费率妨害市场活力

美国的供给学派经济学家阿瑟·拉弗提出的拉弗曲线表明，高的税率未必带来高的税收收入。当税率在合意的临界点之内，提高税率是可以增加政府税收收入的。但超过了临界点，过高的税率便会抑制经济的增长，减小税基，反而使得税收收入下降。养老保险也遵循相同的逻辑。在福利经济学理论体系中，一个合意的养老保险制度虽然会由于保费的征收从而减少企业利润和员工工资收入，影响经济整体的活跃程度。但与此同时，运营良好的保险制度也会解除劳动者对于退休后养老金收入来源的担忧，从而减少人们的养老储蓄，刺激当期消费，反而对经济整体运行有正面的促进作用。

我国的养老保险体系比较单一，人们主要依赖社会养老保险和个人储蓄养老两种模式。从理论上说，从严征缴社会保险费用确实可以增加职工养老保险金收入，降低人们对于个人养老储蓄资金的投入，活跃市场。但我国当前并没有建立完善的养老金投资体制，在社会保险基金年均收益率等同于同期银行活期存款利息 2%—3%的情况下，贬值十分明显。根据中国社会科学院测算，仅从1993—2012 年，以 CPI 年均复合增长率 4. 8%估计，基金贬值近1 000 亿元；以企业年金投资收益率几何平均值 8. 35%为参考标准，贬值损失达 3 277 亿元；以全国社会保障基金年均收益率 9. 02%为参照，损失 5 500 亿元；如果和社会平均工资增长率 14. 8%相比，潜在的福利损失相当于 1. 3 万亿元。

过去的十年内,虽然相较于韩国、挪威、加拿大等发达国家的养老基金投资公司5%左右的年化收益率,我国的社保基金理事会取得了年均名义投资收益率8.82%的优异成绩,但我国养老金投资体制改革相对滞后,风险政策过于严格,投资策略过于保守。直至2018年,全国社保基金理事会管理的养老保险金与签约金额相比,才到位了二分之一。由于养老金投资体制的不健全,从严征缴带来的养老保险保费的增加却造成了更加严重的潜在福利损失,并不能为参保职工的老年生活提供应有的保障,也就不能打消劳动者的担忧,增加人们的当期消费,繁荣经济。

与国有企业拥有的垄断优势、资源优势、政策优势不同,民营企业生产经营受到经济整体运行情况的影响更大。在受到原本信贷受限、经济下行、结构调整等困难之后,为企业员工缴纳的职工养老保险费用的陡然上升会使得民营企业雪上加霜。这就要求国家层面必须出台配套政策,在夯实缴费基数之后,适度降低征缴费率,缓解民营企业压力,平稳经济整体运行。

二、降低企业职工养老保险费率的充分性

(一)职工养老保险基金运行有降费率空间

从表2来看,我国城镇企业职工基本养老保险运营状况基本平稳。过去的十年中,基金的累计结余年年升高。考虑到这其中有一部分是财政补贴,刨去十年内总计35 755亿元的财政补贴外,基金的结余为8 130亿元。虽说十年以来养老保险的缴费收入和养老金支出大致相等,当年征收上来的保险费用基本上完全用于当年度的养老金发放。但这也侧面证明了我国过去十年"交易制度"所形成的"实际缴费率"与其他条件是相合的,是满足制度均衡的要求的。

表 2 2008—2017 年城镇企业职工基本养老保险运行状况 (单位:亿元)①

年份	缴费收入	财政补贴	总收入	养老金支出	当年结余	累计结余
2008	8 016	1 437	9 740	7 390	2 350	9 931
2009	9 534	1 646	1 1491	8 894	2 597	1 2526
2010	1 1110	1 954	1 3420	1 0555	2 865	15 365
2011	13 956	2 272	16 895	12 765	4 130	19 497
2012	16 467	2 648	20 001	15 562	4 439	23 941
2013	18 634	3 019	22 680	18 470	4 210	28 269
2014	20 434	3 548	25 310	21 755	3 555	31 800
2015	23 016	4 716	29 341	25 813	3 528	35 345
2016	26 768	6 511	35 058	31 854	3 204	38 580
2017	33 403	8 004	43 310	38 052	5 258	43 885
合计	181 338	35 755	227 246	191 110	—	—

注:部分总收入与缴费收入和财政补贴的加总不相等,应系利息收入,预缴、补缴、历史清欠等收入。

① 中华人民共和国人力资源和社会保障部:《人力资源和社会保障事业发展统计公报》,2008—2017 年版,http://www.mohrss.gov.cn/SYrlzyhshbzb/zwgk/szrs/tjgb/。

虽然说在征缴体制改革的同时进行降低保险费率改革的做法在国际上还从未有过先例,但这是一个非常现实的需求。十几年来,降低企业缴纳的职工养老保险费率是企业主急切期盼的必要的重大改革举措,也是民营企业家呼吁最多的政策之一。在养老基金收支平衡,运行稳定的基础上,适当降低保险费率,是合理的也是可行的。

以广东省为例,根据 2018 年最新的统计数据,其社保缴费基数合规率为 37.74%[1],远低于全国平均水平。其中的主要原因是省政府考虑到广东市场活跃程度较高,外来务工人员较多,为进一步减轻企业负担,刺激经济繁荣,主动下调养老保险的单位缴费率,于

[1] 《中国企业社保白皮书》,2018 年版,第 15—17 页。

2018 年 8 月发布文件规定[1]，“单位缴费比例高于 14%的按 14%执行”。

但是广东省较低的企业社保缴费的基数合规率并不代表其养老基金的运行出现资金缺口(见表 3)。与此相反，广东省 2019 年城镇企业职工基本养老保险基金当期结余 2 000.7 亿元，位居全国第一。甚至引入中央调剂制度(在现行企业职工基本养老保险省级统筹基础上，建立中央调剂基金，对各省份养老保险基金进行适度调剂，确保基本养老金按时足额发放[2])后，广东省基金结余为 1 296 亿元，仍旧排在全国第一位。证明了通过降低社会保险缴费率，刺激经济发展活力，增加劳动力市场规模，扩大社保缴费税基，正是社会保险“费改税”落地之后，应有的配套政策。

表 3　2019 年各省养老保险基金运行安全度(引入中央调剂制度下)

基准线以上 (可支付月数不少于 9 个月)	西藏 广东 北京 新疆 云南 贵州 安徽 湖南 山西 海南 福建 四川 重庆 江苏 河南 天津
基准线与警戒线之间 (可支付月数在 3 到 9 个月之间)	浙江 陕西 河北 甘肃 广西 江西 湖北 宁夏 新疆生产建设 山东 上海
警戒线之上 (可支付月数不足 3 个月)	内蒙古 吉林 辽宁 青海 黑龙江

(二) 当前“实际缴费率”匡算

由于我国企业职工基本养老保险基金的“实际缴费率”偏离了“统一缴费率”，导致了养老保险的“实际替代率”偏离了制度设计

[1] 广东省人民政府：《广东省人民政府关于印发降低制造业企业成本支持实体经济发展若干政策措施(修订版)的通知》(粤府［2018］79 号)，2018 年 8 月 31 日。

[2] 国务院：《国务院关于建立企业职工基本养老保险基金中央调剂制度的通知》(国发［2018］18 号)，2018 年 6 月 13 日。

的“理论替代率”和建立政策时规定的“目标替代率”。根据我国养老保险三比一的供养比(三人缴费供一人退休费用)与规定的企业和个人的合计缴费率28%来计算,养老保险的“理论替代率”应为84%(28%/33.33%=84.01%)。而根据国务院两次关于养老金待遇问题决定文件来看,政府希望形成的“目标替代率”为60%左右。

1997年发布的《国务院关于建立统一的企业职工基本养老保险制度的决定》(国发[1997]26号)规定,基本养老金由基础养老金、个人账户养老金和过渡性养老金三部分组成。其中,基础养老金为职工退休前上年度职工平均工资的20%;个人账户养老金为个人账户储蓄额÷120;过渡性养老金为职工退休前上年度职工平均工资×平均缴费工资指数×视同缴费年限×过度系数(各地执行情况为1.0%—1.4%)。根据当年相关数据计算得出,1997年政策设定的目标替代率为58.5%。

2005年颁发的《国务院关于完善企业职工基本养老保险制度的决定》(国发[2005]38号)对之前的政策进行了补充完善。根据第五次全国人口普查统计的中国城镇人口平均预期寿命为75.21岁,将个人账户储蓄额的计发月数从120调整为与账户持有人退休年龄相对应的计发月数表(从40岁到70岁),并将个人账户余额计息利率确定为4%。基本养老金的三部分也分别调整为:基础养老金为(职工退休上一年度当地职工月平均工资+本人指数化月平均缴费工资)÷2×缴费年限(含视同缴费年限)×1%;个人账户养老金为退休时个人账户储存额÷本人退休年龄相对应的计发月数;过渡性养老金为职工退休上年度当地职工月平均工资×职工本人平均缴费工资指数×视同缴费年限×过渡系数。从而得出2005年新政策的目标替代率为59.2%。

养老保险实际替代率的计算公式为(养老金年度支出÷离退休人数)÷城镇社会职工的平均工资。图2所示2000年以来,我国城镇职工基本养老保险替代率变化趋势,是根据人社部2000—2017

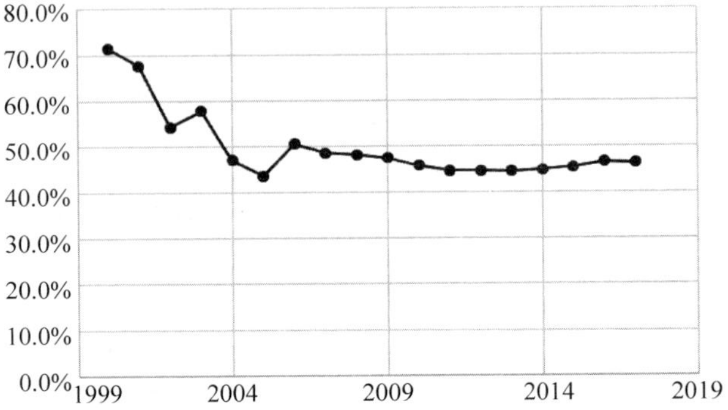

图 2 2000—2017 年城镇职工基本养老保险替代率变化

年的《人力资源和社会保障事业发展统计公报》和历年国家统计局编写的《中国统计年鉴》中的数据计算得出。由于缴费基数不实，政府和企业博弈的结果使得养老保险的实际替代率从 2000 年的 71.5%一路下滑，直到 2010 年之后，才稳定在 45%左右的水平。

从国际经验来看，由于人口老龄化趋势严峻，对于绝大部分国家来说，提高养老保险费率的空间已经微乎其微。而通过提高缴费收入或提高征缴力度从而提高养老保险替代率的案例，在过去的十几年内几乎没有。我国 45%的实际替代率虽然远低于 59.2%的目标替代率，却是过去的近二十年来"市场化"的选择，是缴费率、赡养率和替代率形成的"均衡点"，是人口老龄化和养老保险实际缴费所达成的社保生态均衡。因此，对于我国当前情况来说，45%的缴费率是合意的。根据"统一费率"完全坐实缴费基数，打破当前的社保生态均衡，是不应该的，也是不可行的。

2017 年城镇职工基本养老保险缴费人员为 29 268 万人，缴费收入为 33 403 亿元，人均缴费 11 413 元[1]。2017 年全国城镇就业

---

[1] 中华人民共和国人力资源和社会保障部：《人力资源和社会保障事业发展统计公报》，2017 年版，http://www.mohrss.gov.cn/SYrlzyhshbzb/zwgk/szrs/tjgb/。

人数为41 428万。其中，非私营单位就业人数为20 718万，私营企业和个体就业人数为8 550万。根据国家统计局公布的数据显示，2017年全国城镇非私营单位就业人员年平均工资为74 318元，城镇私营单位就业人员年平均工资为45 761元。由此可得2017年全国城镇职工基本养老保险缴费税基为193 098亿元(74 319元×20 718万人+45 761元×8 850万人)。按照当时28%的"统一费率"来计算，在考虑到灵活就业人员养老保险缴费率为20%之后，2017年缴费收入应在5万亿元之上。对比实际缴费收入33 403亿元，少收了约1.7万亿元，养老保险费"流失"比例约为三分之一。

2017年城镇职工基本养老保险的替代率为46.5%；根据中国社科院社会保障实验室测算，我国当前的参保赡养率为37.7%。因此，我国职工养老保险实际缴费率为约17.5%(实际缴费率=替代率×赡养率=46.5%×37.7%)。对比28%的"统一费率"，在考虑到灵活就业人员养老保险缴费率为20%之后，实际缴费率少了约10%，少收幅度也大约为三分之一。

不论是通过"收入法"匡算，还是通过"参数法"计算，相较于完全坐实基数后我国城镇职工基本养老保险的理论缴费收入，我国当前实际缴费收入都少了三分之一左右。在没有强行提升养老保险替代率必要的前提下，要达成"确保企业社保缴费实际负担有实质性下降"的要求，我国社会保险缴费率还存在着约三分之一的下降空间。根据分析，如果将养老保险的总体缴费率降低到18.5%，就可以在防止导致养老基金缴费收入下降带来的加大财政风险可能性的前提下，让落实基数的增收与降低费率的减负进行对冲，确保不增加民营企业负担，实现征缴体制的平稳过渡。

三、政策建议

过去的十几年里，由于养老保险名义费率过高、对个人的激励性较差、预期收益不明确等制度设计上的缺陷，导致了参保人"搭便车”行为的普遍存在,少缴费和低基数成为了公开的秘密,养老保险最终成为了“公地悲剧”。在这之中,少缴或不缴职工养老保险的现象,更加主要的集中于市场化运营程度更高、运行成本压力更大、对员工的竞争更激烈的民营企业当中。这次《深化党和国家机构改革方案》和《国税地税征管体制改革方案》正是党和国家为改革社会保险基数不实弊病而提出的。但改革中不可忽视的一个问题就是,由于民营企业以往社保缴纳不合规的问题,突然按照高费率从严征缴后,给企业带来的冲击巨大,甚至面临生存危机。

以 2017 年全国制造业为例,民营制造企业利润率约为 6%。其员工平均工资为 44 991 元。如果完全按照实际工资为基数缴纳职工养老保险,企业的工资成本将上升 14%,这将会减少民营制造企业 10%左右的利润[1],影响不可谓不大。因此,在此次改革中,政府部门不应仅仅关注落实基数这一项任务。否则不仅会给民营企业带来巨大的成本负担,甚至有可能导致更加畸形的社保生态产生。要保证城镇职工养老保险基金的平稳运行,有效降低民营企业负担,繁荣市场经济,扩大缴费税基才是上策。为此,在从严征缴的同时,应下调社保费率至 18. 5%,降低企业整体税负,刺激经济活力。

不可忽视的一点是,随着我国人口老龄化程度的发展,保证职工养老保险收支平衡的压力势必会越来越大,但养老保险制度的转型成本却不应全部由当代民营企业承担。保险基金的可持续运行,仅依赖“费改税”新政策来做实高额的缴费基数进行开源是治标不治本的方法。配套降低费率的政策,对冲民营企业职工养老保险缴费负担,从而激活企业主观能动性,繁荣社会主义市场经济,才能持续的扩大缴费税基,稳定的增加养老保险保费收入。

同时要完善养老保险投资体制,利用市场化收益来实现养老金

---

〔1〕 国家统计局:《中国统计年鉴》,2018 年。

的保值增值，为老龄化社会做好准备，减轻后代负担。其中，将权益类投资纳入投资标的是一种可行方案。不仅可以作为引导基金投入实体经济，提振实体经济在经济总量中的比例和地位，还可以分享国民经济增长的果实。特别地，养老金在进入权益市场时的投资标的要有严格规定，防范投资风险。选取的投资项目应当拥有项目周期较长、项目风险较低、和项目经营逆经济周期等特点。作为国民基础设施建设规范的示范性 PPP 项目就是不错的选择。一方面基础设施类项目，如公路、铁路等建设使用周期较长、投入较大，虽然作为政府管理项目风险低回报好，但社会资本参与门槛十分高。养老金投入这类项目中，不仅投资收益可以得到保证，其市场经营也与股票、债券市场关联很小，可以提供较高的资金安全保护。

参考文献

1. 国家统计局：《中国统计年鉴》，2000—2018 年，中国统计出版社。
2. 中共中央编译局：《马克思恩格斯全集》（第 19 卷），人民出版社。
3. 郑秉文：“社会保险费‘流失’估算与深层原因分析——从税务部门征费谈起”，《国家行政学院学报》2018 年第 6 期。
4. 郑秉文：“养老保险降低缴费率与扩大个人账户——征缴体制改革的‘额外收获’”，《行政管理改革》2018 年第 11 期。
5. Arthur Cecil Pigou, *The Economics of Welfare*, Palgrave Macmillan UK, 2013.
6. John Maynard Keynes, *The General Theory of Employment, Interest and Money*, Harcourt, Brace & World, 1965.
7. Kenneth Joseph Arrow, “Uncertainty and the Welfare Economics of Medical Care”, *American Economic Review*, 2004, 63(2).

（郑拓，中国人民大学；刘伟，中国人民大学）

产权视角下的中国民营企业40年

陈东升

改革开放40年，中国发展的成就举世瞩目。在这个过程中，中国民营企业也经历了从无到有、从小到大、由弱变强的过程，逐步成为推动中国经济发展的主要力量之一。据统计，截至2017年年底，我国民营企业数量超过2 700万家，个体工商户超过6 500万户，注册资本超过165万亿元。概括起来说，民营经济具有“五六七八九”的特征，即贡献了50%以上的税收，60%以上的国内生产总值，70%以上的技术创新成果，80%以上的城镇劳动就业,90%以上的企业数量。[1]

但跟西方在成熟市场和产权体系下企业自由竞争、自然成长的过程不同,改革开放这 40 年中国民营企业的发展伴随着市场的重建和合法地位的获取。全国工商联课题组在《民营经济 40 年发展历程和经验研究报告》中总结:40 年来,民营经济的身份从不合法到半合法,再到写入宪法和党章;地位作用从公有制经济必要和有益的补充,到社会主义市场经济的重要组成部分,再到我国经济制度的内在要素,我们党长期执政、实现"两个一百年"奋斗目标和中国梦的重要力量;方针政策从"允许在法律规定的范围内存在和发展"到"毫不动摇鼓励、支持、引导";民营企业家从体制外边缘人群到"自己人",对他们的政治安排从无到有、从低到高、从少到多,从不允许入党到可以发展入党、可以当选党代会代表。[2]

所以回顾改革开放这 40 年,笔者认为我们国家最根本性的改革有两个:一是宏观层面的价格改革,建立了社会主义市场经济体制和经济制度。这是后续一系列改革的基础,没有价格的改革就没有金融、财贸、税制改革等一系列宏观经济的改革。二是微观层面产权所有制的改革,造就了我们今天庞大的民营企业和企业家群体。

一、改革开放的本质是国家战略转型

改革开放本质上是国家战略从以阶级斗争为纲转向以经济建设为中心。1954 年第一届全国人大明确提出来实现工业、农业、交通运输和国防四个现代化;1956 年我们完成社会主义改造,非公经

---

〔1〕 习近平:"习近平在民营企业座谈会上的讲话",新华网,2018 年 11 月 1 日。

〔2〕 全国工商联课题组:"民营经济 40 年发展历程和经验研究报告",《中华工商时报》2018 年 12 月 27 日。

济在国民经济中的比重几乎为零。[1]中共八大提出来把主要工作转到经济建设上来,但后来又转向以阶级斗争为纲。1975 年,周恩来总理在四届全国人大上重提“四个现代化”,邓小平出来主持全面整顿工作,要求全党讲大局,把国民经济搞上去,基本上国家的战略就重新开始向以经济建设为中心转移。

因此,从 1978 年的十一届三中全会到今天,最重要的就是我们国家核心战略是以经济建设为中心,以经济建设为中心又有一个从四个现代化到改革开放的转变。四个现代化还是一个技术层面的具体认识,而改革开放是全方位的,是整个社会从思想观念到社会组织等全面现代化,坚定地跟国际接轨。所谓跟国际接轨就是开放,开放是起因,改革是过程,只有开放打开国门,看到世界上其他国家的情况,我们才能够知道自己的位置,改革也才有目标和方向。

以经济建设为中心就是要建设社会主义市场经济。十一届三中全会确定改革开放的道路后,改革的核心就是从计划经济走向市场经济。1979 年邓小平提出“社会主义也可以搞市场经济”,1981 年党的十一届六中全会通过的《关于建国以来党的若干历史问题的决议》中提出“以计划经济为主,市场调节为辅”的理论,1984 年党的十二届三中全会正式提出社会主义经济是公有制基础上的有计划的商品经济的观点,1987 年党的十三大正式提出社会主义有计划商品经济的体制应该是计划与市场内在统一的体制的观点。

特别是邓小平 1992 年提出“计划多一点还是市场多一点,不是社会主义与资本主义的本质区别。计划经济不等于社会主义,资本主义也有计划;市场经济不等于资本主义,社会主义也有市场。计划和市场都是经济手段”等重要论断,[2]从根本上破除了市场经济

---

[1] 大成企业研究院:《民营经济改变中国——改革开放 40 年民营经济主要数据简明分析》,社会科学文献出版社 2018 年版,第 50 页。

[2] 邓小平:《邓小平文选》(第三卷),人民出版社 1993 年版。

姓“资”、计划经济姓“社”的传统观念。最终在 1992 年党的十四大“明确了建立社会主义市场经济体制的改革目标”。[1]

从党的十四大提出来建立社会主义市场经济体制，到后来提出市场是配置资源的重要因素，到中共十八届三中全会提出市场在资源配置中起“决定性作用”。中国市场经济的主体地位更加明确，社会主义市场经济制度与体系也在逐步完善的过程中。

二、中国民营经济在曲折中成长壮大

民营经济合法性地位的取得是这 40 年中国民营经济不断发展壮大的前提。这既是我国社会主义市场经济制度逐步建立的过程，也是我们所有制改革与现代企业制度建立的过程。

始于安徽凤阳小岗村的“承包到户”，演变为农村改革的家庭联产承包责任制，开始突破以公有制为基础的计划经济的束缚。城市中，1980 年温州的章华妹领到了第一张个体工商户营业执照。我党在所有制方面的首次突破，是 1981 年党的十一届四中全会上通过的《关于建国以来党的若干历史问题的决议》，做出“我们的社会主义制度还是处于初级的阶段”的历史判断，明确提出“一定范围的劳动者个体经济是公有制经济的必要补充”。

所以中国的民营经济最早重新得到承认的是个体经济，到 1987 年私营经济才出现在党的十三大报告中，民营企业的概念要到 1995 年才在《中共中央、国务院关于加速科学技术进步的决定》中首次使用。到此时，民营经济仍然是“公有制的补充”。关键的突破是 1997 年党的十五大提出的“非公有制”的概念，指出“公有制为主体、多种所有制经济共同发展，是我国社会主义初级阶段的一项基

[1] 参见中共中央党史研究室：《中国共产党的九十年——改革开放和社会主义现代化建设新时期》，中央党史出版社、党建读物出版社 2016 年版，第 797 页。

本经济制度”。2002 年党的十六大又提出“两个毫不动摇”的原则；2013 年党的十八届三中全会提出要发展混合所有制经济，并在“两个毫不动摇”的基础上提出了“两个都是”，即公有制经济和非公有制经济都是社会主义市场经济的重要基础。[1]

在法律方面，1988 年，私营经济写入《中华人民共和国宪法修正案》，私营经济存在的合法性有了法理依据；同年，国务院颁布了《中华人民共和国私营企业暂行条例》，从此中国的私营企业有了合法地位。1993 年，《中华人民共和国公司法》出台，这为建立现代企业制度打下了坚实基础。到 2004 年，新宪法不仅规定“公有财产神圣不可侵犯”，而且明确要“保护合法的私有财产”。2007 年《中华人民共和国物权法》首次明确规定公有财产和私有财产都将予以平等保护，这成为民营经济发展的法律基础和制度保障。同时，民营经济的边界也不断扩大，2005 年国务院颁布了《关于鼓励支持和引导个体私营等非公有制经济发展的若干意见》（简称“非公经济 36 条”），在制度上初步打破了固有的民营经济市场准入问题，2010 年的“非公经济新 36 条”又将民营经济的市场准入往前推进了一步。[2]

当然，在民营经济从无到有、从小到大、由弱变强的过程中，围绕民营经济的各种争论时有出现，对民营经济的“产权歧视”始终存在。从最早的雇工问题、剥削问题，到民营企业的“原罪”问题、“姓社姓资”的问题，还有国企改革过程中“国退民进”带来的“姓公姓私”的问题；特别是出现的“民营经济立场论”、“新公私合营论”和“控制民营企业论”等，造成思想和市场的混乱，给民营经济和社

---

〔1〕 参见中共中央党史研究室：《中国共产党的九十年——改革开放和社会主义现代化建设新时期》，中央党史出版社、党建读物出版社 2016 年版；高德步：“中国民营经济发展的历程”，《中国行政管理》2018 年第 10 期。

〔2〕 同上。

会经济发展造成不利影响。所以 2018 年习近平总书记主持召开民营企业座谈会，提出民营企业家是"自己人"，可以说坚定了民营企业和民营企业家的信心。中国民营经济的发展将迎来又一个春天。

三、改革开放与民营企业发展历程

改革开放这 40 年可以分三个时期，期间又形成民营企业发展的四个阶段：84 派、92 派、网络海归派和后 WTO 派。全国工商联课题组报告中也认为"改革开放 40 年我国大致形成了 4 代民营企业家群体，包括改革开放初期的 84 一代、南方谈话之后的 92 一代，世纪之交的互联网一代和十八大以来的'双创'一代"，评价他们"分别在不同历史阶段，为推动我国经济繁荣、推动改革开放事业做出了突出贡献"。[1]

1978—1989 年，改革的攻坚时期。这是改革最为艰难的时期，一方面涉及传统模式的转型，面临着巨大的阻力，同时一切都是从头开始缺乏相关经验，邓小平同志提出"摸着石头过河"是这个时期最好的写照。中国民营经济就是在这种情况下艰难起步的，形成了四种模式，一是集体企业的"苏南模式"，二是私营经济的"温州模式"，三是港澳台华商及外资"三来一补"的"东莞模式"，还有就是以柳传志、任正非等为代表的少数民办科技企业的"中关村模式"。所以这期间的创业人群，以农村能人、个体户、工人和技术人员为代表，产业以加工制造业为主。他们中的成功代表，后来被称为 84 派。

1990—2000 年，改革的转型攻坚时期。特别是 1992 年，邓小平南方谈话和中国共产党的十四大确定了中国要建设社会主义市场

[1] 全国工商联课题组："民营经济 40 年发展历程和经验研究报告"，《中华工商时报》2018 年 12 月 27 日。

经济体制的道路，结束了十年的关于“姓社”和“姓资”争论。在这十年内，中国进行了大规模的基础建设，引入了大量外资，同时形成了中国新的制造业的雏形。最为引人瞩目的是，在1992年前后，超过10万党政机关与科研院所的知识精英下海，形成改革开放以来最为壮观的下海潮。他们中的佼佼者，被称作92派，创办的企业，多集中在服务业。

在此期间，中国互联网的发展迎来第一波高潮，从1994年中国正式接入国际互联网，到四大门户网站、腾讯、阿里巴巴、百度先后成立，中国互联网基本格局初定。由于不少互联网创业人员是从海外归来，因此称他们为网络海归派。

2001年至今，后WTO时代。经历了中国经济的黄金十年，是中国真正全面崛起的时代，也是民营企业发展壮大的时代。中国成为全球第二大经济体、第一制造业大国和最大的货物贸易国。除了制造业，中国其他领域的公司也已经迅速发展起来。互联网从顺利从PC时代转向移动互联网时代，大数据、云计算与人工智能蓬勃发展，互联网服务全球领先；中国金融业整体品牌的雏形已经形成，银行、保险、公募基金、私募、咨询和投行都有了自己的品牌公司。它们奠定着中国高速增长的基础。

至此，中国的企业制度体系和创业的资本体系基本完备，进入了后WTO时代。今天中国是一个完全开放市场，拥有成熟的资本体系、创业体系，也是成熟的企业家精神迸发的伟大的历史时期。

四、民营企业发展对中国产权所有制的贡献

市场经济是建立现代企业制度的基础，产权明晰是现代企业制度良好运行的首要条件。在我国民营经济历史地位和合法权利不断得到认同和保护的过程中，民营企业的创新和实践也在客观上推动了我国产权所有制和现代企业制度从无到有、逐渐完善和成熟。

我们都知道,中国的民营企业诞生在一个没有产权体系、没有企业制度的时期。最著名的案例是"傻子瓜子"事件,"温州八大王"事件。在 84 派的代表企业家中,鲁冠球是后来通过赎买解决了产权问题,柳传志是国家给管理层奖励相当的产权;海尔是集体经济,今天仍然是集体经济;王石创建了一个世界性的大房地产公司,到退休时是一个职业经理人;还有辽宁宝马汽车仰融,戴上红帽子,就有了产权的争议。从这个角度来讲,84 派是中国现代企业的探路者、开创者,也是牺牲者。

股份制的确立掀起了中国民营家创业创新的第一个高潮。1992 年 5 月,国家体改委颁布《有限责任公司规范意见》、《股份有限公司规范意见》,第一次为民间的创业提供了制度保障。在这一年前后,全国有超过 10 万在政府机构、科研院所的知识分子辞职下海,开启了按照现代企业制度创办市场化股份制企业的浪潮。所以 1992 年后完全按照现代企业制度建立的企业,很少有产权的纠纷问题。从这个角度讲,92 派是中国现代企业制度的试水者。

事实上,民营企业数量增长的峰值就是从 1992 年开始的,而且这一波高峰的年增长率至今没有被超越。数据显示,自 1989 年开始有私营企业登记数据以来,1992 年当年民营企业为 13.96 万家,较上一年增长 29.5%,而此前两年的增长幅度最高也没超过 10%;1993—1995 年的年增长率均超过 50%,分别为 70.4%、81.7%、51.4%;1996 年也有 25.2%的增长。[1]

而网络海归派最伟大的贡献,就是带来了创始人制度和期权制度,解决了创始人和团队的财富问题,更重要的是让产权和公司治理更加明晰和科学。所以中国现代企业的发展,从 84 派、92 派到海

---

[1] 大成企业研究院:《民营经济改变中国——改革开放 40 年民营经济主要数据简明分析》,社会科学文献出版社 2018 年版,第 41—42 页。

归网络派，是现代企业制度从无到有，逐步完善，形成了今天完整体系的过程。

网络海归派的另外一个贡献，是将风投带进了中国。通过市场机制对企业家精神和商业模式估价，不但解决了创业资本来源的问题，也在客观上通过市场机制来完善产权体系，推动中国现代企业制度与国际接轨。同时，我们可以看到，风投体系的引入和完善，将中国的创新创业与全球市场链接起来，中国进入到一个资本寻找企业家精神的时代，也是企业家精神真正迸发的时代。

五、新时代中国民营企业发展的机遇与挑战

中国改革 40 年伟大成就的最大特色，就是政府主导经济。习近平总书记说，今天我们比历史上任何时期都更接近、更有信心和能力实现中华民族伟大复兴的目标。

回顾改革开放 40 年的历程，党的领导、市场经济、法治社会是我们国家这 40 年飞速发展的三大法宝，也是中国经济社会继续前进的三大支柱。

坚持党的领导可以解决三个问题：第一个也是最核心的，是保证社会稳定，没有社会稳定就没有经济发展。第二是解决导向战略的问题，带领中国人民有奋斗的目标和方向；如邓小平提出的到 20 世纪末“翻两番”，到江泽民提出“三个代表”，再到习总书记现在提出的“站起来、富起来、强起来，实现中华民族伟大复兴的中国梦”；三是解决公平和效率的问题，通过社会二次分配，特别是发起“扶贫攻坚战”。

市场经济体系与制度是改革开放最大的成果之一。以市场为核心进行资源配置，解放了生产力与生产关系，释放了市场的创新能力和创造能力。企业家是市场经济中配置社会生产要素的最核心力量，实现对生产要素的最佳组合和最优配置，使之产生更高的

效率和价值。中国经过这 40 年的高速成长，跑马圈地的时代、野蛮生长的时代过去了，今天中国经济完全进入一个效率驱动、创新驱动的时代。只有在市场的洗礼下，才能诞生真正具有创新精神、有市场能力的伟大企业和企业家。

市场经济就是法治经济，法治社会是不同市场主体公平竞争的保障。我们还在推进法制社会建设的过程中，不过考察世界各国发展的历史，不管是英国的崛起，美国的崛起，还是今天中国的崛起，不分东方国家和西方国家，不分社会主义制度和资本主义制度，在工业化的浪潮，在城市化的浪潮，在经济崛起的浪潮中，都会遵循一个看不见的共同规律。在早期跑马圈地、野蛮增长后，一定会进入一个秩序的时代，进入一个法治的时代。近期依法对张文中等企业家的错案、冤案的平反，体现了法治精神，有利于市场经济的发展。

当前，国际国内环境复杂，充满困难和挑战，中国的改革开放与发展又走进关键的十字路口。在新时代，党中央领导全体中国人民要上下一心，以超级的勇气、智慧和决断，坚定改革开放的方向、坚定地走市场经济道路、坚定走法治社会道路，创造一个宽松和谐的社会环境和生动活泼、心情舒畅大好局面，推动经济发展，促进社会转型，最终实现中华民族伟大复兴的中国梦。

首先是要创造公平的市场竞争环境，国企、民企和外企要享受同等国民待遇，一视同仁；二是推进法治社会建设，依靠法律保护市场竞争；三是创造生动活泼、心情舒畅的营商环境，政府减少对微观领域的干预，制定有利于企业发展的税收、社保等的政策，坚定企业家的发展信心；四是尊重和保护企业家与企业家精神；五是加快银行特别是证券市场的金融体系改革，解决民营企业融资难、融资成本高的问题；六是鼓励和支持民营企业走出去，与世界经济深入融合，推动国内外经济交流与发展。

参考文献

1. 大成企业研究院:《民营经济改变中国——改革开放40年民营经济主要数据简明分析》,社会科学文献出版社2018年版。
2. 邓小平:《邓小平文选(第三卷)》,人民出版社1993年版。
3. 江泽民:《江泽民与社会主义市场经济体制的提出》,中央文献出版社2012年版。
4. 高德步:"中国民营经济发展的历程",《中国行政管理》2018年第10期。
5. 王小鲁:《改革之路——我们的四十年》,社会科学文献出版社2019年版。
6. 全国工商联课题组:"民营经济40年发展历程和经验研究报告",《中华工商时报》2018年12月27日。
7. 习近平:"习近平在民营企业座谈会上的讲话",新华社2018年11月1日。

(陈东升,泰康保险集团股份有限公司)

高科技民营初创企业的产品众筹风险与对策研究

周小全　白江涛

近年来，我国宏观经济面临下行压力，外部环境也更加复杂多变，科技作为驱动经济发展和产业结构升级的内生动能，在供给侧结构性改造的进程中发挥着重要作用，我国数量众多的民营中小科技企业是技术创新的中坚力量，政府高层将"大众创业，万众创新"上升为国家战略，就是要培育和孵化更多的高科技中小企业，蓄积创新驱动的新动能，而高科技实体经济的发展需要金融服务的大力支持，2019 年 2 月中央政治局会议将"金融供给侧结构性改革"正式提出，目的在于提升金融服务实体的质量，但同时也明确强调要与“防范金融领域系统性风险”并重，在这样的背景下，对于出身“草根”的高科技民营初创企业而言，借助产品预售众筹[1]的形式获取融资成为一条门槛较低的路径。该众筹模式虽然门槛较低，但是风险却不容忽视，本文仅就高科技企业的“产品众筹”这一模式及其存在的各类潜在风险，展开分门别类的研究，并在此基础上提出防范化解风险的对策和建议。

一、引言

在民营科技企业起步阶段，研发资金的筹措较为困难，科技产品预售众筹的模式为民营科技初创企业提供了一条开放式的融资路径，摆脱了传统信贷审核对民营科技企业的融资束缚，很大程度上解决了民企融资的瓶颈问题。但同时也需要看到，民企科技产品众筹模式存在着参与主体资信度弱、众筹平台运作机制不完善、监管措施不到位等诸多风险，要想充分利用产品众筹模式支持科技类民企发展，就不得不考虑如何降低或抑制该模式自身存在的风险。

本文将民营企业科技产品众筹的风险内涵界定为：民营企业与众筹参与各方在既有社会规范和法律约束下开展科技产品众筹活动，因众筹个体行为和众筹制度安排的不确定性所产生的难以预期的损失。具体的风险种类，有学者（如胡吉祥）认为包括：欺诈风险、投资者资金安全风险、平台风险等，也有学者（如欧阳日辉）对产品众筹风险分类标准进行研究，从主体出发，认为众筹风险包括发起人产生的风险（商品众筹项目成果与预期不符；商品众筹项目失败较多，增加发起人隐形成本）、投资者遭受的风险（项目延迟遭受的损失；项目估值失准，收益不及预期；募资者诈骗）和第三方平

[1]　产品预售众筹，即“产品众筹”是通过网络视频展示的方式，向大众介绍产品功能和使用方法，吸引民间资金对产品项目进行融资的一种形式，预售商品提前获取资金用于研发和量产。

台所面临的风险(平台项目失败频发,引起平台赢利难;平台的众筹融资可能出现非法沉淀众筹资金)等。而对于民企科技产品众筹的风险,除了一般众筹风险,还面临初创期在资信、技术、偿债、市场、管理、法律等一系列特有的不确定性,既包含源于该类企业自身的风险,也包括外部环境,尤其是政策环境带来的风险,在涉及这些内容时,现有文献提及较少,也并不全面,本文聚焦初创期高科民企这一类特殊市场主体,将其产品众筹中可能遇到的主要风险进行分门别类的研究,并提出针对性的对策建议。

二、高科民营初创企业的产品众筹风险

(一)周期时滞风险

对于民营初创期科技企业而言,融资过程的时滞问题十分关键,科技产品的精神折旧速度较快,且处在市场开拓期,获取资金是否及时决定了企业的存活率,针对产品众筹模式,虽然其融资成本较低,但并非是融资时间最短的融资方式。投资者如果决定选择产品众筹融资方式,须经过三个阶段,分别是项目审核阶段、融资阶段以及项目完成阶段。项目审核阶段的时间依据不同众筹融资平台的要求而有不同,一般的审核要包括三个部分,分别是项目的研发和管理团队信息、项目具体开发情况的介绍以及项目未来的赢利方式介绍。在审核时间上,如果采取线上加线下审核的情况下,需要的时间要长一些,而单纯线上审核的时间则要短一些。美国知名众筹平台 Kickstarter[1] 在审核规则改变后使用算法审核(即电脑软件自动审核),审核的时间大为缩短,但是审核质量严重堪忧。

---

[1] Kickstarter 于 2009 年 4 月在美国纽约成立,是一个专为具有创意方案的企业筹资的众筹网站平台。

国内的众筹网站大家投,除去投资人以及领投人的认证时间(该时间并不构成实质企业融资时间),对项目的审核需要时间,审核通过后融资者与领投人达成协议需要时间,而融通审核上线后到项目成功通常需要一个月时间,最后项目成功后,线下办理入资手续需要预计需要 52 天(见表 1),这意味着在国内,产品众筹真正完成手续,拿到资金往往超过 3 个月。参与产品众筹融资的发起者多以科技类企业为主,而这类产业,其产品的推出具有时效性。库兹威尔在其著作《奇点临近》中指出了科技进步的"加速回报定律",即整个人类社会的发展速度是非线性的,而其非线性的进步速度正是得益于科技工具的快速更迭。这意味着科技类产品,从研发到上市必须要快。另外,众筹平台的资会管理方式也会使得融资者(发起人)实际拿到资金的时间过长。融资的时间过长会影响企业组织生产并投放市场,因此,如果是时效性强的科技类产品,就更需要实时维护更新,这些技术保鲜的措施都需要持续充足的资金支持,对于民企初创科技企业而言,无疑是一笔不小的开销,对该类企业而言"时间就是企业的存活率",产品众筹融资者可能面临时间过长导致产品错过最佳推广期的风险,由此产生的连锁反应是资金无法回笼,产品尚未推出就已经过时。

表 1　产品众筹项目从发起到资金到位的时间表①

任务排序	任务内容	预计时间	备　注
1	平台收集和整理投资款项和投资人身份信息并提供给发起人;平台负责与当地监督管理局核准企业信息	7 天	
2	平台在核准企业信息后,负责对接和完善各种协议证书以及登记申请书	1 天	
3	平台联系投资人获取实名签字,投资人将信息报备平台	7 天	

续表

任务排序	任务内容	预计时间	备注
4	平台准备好申请材料,投资人身份证复印件去相关部门办理营业执照、税务登记、组织机构代码证、银行开户许可证、公章财务等手续		
5	平台凭借以上证件和公章去银行网点办理有限合伙企业银行开办手续	15天	本过程需要央行审核流程,时间较长
6	平台将工商局审核通过的有限合伙协议与投资人身份证原件快递至投资人	1天	
7	投资人与项目发起人公司股东签订投资协议,附盖公章	1天	平台法务协议模板
8	投资人向平台提交转账申请	1天	依据平台提供的申请模板
9	平台收到申请后,2个工作日内向指定银行下达划款指令	3天	
10	投资人确认资金转账后,发起人办理验资账户	3天	若验资额度不需要全额投资款,则剩余投资款可直接作为资本公积金转入项目公司基本账户
11	平台将项目说明和参与方信息在工商局报备	1天	
12	项目发起公司融资手续办理完成	5天	

① "创业者融资指南",大家投官网,http://www.dajiatou.com/help-14.html。

(二)知识产权风险

初创期的高科技民营企业,虽然意识到技术的新颖性是谋求市场和发展的核心,但还是在知识产权保护方面的力度相对较弱,资金实力制约了其设置专门知识产权法务岗位并聘请专业人士来提供支持,此外,产品众筹模式自身对于知识产权的保护也有特殊要求,在产品众筹的过程中,保护技术新颖性的最好方式是申请知识产权,新创产品的垄断价值往往仅存在于上市初期,之后市场追随者将会复制、模仿并最终替代,因此出于产品众筹及时性的要求,在积极筹备路演,进行产品展示的同时,也需防止知识产权的窃取。

由于产品众筹的主要功能之一就是通过展示产品和描述技术功能,提升众筹成功率,因此在上线时,总是需要公开部分产品信息,潜在的代价就是失去了对知识产权的保护。民营高科技初创企业的产品众筹过程中面临该类风险的大小并不相同,对于可视化较弱的化工材料、生物医疗、智能设备等高端科技产品,即使展示功能也不容易遭到模仿和复制,此类产品的创新、创意较难被窃取,但是诸如凭借软件程序获取的智能化功能,其复制门槛就相对低很多。因此对于知识产权保护所需投入的成本自然也就更大。从产品众筹发起人的角度来看,知识产权保护的力度和投入应因时、因地、因物而异。知识产权协定在全球范围内的完全对接,尚需较长时间来实现。因此,知识产权保护也是民营科技企业在产品众筹融资过程中,需要重点考虑的主要风险之一。

(三)发起方行为不当产生的其他风险

民营高科企业作为产品众筹项目发起者除了面临上述风险外,还会因操作不当给融资过程带来不确定性,现代意义上的产品众筹在我国仍属新鲜事物,初创期民企在借助众筹平台融资时,相关经验尚不充足,产品众筹意外失败的概率虽然不大,但依然时有发生,其根本原因可归结于项目发起者在以下三个层面操作不当:

第一,发起前,提交的审核材料不完善。这些材料包括:项目技术团队、投资团队、管理团队,以及招投项目的具体信息。提交审核材料不完善会造成审核通过率降低。对于尚未拥有品牌优势的中小科技企业在对价格较高的预售产品发起众筹时，如果审核材料提供的信息模糊或内容缺失，投资者就无法有效判断参与该产品众筹项目的风险，这样，即便勉强通过了产品众筹平台的审核，依然会给投资者留下诸多疑虑，因无法清晰识别产品质量和企业信誉，投资者将更偏向于逆向选择，当劣质信号开始传递，投资者（消费者）对今后该企业产品价值的判断反映出历史惯性，投资者的选择也将会自我实现，在各轮产品众筹中，主观臆判该企业的系列产品都为柠檬品，从而降低支付意愿或支付价格。严重影响产品众筹规模，当其不达阈值，则自动清零，众筹也将宣告失败。

第二，发起后，项目过程中的运营风险。虽然众筹项目成功发起，但是否能顺利完成生产运营尚未可知，如果项目发起团队管理不当，则有可能造成项目运转不达预期，后续资金不能到位，甚至项目被迫中途完结。造成这种结果的根本原因是项目发起人忽视或者轻视了众筹发起后的项目管理工作，这种案例在 Kickstarter 的产品众筹实践中经常遇到，因为后期未能兑现承诺，缺乏沟通，挫伤了投资者热情，从而导致平台中止并拒绝再次为其项目进行资助。

第三，负面行为信号叠加，提升再次众筹失败概率。产品预购的消费者如果未能获取众筹展示的预期回报或者产品性能，“受骗心理”将通过互联网平台快速传递，那么高科民企再进行第二次众筹融资或者采用其他融资方式进行融资时，其失败的概率会更大。当最终商品或服务的提供与发起人承诺的预期严重不相符时，虽然最终发起者提供了该产品和服务，却失去了投资者的信任。

总的来说，初创期的高科民企要借助产品众筹的方式获取资金，需要在参与前做好功课，从“发起”到“募资”再到“完成”的各个环节操作以及平台规则都需要有所了解。

三、高科技民营企业初创期防患产品众筹风险的对策

（一）规制层面：防控违约风险

为了营造高科技民营企业参与产品众筹的良好环境，必须严格控制违约风险，当前制约产品众筹追责的障碍主要有两个：一是责任边界不清。一旦违约情形发生，责任因不能确定由谁来承担，这里主要涉及项目发起方和众筹平台之间的责任划分；二是追责困难。分散各地的产品众筹各责任方，通过互联网达成协议，在违约风险释放后，相比传统的融资案件跟难查找追责。为此，本文认为维护众筹各方利益，应着重从三个方面采取相应举措。

第一，厘清责任边界。当前已有的产品众筹平台运营中，大多众筹平台的条款核心是产品众筹平台不承担相应责任。该项条款有违《消费者保护法》第44条[1]，属于违法条款，对投资者和项目发起者来说很不公平。另一方面，众筹平台在前期项目的审核、删选和后期的项目进展跟进方面，既具有信息优势，也负有主要义务。从维护公平性角度，需要着重明确众筹平台的责任和义务。投资者的信息劣势导致其对众筹平台专业化服务的心理依附性极强，如果不能明确规范产品众筹平台的违约责任，则令投资者产生顾虑，不利于提升投资积极性。

第二，完善保证金制度。产品众筹相比传统融资渠道，参与门槛更低，融资成本更小。低门槛容许了部分本身财务能力较弱，风控能力不强，产品优势不明显的民营科技企业申请通过了产品众筹

[1] 依据第44条有关规定，消费者有权要求网购平台提供销售方的真实名称、有效联系方式和具体地址，如网购平台不能予以提供，消费者可提起赔偿主张。产品众筹的实质是通过互联网预售产品，属于网购范畴，当适用第44条。

项目，项目启动后期因为经营不善，最终无力兑现预售时承诺，投资者很可能承担最终的风险。担保金机制的核心设置是：首先，要求项目发起人缴纳规定比例的担保金。如果项目能够顺利结项，则将在投资者拿到应有质量和数量的产品后，众筹平台再把保证金退还给项目发起人；若违约风险释放，损失将从担保金中抵扣。其次，担保金机制应体现优先偿付原则，即如果项目中途违约，即便尚未结项也不必等到最后，可优先提取保证金进行偿付。最后，保证金作为优质项目的价值信号，有利于项目选择的自我实现，这对于申请劣质项目的发起者，也起到一定程度的威慑作用，最终助力行业良性发展。

第三，产品众筹协议合规化。制度化、规范化是规避违约的核心。产品众筹合同规范化的意义和价值主要体现在三个层面：一是，实现合同缔约方实名制认证；二是，责任边界规范化；三是，第三方平台的监督功能。产品众筹作为互联网金融创新的衍生业态，处于法治规范的前沿地带，对于全新领域的规制仍需假以时日，不断优化完善，但是方向是明确的，那就是通过提高产品众筹的违约成本，抑制违约行为发生。上述建议可行性的基础源于立法机关颁布具有针对性的规制条例，明确产品众筹参与各方权利义务，实现产品众筹活动的法制化和制度化。

（二）效率层面：优化众筹策略

从项目发起者，即从参与产品众筹的高科民企视角来看，也存在着可以进一步优化产品众筹策略的空间。

第一，同质高科新创产品的价格策略。在产品众筹的机理分析基础上，可发现企业在产品众筹定价策略方面仍有优化的空间，总结起来有三点：预售期折扣力度需有吸引力；审视价格折扣对后期需求的替代作用；追踪测度产业生命周期和产品研发周期，适时调整价格。

第二,高科新创产品的技术管理策略。技术的可复制性、外溢性以及时效性,都倒逼高科技企业重视技术保护,同时根据产品的生命周期和技术创新阶段慎重选择行之有效的技术管理策略,确保产品的新颖性和技术的前沿性,通过对新创产品预售众筹机理的研究,发现产品众筹过程中,高科技中小企业的技术管理策略尚可继续优化:1)准备阶段——应重视专利文献的收集;2)研发阶段——提升技术保护意识;3)产品化阶段——全面落实企业的知识产权战略;4)技术迭代阶段——以持续不断的技术创新来支持产品的更迭。

(三)法律层面:构建监管体系

第一,加快对众筹融资的立法。高科技新创产品的众筹活动离不开法律法规的保障。具体建议有两个层面:一是在包括:《银行法》、《证券法》、《保险法》、《公司法》等现有相关经济金融领域的法律基础之上,进行前瞻性的修改和增补。并且基于知识产权和众筹行为的特性,完善先关的法律法规,对众筹主体的行为加以规范,实现规避融资风险的目的;二是在学习和借鉴国外产品众筹先进经验基础上,考虑众筹类别的多样性,加快制订众筹融资的细分基础法规,这一方面顺应了众筹行业规模快速扩张的趋势要求,另一方面对不同类别众筹的规制和监管区别对待,以免影响法规的适用性。当产品众筹平台的合法性地位以基础法规形式确立后,就可对监管细则做进一步明确,包括对各方参与主体的具体规范办法以及应用,也会随之产生。

第二,推进配套法规设立。具体建议有四个方面:一是基于《刑法》准则,增加对众筹活动中的隐瞒、欺诈等行为的处罚规定,完善众筹融资中新型犯罪行为的识别和整理的法律依据,将刑事处罚细则引入众筹案件的审理中。二是基于《民法》准则,增加关于众筹融资民事违法行为的规定。对于产品众筹融资中,项目发起后期不能如约按期、按量、按质交货的高科技企业予以违约处罚。三是基于《商业银行法》、《证券法》、《保险法》、《电子签名法》，明确对互联网金融行业的产品众筹业务流程进行具体规范，在法律约束下控制风险，保障产品众筹业务的发展。四是基于《消费者权益保护法》，对于产品众筹中涉及的主体权益保护，在立法方面应当尽快落实。

第三，完善众筹行业规制。互联网的快速发展要求行业内的法律法规需要及时跟进。具体来看，增补法规应比照诸如《电信与信息服务业务经营许可证》、《网警备案》、《电子公告服务许可》等传统的互联网行业法规，以及《电子商务模式规范》、《网络购物服务规范》、《支付清算组织管理办法》等涉及电子商务的互联网行业法规，或者尚未涉及实践，却具有趋势性和前瞻性的规制方案，都需要根据预设情形及时予以补充。行业规制注重在具体技术环节的约束力，因此从系统软件的设计应用，到数据保护和密钥管理，再到客户识别以及身份验证等方面，都需要互联网金融技术部门给出明确的监管标准，以保障互联网众筹行业的投资安全，优化众筹市场的法制环境。

（四）金融层面：强化服务与引导

第一，对高成长性的创新型民营企业加强服务力度，尤其是为民营企业融资提供专业的辅导，在民营企业和科研院所、金融中介机构之间架起交流学习的桥梁。无论是民企发起产品众筹的模式规则，还是知识产权保护方面的法律常识，都需要政府服务职能的体现。

第二，加强对民企金融扶植的力度，除了智力支持和培训支持以外，对于具有发展潜力的民营科技企业，政府也可牵头金融平台提供较为优惠的金融服务，例如，前文所提及的周期时滞风险，可以在担保机构增信和金融平台授信方面，给予相应的信贷便利和利率优惠，帮助高科技民企渡过难关。

第三，完善风险分担机制，政府是市场的服务者不是主导者，产品众筹模式存在的不确定性风险也需要参与各方利益共享的同时，承担共同的义务。通过引入风投机构、保险公司和担保机构，以市场化的形式处理融资风险的问题。

第四,构建企业价值评估机制,市场定价取决于价值评估,政府减税降费加强转移支付的形式只能解民营企业一时之困,任何有效的金融创新工具都建立在对资产标的的价值判断上,政府的经济服务职能可以体现在引导权威评估机构与民企融资项目进行对接。

四、结束语

产品众筹作为互联网众筹的主要业务,是现阶段最为普遍的众筹融资模式,为民营高科技企业在创业初期实现融资目标提供了一条有效的路径。虽然高科技产品的预售机理可以通过企业自身制定产品众筹策略予以优化,但是就民企产品众筹活动所需的外部环境上,相关政策仍有很大完善空间,应在金融服务、法律监管、行业自律、信用构建方面重点着力。

参考文献

1. 陈忠阳:“巴塞尔协议Ⅲ改革、风险管理挑战和中国应对策略”,《国际金融研究》2018 年第 8 期。
2. 国务院:《“十三五”国家战略性新兴产业发展规划(国发〔2016〕67 号)》, http://www.gov.cn/zhengce/content/2016-12/19/content_5150090.htm。
3. 胡吉祥、吴颖萌:“众筹融资的发展及监管”,《证券市场导报》2013 年第 12 期。
4. 雷·库兹韦尔:《奇点临近》,机械工业出版社 2011 年版。
5. 欧阳日辉:《互联网金融监管:自律、包容与创新》,经济科学出版社 2015 年版。
6. 田辉:“美国乔布斯法(JOBS ACT)分析及对中国的启示”, http://www.drc.gov.cn/yjcgjcbw/20130228/ 75-224-2874201.htm。

(周小全,民生证券股份有限公司;白江涛,中原证券股份有限公司)

提高股本率是民营企业发展的必然选择

毛振华　陈　静

一、融资能力关系到企业的竞争力和扩张能力

资金是现代工业的血液，只有血液适时适量地供给，企业才能不断发展壮大。对于现代化企业来说，完全依靠自有资金是根本行不通的，是否具备通过债务类和权益类融资工具进行融资和再融资的能力，直接影响着企业成长和扩张的速度和水平。因此，融资能力的强与弱、融资渠道的多与少是衡量一个企业实力的重要内容。

（一）融资能力是企业能力系统的重要组成部分

融资能力是企业为了维系资金循环运动达到企业持续生存发展的目的,在资金资源有限的条件下,一个企业所具有的能够持续地、及时地、以较高的融资效率融通资金的能力。企业融资能力的影响因素包括资本结构、收益波动率、赢利能力、公司规模以及公司成长机会等。王核成、孟艳芬(2004)从企业竞争优势的角度论证了融资能力在企业能力系统中的重要性。他们以竞争优势为基础,根据竞争优势和竞争力之间的关系,构筑企业竞争力结构与层次模型,进而从与顾客购买行为影响因素的关系出发,将企业竞争优势划分为直接竞争优势和间接竞争优势。其中,间接竞争优势就是由那些虽不直接影响顾客的购买行为,但却会对直接竞争优势产生影响的因素(如资本实力、技术平台、企业文化等)单独或联合发挥作用所形成的优势。这一类因素常常隐含在企业的各种活动之中,其中资本实力所隐含的融资能力是构成企业竞争优势的一个重要方面,是企业能力系统的重要组成部分,一定程度上决定了企业的生存与发展。

（二）融资能力是企业竞争力的重要内在要素

马克思政治经济学理论指出,企业资金的循环运动要经过购买、生产、销售三个阶段,相应地采取货币资金、生产资金、商品资金三种职能形式。现实的企业资金循环是连续不断进行的,而要保证做到这一点必须满足两个条件,即企业资金的三种职能资金形式在空间上要并列存在和在时间上要相继进行转化。因此,一个有效率、有效益的企业必须是能够合理分配货币资金、生产资金、商品资金的比例,并促使其相继地进行转化。企业竞争力应包括能更敏捷地向顾客提供满意且愿意购买的产品和服务,这是为了使企业的商品资金顺利地向货币资金转化;企业持续拥有有价值的、稀缺的、超群的和独特的资产,是为了使企业的生产资金顺利地向商品资金转化;而企业要拥有有价值的、稀缺的、超群的和独特的资产,首先必须是企业拥有足够的货币资金,使货币资金向这些生产资金转化。同时,企业的资金运动并不是一个存量的运动,资金在运动的过程中还要实现增值,这是保证企业不断发展壮大的源泉。因此,如何融通资金、运用资金、促使资金运动和增值是企业存在的根本。研究企业的竞争力是为了研究企业保持长盛不衰的原因,即企业的资金运动。企业的资金运动是从货币资金开始又回到货币资金的,因此货币资金对于企业的发展更具有决定意义。这就需要企业有较强的融资能力来维持企业的资金运动。从这一点来看,企业的融资能力具有维持企业长期存在的重要作用,是企业竞争力的重要决定要素。

(三)融资边界是企业扩张边界的重要影响因子

企业扩张的边界受企业内外部因素影响。从企业内部看,在除资本外的其他生产要素比如技术、人力资本、管理能力等对企业扩张不构成约束的情况下,融资边界就是企业扩张的边界。企业所能合理筹集到的资金的规模决定着企业扩张的规模和程度,相应地,根据自身融资所处的状态,一个理性的企业经营管理者应清醒地认识到自己的扩张应该到哪里为止。这里的"合理"是指企业应在融资成本、收益、风险这三个相互关联、相互影响的因素之间保持基本平衡,其中风险既包括和筹集资本相关的风险,也包括融资后经营资本所带来的风险。融资成本长期低于融资收益意味着企业扩张不足,没有充分利用现有投资机会去实现股东权益的最大化,这可能会导致股东在公司内部"用手投票"要求更换企业经理人,或者在资本市场上"用脚投票"卖出企业股票,两种做法至少在短期内都会妨碍企业生产经营的持续性,给企业造成不利影响。反过来,融资成本长期高于融资收益一方面意味着企业扩张过度[1],可能面临较高的经营风险,另一方面也会削弱企业的盈利能力和债务偿还能力,增大企业的融资风险,非但无法实现资本的赢利性要求,甚至可能导致企业这个“气球”被吹炸。因此,如果将企业看作资本及其契约构成的联合体[2],在不考虑外部环境影响的前提下,企业扩张的约束主要来自企业自身的融资能力(毛振华,2017,p. 90),边际收益和边际资本相等时的资本规模决定着企业扩张的边界,在追求这一目标的过程中,企业还必须关注筹集和经营资本带来的风险,建立良好的风险控制和管理系统,提高风险应对能力。只有这样,才能既将企业所筹集和运营的资本增加到最多,同时又将规模扩张到最佳(毛振华,2017,p. 109)。

二、融资工具的选择应和企业所处扩张阶段相匹配

市场中存在着众多的融资工具,比如天使投资、风险投资、股票融资、债券融资、银行贷款以及民间借贷等等。面对如此多的融资工具该如何选择,这涉及具体的融资工具与企业不同扩张阶段的匹配问题。

(一)不同的融资工具体现了资金提供方不同的投资理念

从融资过程是资金供需双方之间的交易这一角度看,融资过程涉及资金需求方、资金供给方及提供交易的市场,因此,我们将影响

---

〔1〕 本文所说的扩张过度既包括企业规模扩张超过合理水平,也包括企业扩张到自身不适合的领域所带来的效率的下降。关于企业扩张的更多分析,参见毛振华:《企业扩张与融资》,中国人民大学出版社 2017 年版。

〔2〕 关于这方面的更多内容,参见毛振华:《资本化企业制度论》,商务印书馆 2001 年版。

企业融资的因素归纳为三种:其一,企业自身因素,即资金需求方因素,如资金需求特点、资产规模、财务状况、创新能力、团队管理能力等;其二,资金供给方因素,如资金来源、组织形式、风险偏好等;其三,市场因素,即连接资金供需双方的各种介质因素,如经济发展程度、制度政策环境、为供需双方提供服务的中介机构等。

在一定时期,市场因素的变化是有限度的,企业的融资能力就取决于企业自身与资金供给方两方面的因素。在市场信息不对称、投融资双方地位不均衡等背景下,掌握资金资源的投资方在融资过程中处于主导地位。因此,在融资过程中,融资方只有准确理解投资方的投资原则及理念,并选择代表这些理念和工具的融资工具,才能达到融资的目的。从这个角度来说,融资工具是风险和收益合理分担和平衡的结果。比如,从大的方面看,风险投资蕴含的是高风险收益理念,因此它主要投资于企业发展初期,此时企业运营风险较高,一旦成功收益将非常丰厚;银行贷款则由于银行对资金安全性和收益稳定性的考虑,更偏重低风险的借贷,因此它主要投资于发展至成熟阶段的企业。

(二)不同发展阶段的企业具有不同的融资需求和融资偏好

企业在不同发展阶段具有不同的特点,处于不同生命周期阶段的企业及其产品有不同的资金需求特点与风险状况,需要选择不同的融资结构,采取不同的投融资方式与政策支持,因此企业金融成长周期理论认为,根据企业成长阶段来选择适宜的融资方式、形成有利的资本结构具有重要意义。

企业金融成长周期是指对应于企业发展的不同阶段,企业在融资环境、需求、能力等方面具有不同的特征,因此需区别对待以促进企业的成长。金融成长周期理论由温斯顿和布莱汉姆(Weston and Brigham)根据企业不同成长阶段融资来源的变化提出,该理论把企业的资本结构、销售额和利润等作为影响企业融资结构的主要因素，将企业金融生命周期划分为三个阶段，即初期、成熟期和衰退期。随后，根据实际情况的变化，温斯顿和布莱汉姆对该理论进行了扩展，把企业的金融生命周期分为六个阶段：创立期、成长阶段Ⅰ、成长阶段Ⅱ、成长阶段Ⅲ、成熟期和衰退期。该理论提出企业各个阶段的融资来源为：(1)在创立期，融资来源主要是创业者的自有资金，资本化程度较低；(2)在成长阶段Ⅰ，融资来源主要是自有资金、留存利润、商业信贷、银行短期贷款及透支、租赁，但存在存货过多、流动性风险问题；(3)在成长阶段Ⅱ，除了有成长阶段Ⅰ的融资来源外，还有来自金融机构的长期融资，但存在一定的金融缺口；(4)在成长阶段Ⅲ，除了有成长阶段Ⅱ的融资来源外，还在证券市场上融资，但存在控制权分散问题；(5)在成熟期，则包括了以上的全部融资来源，但投资回报趋于保守；(6)在衰退期，则是金融资源撤出，企业进行并购、股票回购及清盘等，投资回报开始下降。

美国经济学家博格和尤戴尔(Berger and Udell)发展了企业金融成长周期理论，把信息约束、企业规模和资金需求量等作为影响企业融资结构的基本因素来构建企业的融资模型，得出了企业融资结构的一般变化规律，即在企业成长的不同阶段，随着信息约束、企业规模和资金需求量等约束条件的变化，企业的融资结构也随之发生变化。处于早期成长阶段的企业，其外源融资的约束紧，融资渠道窄，企业主要依赖内源融资，在此阶段，“天使融资”等私人资本市场对企业的外部融资发挥着重要作用。因为相对于公开市场上的标准化合约，私人市场上具有较大灵活性和关系型特征的契约具备更强的解决非对称信息问题的机制，因而更能够降低融资壁垒，较好地满足那些具有高成长潜力的中小企业的融资需求。而随着企业规模的扩大，可抵押资产的增加，资信程度的提高，企业的融资渠道不断扩大，获得的外源融资尤其是股权融资逐步上升。

按照金融成长周期理论的分析，企业在其发展过程中普遍存在一个金融成长周期，在这个周期内，随着企业的发展、经营记录和业绩的积累,融资选择也会随之改变。也就是说,企业在金融成长周期的不同阶段由于所处的经营环境和金融环境的不同,融资的手段和规模是有所区别的,或者说各个金融市场在企业金融成长周期的不同阶段发挥着不同的作用,企业应该深入了解各个金融市场的特点和运行机制,利用积极因素,避免不利因素的影响。另外,企业融资应该以自身的综合实力为基础,量力而行,即处于金融成长周期不同阶段的企业必须遵循企业发展的内在规律,探求有差别的融资渠道和融资力度,将融资风险限定在融资主体所能承受的范围内,同时最大限度地配合企业发展,在市场竞争机制作用下努力做到自我完善、自我积累,最终实现企业规模由小到大的过渡。

(三)融资的成功实现需要投融资双方的匹配

投融资就像是同一硬币的两面,作为资金供给方的投资者和作为资金需求方的融资者通过融资工具连接在一起,只有前者的投资理念和后者的融资偏好相匹配时,融资活动才能成功实现。参照企业生命周期的相关研究,本节将企业生命周期分为初创期、扩展期和成熟期三个阶段,并根据不同阶段的特点简要分析与之匹配的融资工具。

1. 初创期:高风险和高不确定性,高息借钱、低价卖股

一般而言,处于初创期的企业在经营方面的特征包括:产品新颖、市场潜力大但尚未稳定、公司尚未建立完善的管理体制、缺乏有效的信用记录等。从财务方面看,此时企业资金匮乏、财务制度不完善、未能实现赢利,未来潜在收益转化为现实收益方面存在很大风险。在融资需求方面,处于初创期的企业对资金非常渴求,但因企业未来赢利情况存在不确定性造成资金提供方的资金要么要求更高的回报,要么要求更多的管理权以保证投入资金的安全性。从资金提供方的角度看,初创期的企业经营风险和财务风险很大,如银行贷款这类稳健型资本一般不会深入参与此阶段企业的经营,而

愿意为企业提供资金的都希望直接介入公司经营管理从而降低自身风险。也正是出于企业和资金提供者双方的需求，处于初创阶段的企业管理者更可能通过出让一部分对企业的所有权从而获得双方都合意的资金。

另外，在企业发展的早期阶段，“非正规资本市场”如民间资本市场往往扮演着资金提供方的角色。民间资本市场具有较大灵活性和关系型特征的合约具备更强的解决非对称信息问题的机制。在这一阶段的企业融资方式主要以直接融资为主，间接融资为辅，其中直接融资方式又以风险投资和民间融资为较好的选择。风险投资是以权益资本的形式，把资金投向极具发展潜力的创业企业或创业项目，以期企业成长到相对成熟后再退出投资，取得高额回报的一种资本运作方式。而民间融资可以以民间股权模式和民间借贷两种形式存在。

总体来说，企业在初创阶段的经营特点主要是面临较高风险，现金流具有很强的不确定性。此阶段融资的主要特点则可概括为高息借钱、低价卖股。可供选择的融资方式主要有民间股权募集、风险投资、创业板上市、民间借贷和发行垃圾债券。

2. 扩展期：快速成长、高现金流，引入战略投资者

在扩展阶段，由于企业逐步为市场所熟知，企业市场急剧扩张，规模迅速扩大，生产能力急需快速提高，处于这一阶段的企业需要大量的资金投入。与初创阶段相比，处于扩展阶段的企业有较为稳定的顾客和供应商以及较好的信用记录，影响企业发展的各种不确定因素也大为减少，财务风险大大降低，此时取得银行贷款和利用信用融资相对来说比较容易。同时，在企业快速扩张的过程中，企业管理中遇到的问题也越来越多，创业者可能会每天陷于各种繁杂的事务中根本无暇顾及企业的长远发展，企业的发展战略可能也不够清晰，更谈不上调整公司的组织结构以适应企业发展的要求，因

此企业可以通过引入战略投资者来满足资金的需求,同时也可以规划企业的发展战略,使企业保持长期的发展。

总体来看,这一阶段企业的主要融资方式有三种:引进战略投资者、财务投资者和银行贷款。这些融资方式的表现形式既可以是债权方式,也可以是股权方式,具体需依据投资方和融资方各自的需求决定。此阶段企业通过出让股权方式获取资金与初创期面临的局面有所不同。首先,处于扩展期的企业的发展前景逐渐明晰,不确定性较初创期明显减少;其次,为继续保持增长仍需大量资金不断投入,企业对资金的需求仍旧旺盛;再次,面对这样的企业,资金供给方可能更偏好未来相对确定的收益,所以入股时希望长期持有,借贷则希望收益稳定。

3. 成熟期:低息借钱,高价卖股,防止气球被吹爆

进入成熟期后,企业获得了普遍的信用认可,建立了良好的业绩记录,风险降到了最低水平,积累起丰厚的自有资金,业务记录和财务状况趋于完备,逐渐具备了进入资本市场发行有价证券的条件。这一阶段是企业融资最容易的阶段,企业应该在考虑各种融资方式的融资效率的前提下力争达到最佳资本结构。这一阶段企业可选择的主要融资方式为上市融资(IPO)、银行贷款和发行企业债券。该阶段的融资特点是:高价卖股,低息借钱。

另外,企业成熟阶段的融资模式相对固定也相对规范。结合前面的企业发展阶段和融资方式相匹配的理论,此阶段企业的风险可能不是来自扩张不足而是扩张过度。从融资方面考虑就是企业在此阶段很有可能高估自身的价值,过度负债;在经营方面则表现为盲目扩张业务范围,把企业这个“气球”越吹越大,从而产生不必要的经营风险和财务风险。尽管此阶段企业的内部风险可控,但外部风险仍旧存在,如果企业扩张的经营战略和财务战略遇到外部风险,在某种因素的触发下,“气球”很有可能被“吹爆”。所以,成熟

放贷标准，因此小微企业贷款难不仅是中国也是一个世界性的难题。这一点在经济下行期会表现得更加明显，因为当经济增速下滑时，和大型企业相比，小微企业的投资回报率、回款率会以更快的速度下降，现金流急速恶化，因此银行信贷会更偏好投向大中型企业。一些规模较大、经营历史较长的民营企业虽然能够达到银行的放贷标准或在债券市场融资的条件，但是大型国有企业在经营困难时往往能得到民营企业无法获得的政府或隐性或显性的担保、补贴、救助，降低了银行和债券投资者的风险，从而使得民营企业在信贷市场和债券市场处于比较劣势。

第二，从资金供给方角度看，我国金融结构呈现以商业银行为主导的单一融资格局。自负盈亏的商业银行固然追求利润最大化的目标，但是与包括风险投资、私募基金在内的其他投资工具不同，银行业态的内在特点以及金融监管的外在要求决定了商业银行必须规避、控制不良贷款规模和比率，它们不会为了追求更高的风险溢价而提供高风险信贷。同时，商业银行为民营企业提供信贷服务的成本大约为大型国有企业的6—8倍（沈坤荣、赵亮，2019）。在收益—成本不对称的条件下，为民营企业提供信贷与商业银行的经营目标是激励不相容的。特别是在我国经济下行压力持续较大的情况下，银行不良贷款率近两年已经有所提升，一些商业银行的风险偏好明显降低，对于民营企业、小微企业的贷款能力和贷款意愿不断下降。

另外，林毅夫和李永军（2001）、姚耀军和董钢锋（2011）、刘畅等（2017）、朱太辉（2019）等从金融机构体系、融资基础设施、体制机制等市场因素出发解释我国民营企业融资面临的瓶颈。

以上分析表明，我国民营企业融资困境的形成有不合理的一面，这主要是金融体系结构不合理、不同所有质企业融资地位不平等、政府和市场关系处理不当等造成的，要通过完善投融资体制机制、加快和深化金融市场化改革、理顺有效市场和有为政府的关系加以解决。与此同时,我国民营企业面临的融资困境也有其合理、符合经济规律的一面,主要表现为除非正规的民间融资外,民营企业高度依赖银行贷款和债券融资进行融资,但是民营企业所处发展阶段及特征与这两类融资工具的内在要求不相匹配。顺应我国经济转型和产业结构升级的趋势,民营企业也逐渐从高度集中于劳动密集型产业向新兴产业、服务型产业、高科技产业等综合产业形态转型。和向银行贷款或者发行债券融资相比,以天使投资、风险投资、私募股权、中小板、创业板等为代表的股权直接融资方式更加符合我国民营企业大部分处于初创期、扩展期,轻资产、高风险和高不确定性的特点。支持和鼓励发展多层次的股权直接融资、提高企业股本率,既有助于在不违背"控风险"这一政策目标的前提下缓解我国民营企业的融资难题,也符合让市场在资源配置中起决定性作用的改革理念。

四、鼓励发展股权融资、提高企业股本率的制度安排

通过行政手段或者是将对中小微企业和民营企业的贷款作为银行的政策性责任往往缺乏经济基本面支持,不仅很容易导致资源的错配和低效配置,而且可能会增大银行不良贷款率上升的风险,甚至诱发局部金融风险。鼓励发展股权融资、提高企业股本率是解决我国民营企业融资难题更加市场化的方式。为此,重点要从以下三大体系着手建设或完善相关制度安排:

第一,打造鼓励企业善用股权融资、利于激发投资方积极性的税收体系。企业融资结构的权衡理论认为,和股权融资相比,债务融资可以减轻企业的税负,即债务融资的税盾效应。因此,对于更偏好股权融资的企业,可适当降低税率或者给予部分税收返还,抵补企业以股本融资代替债权融资而多承担的税负。从资金供给方角度看,在 2018 年 5 月印发的《关于创业投资企业和天使投资个人

有关税收政策的通知》的基础上，进一步扩大针对以股权方式投向中小微、初创和扩展期企业的天使投资、风险投资基金及个人的税收激励政策，当前政策只涉及投资额的税收减免，即只针对投资这一个环节，可以资本利得税减免、投资损失税收抵减以及投资损失顺延抵减等形式进一步扩大到股权转让、再投资、破产清算等更多环节；在投资额的统计方面，当前政策仅包括以直接支付现金方式进行的投资，未来可将以服务、技术折算甚至是流量导入等所有减轻了企业现金压力的非典型投资方式均覆盖在内。已有研究表明，这类税收激励政策不仅会增大资金供给方的投资额，同时也会使接受投资的公司受益（N. Boyns et al. ,2003）。

第二，完善多元化、多层次的股权融资体系，特别是要打通股权资本退出通道。不管是从大量民营企业所处生命周期看还是从降杠杆的现实需要看，长期仍要推动我国的金融结构不断向股权融资转型。一是要借鉴国际资本市场成熟有效的制度与方法，加快改革股票发行上市制度，以市场的自我调节取代行政化的“选美”。二是建立健全转板制度，真正打开垃圾股退市通道，实现股票“能上能下”，促进股票市场优胜劣汰。三是完善产权交易制度和产权交易所建设，为股权资本以企业并购方式退出提供制度支持。

第三，加快金融基础设施建设，培育股权融资文化。信用是维系投融资双方的纽带，加快征信体系建设，健全全国统一的社会征信系统，有助于降低征信成本，营造有利于股权融资发展的诚信环境。中介机构是否健全是衡量一国风险投资事业是否发达的标志之一，要建立健全中介服务体系，通过立法保障、政策优惠等推动为投融资双方提供投融资、科技、法律咨询等服务的专业中介机构的发展。推进能够实现征信查询、投融资需求对接、中介机构聚合等功能的综合金融服务平台建设，并作为政府公共服务免费提供给有融资需求的民营企业特别是中小民营企业以及资金供给方使用，逐渐培育股权融资文化。

参考文献

1. 辜胜阻、韩龙艳："当前民间投资存在的问题及对策思考"，《新疆师范大学学报》(哲学社会科学版)2017 年 9 月第 38 卷第 5 期。
2. 华昱、刘厚俊，"微观投资行为影响因素探析：真实摩擦与金融摩擦的作用"，《南京社会科学》2018 年第 10 期。
3. 刘畅、刘冲、马光荣："中小金融机构与中小企业贷款"，《经济研究》2017 年第 8 期。
4. 林毅夫、李永军："中小金融机构发展与中小企业融资"，《经济研究》2001 年第 1 期。
5. 王核成、孟艳芬："基于能力的企业竞争力研究"，《科研管理》2004 年 11 月第 25 卷第 6 期。
6. 姚耀军、董钢锋："中小企业融资约束缓解：金融发展水平重要抑或金融结构重要？"，《金融研究》2015 年第 4 期。
7. 朱太辉："企业融资难融资贵问题的根源和应对研究——一个系统分析框架"，《金融经济》2019 年第 1 期。

（毛振华，中国人民大学，武汉大学；陈静，中诚信国际信用评级有限责任公司）

建立市场竞争中性需要四个顶层创新

景 柱

2019 年两会，总理在政府工作报告中指出，按照竞争中性原则，在要素获取、准入许可、经营运行、政府采购和招投标等方面，对各类所有制企业平等对待，这是国家首次在政府工作报告中提到竞争中性原则。市场竞争中性不仅是一次思想大解放，也是各类所有制企业公平竞争的最高规则，更是民营企业发展的理想规则。建立市场竞争中性，需要党的理论、国家法制、所有制理论和营商环境四个顶层创新。

一、建立市场竞争中性需要党的理论创新

“竞争中性”(Competitive Neutrality),最早起源于澳大利亚国内经济改革, 1995 年澳大利亚正式实施,2009 年经合组织(OECD)采纳了该原则。竞争中性原则最终获得美国认可,并被推广到《跨太平洋伙伴关系协定》(TPP)等国际贸易谈判中,逐渐成为国际通行的规则。“竞争中性”的内涵是指任何企业不因所有权而处于有利或不利地位,从具体措施来看,主要包括监管政策中性、税收中性、融资中性等方面。

我国非公经济发展过程中,1988 年宪法修正案提出了“私营经济是社会主义公有制经济的补充”;党的十四大提出了“多种经济成分长期共同发展”;十五大确立了我国基本经济制度,并明确提出“非公有制经济是我国社会主义市场经济的重要组成部分”;十六大提出了“两个毫不动摇”;十八大提出了“保证各种所有制经济依法平等使用生产要素、公平参与市场竞争、同等受到法律保护”;十九大把“两个毫不动摇”写入了新时代坚持和发展中国特色社会主义的基本方略。可以看出,改革开放以后,党和国家对民营经济地位和作用的认识一直在逐步提升,实际上也是市场竞争中性原则的逐步体现。

其实,无论是民营企业或是国有企业,资本的国家属性和民族黏性都是一致的,最终都会奉献于中国社会和中国人民。民营企业如果不从根本上给予认可,就不可能得到根本性的发展。一旦发展预期悲观,必然造成大批民资外移外迁。因此,解决民营企业的根本问题,需要党的理论创新,为民营经济发展设计终极路线,让民营经济与社会主义道路共始终,与党和国家的命运同与共,从根本上稳定发展预期,优化几千年来“士农工商”的传统价值观,并将市场竞争中性作为新一轮深化改革开放的顶层设计原则。

中国近现代经过了近百年的灾难、战乱、革命与折腾,华夏儿女筚路蓝缕、浴火重生,终于在新中国逐步摸索出了中道西术、法礼共治的新道统。中国新道统的核心要义如坚持党的领导、人民当家做主、改革开放、依法治国、四个自信等都以党章与宪法的形式提纲挈领,一以贯之。《易经》云:凡益之道,与时偕行。当前世界百年大变局之际,很有必要把"民营经济是我国经济制度的内在要素,民营企业和民营企业家是我们自己人"这一精辟论断写进党章,从而让中国民营企业家心无旁骛,在新时代中为中华民族的伟大复兴再立新功。

二、建立市场竞争中性需要国家法制创新

当前,民营企业已成为中国社会健康发展的稳定器,民营企业家已经成为建设中国特色社会主义的有生力量和创新主体,但我们仍然看到,民营企业发展的"玻璃门""弹簧门""旋转门"长期无法打破,一个重要原因在于法制创新落后于国家发展需要,国家法统和民族道统未能高度统一,举例如下。

一是民营企业的法体长期得不到正名。《公司法》规定公司分为"股份有限"和"责任有限"两种法体形式。但长期以来的主流说法,将民营企业、非公企业等单列另类,而不按法体分类,带有明显的所有制色彩。其实当前推行混合所有制的目的,就是让所有权与经营权分离,建立现代企业制度和竞争中性原则。因此,建议各种所有制企业按照行业、规模、特色等分类。

二是现行刑法对国有企业与民营企业在刑法任务、犯罪概念、入罪界限、量刑等方面存在着厚公薄私的规定。比如国有资产流失严用刑法,必须追责抓人;而民营资产流失则宽用民法,往往归类于企业内部管理问题,甚至以社会稳定为理由息事宁人。又比如国家工作人员利用职务之便侵占国有资产,构成"挪用公款罪",法定最

高刑为无期徒刑。而如果侵犯的是民营企业的财产权,且行为人是民营企业工作人员,则构成“挪用资金罪”,法定最高刑是十年有期徒刑,如此等等。

三是民营企业与国有企业当家人虽然都被称为企业家,但政治地位相差悬殊。民营企业家是商人,转型后还是商人,体现的是“统战性、经济性、民间性”;国有企业家是企业高管,转型后可以是政府高官,体现的是“体制性、政治性、官方性”。

四是审计部门对国有控股混合所有制企业的审计,经常延伸到民营股东,刻意对民营股东“追根式问责”“显微式体检”,让人细思极恐。

综上所述,建立市场竞争中性原则,要消除所有制歧视,在法律与制度层面上优化偏好国有企业、歧视民营企业的法制性障碍,使民企与国企获得平等的法统保障。

三、建立市场竞争中性需要所有制理论创新

在所有制理论方面,“公有制为主体”与“市场在资源配置中的基础性作用”经常是冲突的。2006 年国家权威部门下文要求国有企业在七大行业保持“绝对控制”、在九大产业保持“较强控制”。因此,国务院 2005 年公布的“非公经济 36 条”和 2010 年公布的“非公经济新 36 条”并未得到全面落地。原因如下:

一是国企与民企目前已形成了分包关系。国有企业长期充当国家经济建设的主体角色,大项目、大计划、超级工程如航天、航空、高铁、电信、基础设施等铺天盖地,而民营企业则长期充当这些项目的分包商。

二是国企与民企目前已形成了上下游关系。国有企业已占据产业链上游,因为掌控国家经济安全而更被国家重视,自然会和国家政策相互正向叠加,充当政策的食利部门。而民营企业在产业链

下游,充当搞活市场的角色,因为充分市场化而自生自灭。

三是国企与民企目前已形成了体制内外关系。国有企业替国家管人与管事为主,实际是"相对市场经济部门"。而民企只是市场化经营者,必须是"超级市场经济部门"。

四是国企和民企目前已形成了主从关系。有关部门对国有控股混合所有制企业的管理,经常先决定了经理层,公司后召开董事会配合任免执行。

以上四方面原因是国有企业和民营企业多年累积的历史问题,不是简单混改能解决的。作为"自己人",民营企业承认党的领导、接受党的领导、拥护党的领导,民营企业也应该和国有企业一样,成为党的执政基础。建议少数确实事关国家安全和社会保障的国有企业,回归为"国营企业",不参与市场竞争;其他国有企业、民营企业和混合所有制企业都应该回归现代企业制度,在同一负面清单下和监管底线上,全面参与市场竞争。

四、建立市场竞争中性需要营商环境创新

所谓竞争中性,通俗地讲,就是让所有的商业主体在经营活动中都能获得公平竞争的权利。目前,国有企业名称可带中字头,国企领导可以套用官方级别,参加同级别的官方会议,阅读同级别的官方密件等;而民企只能通过工商联与统战部门的"桥梁与纽带"和政府官方互动。因此,必须积极创新企业主导、市场导向的营商环境,努力在国企与民企同门槛、同规则、同待遇上下功夫,在权利平等、机会平等、规则平等上形成心理上的乘数效应。

此外,政府要深化"放管服"综合改革,全面推行负面管理清单制度,彻底贯彻统一的底线监管原则,将法定非禁区和监管底线上的广阔空间留给市场主体。所谓"无为而治"就是政府"有为不管"。"有为"就是多服务、多关心;"不管"就是对各类市场主体明

确负面清单和监管底线后，少干预、少垄断。同时，政府对已经看准的东西，必须开负面、设底线、多服务的“有为”；对一时看不准的东西，必须边创新，边观察、边试点的“不管”。

总而言之，所谓营商环境创新，就是建立公平的创新生态体系，厚植公平的创新沃土，让政府与各种市场主体，在同一负面清单下和同一监管底线上，中性互动、默契配合、相得益彰。

（景柱，海南省工商联、海马集团）

我国民营企业技术创新的意义、特点与建议

陈玉宇　王晓宇

随着我国经济进入新常态阶段，经济增速有所放缓，以往的投资驱动发展模式表现出不足，经济发展需要“新动能”。以往的发展模式的可持续性面临挑战，创新驱动发展在新的经济发展阶段日益重要。民营企业是推动社会主义市场经济发展的重要力量，其技术创新也带动了我国在一些领域的技术发展。众多民营企业依靠技术创新保持了持续的竞争力，为我国经济发展做出显著贡献。因此，本文以技术创新与民营企业发展为主题，探讨民营企业技术创新的意义和特点，并对民营企业的技术创新提出建议。

一、民营企业与创新战略

(一) 我国民营企业技术创新历程

我国民营企业的技术创新是嵌入在我国民营企业的大发展环境中的。民营经济产生于20世纪70年代末,随着国家对民间经济管制的放开而不断发展。在这个历史性的转折期,民营企业一方面获得了强劲的发展动力,另一方面也面临着一些体制阻力,其发展充满了波折。20世纪90年代初邓小平的南方讲话和党的十四大确立建立社会主义市场经济的改革目标,给民营经济的发展带来了极大的鼓舞,一大批企业快速成长,规模和经营范围不断扩大。随着中共十五大将民营企业确定为国民经济的重要组成部分,以及中国加入WTO带来的新的机遇,民营企业的竞争力不断增强,公司治理进一步完善,并更广泛地参与到国际竞争之中,很多企业也以出口为主要收入来源。

进入新世纪,我国经济继续保持快速增长,鼓励和支持非公有制经济的政策法规不断出台,民营企业发展为国民经济的重要支柱。2017年,全国私营企业已超过2 726万户,就业人数19 881.7万人,是国有企业的三倍以上;加上个体经营从业者14 225.3万人,占总体就业人数的44%,城镇单位的这个比例达到了53%。刘鹤副总理指出,支持民营企业发展就是支持整个国民经济的发展,民营经济在整个经济体系中具有重要地位。在2018年《财富》中国500强企业中,民营企业有237家,相比于2010年的175家,与国有企业的差距大大缩小,且从基本经营指标如资产收益率等看,榜单中有众多民营企业的表现已经好于国有企业。

民营企业的发展离不开技术水平的提高。在改革开放初期,民营企业可较为容易地扩张,但随着卖方市场向买方市场的转变,要保持持续的竞争力,技术水平和创新能力是非常明显的欠缺方面。

民营企业最初的技术提升多依赖技术和设备引进,这种拿来主义是快速提升企业技术实力的途径,主要适合于技术水平较低的阶段。同时,通过中外合资、合作经营的方式,取得了技术溢出效应,大量从外商投资企业中得到培养的技术人员进入国有与民营企业,从而提升了民营企业的技术水平。以及,通过对(国外)新技术的适度模仿并结合市场应用导向,往往能帮助企业快速取得成功。通过引进和模仿的技术水平始终是受到限制的,随着竞争的拓展和加剧,企业越来越重视自主创新,利用自有技术力量和科研人力资源实现创新发展。从引进与模仿创新,到自主创新是我国民营企业适应不断变化的市场环境的意识转换,发展出一定的规模、多元化的业务和先进的技术能力。通过自主创新,众多企业的创新能力真正得到提升,有些甚至达到了世界的领先水平,掌握了发展的自主权。

当前,很多民营企业已经具备了深刻的创新意识,成为相关领域技术创新的领先者。近年来,我国创业氛围浓厚,新兴企业重视以技术创新提升竞争力,20 世纪末和 21 世纪产生和壮大起来的各个互联网企业等是其中的杰出代表。2017 年,我国民营(私营)企业发明专利申请达到 84 468 件,远高于国有企业,科技型的民营企业的技术专利还屡次获得国家级进步奖项。民营企业的技术创新成就非凡。

(二)我国的创新发展政策

在改革开放以前的计划经济体制下,尽管人均收入较低,我国仍保持着较高的科研投入,并取得了诸多重要的科技成果,但其应用转化和对经济发展的作用有限。改革开放以来,国家开始放宽许多民营经济的准入限制,使民营企业能进入多个行业,并促进行业创新。尽管市场需求为企业提供了创新的动力,由于技术创新的正外部性,企业可能存在创新活动不足的问题,因此需要国家对创新活动进行支持。主要包括税收激励、财政补贴等手段,同时为民营企业的技术创新建立良好的环境，包括融资便利、知识产权保护和人才引进等措施。

税收激励通过对符合条件的企业进行减税、抵免等方式，可降低企业的研发成本。财政补贴对企业研发提供直接的现金补贴或贷款支持，从而为企业研发解决资金问题，通过专项计划进行申请，往往针对高新技术产业，覆盖范围较广、补贴水平也较高[1]。两类政策降低了企业研发投入活动的风险，有一定的投资激励作用。一些学者对于税收优惠和财政补贴的研究也表明其的确存在对企业研发投入和创新成果的促进效应，但也可能挤出一定的企业研发投入，甚至促使企业进行策略性补贴获取而非真正重视创新质量。总体来说，支持政策促进了企业的创新活动，但其实施方式和程度仍需总结既有经验，以达到合理的引导作用。

政府除引导银行信贷向中小科技型企业外，还积极拓宽其融资渠道。通过建立多层次的资本市场，包括主板、创业板、战略新兴板，以及新设立的科创板都为科技型民营企业拓展了融资途径。除了直接的融资作用，具备技术能力的创新型企业也因风险投资机构的退出机制多样化而得到了更多的资金支持。我国重视为风险投资机构的发展创造适宜的环境，使风险投资为创新型企业提供支持。近年来政府投资引导基金不断发展，也成为支持企业创新的重要方式。通过政府部门出资支持的引导作用，吸引社会资本共同投资于非上市企业，并通过市场化运作，实现对企业的筛选和创新管理，提高财政资金的投资效率。

事实上，知识产权保护对民营企业技术创新的促进作用更为明显，其效果在研究中得到一致的肯定（Ang et al.，2014；Fang et al.，2017），即使在我国长时间以来的以国有企业主导创新的环境下，加

---

[1] 根据毛其淋、许安云的统计，2013 年上市公司中有 70%的企业获得了政府补贴。

强对知识产权的保护也能大大激发民营企业的创新。虽然我国近年来,尤其是加入 WTO 后不断完善知识产权保护有关的法律法规,在实际执行层面上仍然存在不足和地区间的差距。国有企业则由于体制原因能保障自身利益,但民营企业往往易被侵权,且在侵权诉讼中得不到妥善处理,造成创新成果的利益流失。已有研究表明,在知识产权保护程度更好的地区,民营企业的创新积极性会显著增强。可见市场导向的民营企业具有足够的激励,政府最重要的工作在于保障其权益。

二、推动民营企业技术创新的意义

(一)对于国民经济和国家战略的意义

民营企业设涉及的行业多样,数目众多,是我国经济持续稳定增长的坚实力量,吸纳了最大部分的社会就业,贡献了相当比例的税收。民营企业对于转变我国经济发展方式、促进我国产业结构升级具有重要意义。自主创新促进民营企业提高竞争力,保持可持续发展,更好地发挥在国民经济中的作用。

党的十八大报告指出,实现经济转型升级,最根本的是要依靠科技的力量,实施创新驱动发展战略,着力增强创新驱动发展新动力。十九大报告中提出“加快建设创新型国家”,强调了“建立以企业为主体、市场为导向、产学研深度融合的技术创新体系”。企业是创新的主体,民营企业贡献了企业技术创新的重要比例,承担着创新发展战略的重要角色。目前,我国核心技术领域的创新仍严重不足,习近平总书记在 2018 年中央财经委员会第二次会议上强调,“必须切实提高我国关键核心技术创新能力,把科技发展主动权牢牢掌握在自己手里,为我国发展提供有力科技保障”。民营企业已在我国诸多涉及核心技术的领域起到了引领的作用,在核心技术提升方面承担着重要的责任。

（二）对政策支持的作用更有效

国有企业集中了国家的创新的重要资源，综合实力强劲，创新能力也十分突出，但由于其体制和历史原因，国有企业不如民营企业对市场竞争敏感，对技术创新的重视程度也非市场化的原因。民营企业则直接面对激烈的市场竞争，为保持持续的竞争力，需要体现出产品的差异化和独特性，需要以技术创新来实现其目标。因此，民营企业对于技术创新的动机更高、更具有效率。

然而目前来看，我国大部分民营科技型企业仍难以与主要国有企业的创新实力相比。问题主要在于民营企业相对国有企业更难以集聚创新资源，同时，对于民营企业技术创新的制度支持和保障尚未完善。为了促进企业创新的积极性和提高创新效率，我国近年来实施了多项支持和保障企业创新的政策。在对这些支持保障措施的反应中，民营企业表现出更高的创新效率。相应的知识产权保障、营商环境改善等会切实提高民营企业的创新能力，而国有企业的反应则相对不足。

民营企业能否更高效地进行创新？很多研究从不同角度考察了技术创新的保障与支持制度对于不同所有制的企业技术创新成效的影响，并基本支持了民营企业更加积极地反应于相应政策改善。例如，Fang 等（2017）研究对比了（整体水平具有可比性的）国有企业与民营企业，认为在知识产权保护相对较好的地区的民营企业具有更高的创新活力；一些研究也得出了针对民营企业的补贴政策和税收优惠对创新提升更为明显的结论；同样也有相关研究认为，产业支持政策可能导致国有企业和非高新技术类企业对于创新数量而非质量的追求，但民营企业依然能保证充分的创新动机。因此，支持民营企业的创新的政策行为将更为有效，将激发出民营企业巨大的技术创新潜力。

三、我国民营企业创新的特点与分析

许多研究分析了我国企业研发投入与创新成果的特点。本部分将结合这些研究的结论,从事实方面呈现我国民营企业创新的大致特征。分析的指标为研发投入强度和(发明)专利申请数量,二者分别侧重投入和产出端,但需要注意专利数量并不完全具有可比性。专利分为发明、实用新型和外观设计专利,其中发明指对产品、方法或改进提出的新的技术解决方案,对新颖性、创造性和实用性有较高要求。由于我们关心的是民营企业的技术创新特征,故主要关注企业发明专利的特点。除了对民营企业本身的创新投入和成果的分析,我们还主要关注以下两方面内容,一是国有企业与民营企业的比较;二是不同规模的民营企业之间的比较。对这两个问题,我们概括已有研究的评估结论——有些不乏争议,并结合微观数据呈现不同所有制或规模的企业的差别。另外,我们也将对公司治理及融资约束对民营企业技术创新的影响进行综述,以及对民营企业技术创新特点的概括。

分析所采用的数据主要有两类样本,一是我国上市公司的研发创新情况,数据来源为国泰安数据库;二是工业企业数据库的专利申请情况,数据来源为国家知识产权局和工业企业数据库,并将二者匹配以对应专利与企业数据[1]。用于上市公司分析的数据中共有 2 784 家企业,其中民营企业 1 839 家,时间从 2003 年至 2017 年;用于工业企业分析的数据的民营企业共有 54 978 家,时间从 1998

---

〔1〕 二者在匹配的时候会有较大损失,为匹配的工业企业除因当年无专利申请的情况外,也存在因名称错误和模糊导致的匹配失效。但我们的匹配过程对名称采用了多种处理,尽可能提升了匹配的数量。

年至2013年[1]，大大扩充了样本量。企业总体研发投入和专利申请数据来自中国统计年鉴。上市公司里民营企业占据了大多数，也代表了我国实力最强的几乎全部企业，其技术创新能力也属于我国企业中的高水平，可比较我国处于创新前沿的国有与民营企业的创新特点。工业企业数据主要是为了弥补上市公司企业样本的不足和缺乏代表性，尽管工业企业数据库统计的是规模以上企业，但仍可以匹配到几万个样本，可更好地呈现不同规模组别的企业创新特点。这里分组分析的内容主要为了呈现我国企业创新活动分布的事实，而非探究其影响因素。

（一）民营企业与国有企业的技术创新比较

上一节我们已经叙述了，对于企业技术创新的支持和保障政策，民营企业的反应都更为迅速，作用效果也更为明显，这表明，民营企业的市场导向和所有制形式使其具备更强的动机来进行创新，故对其进行政策支持更为有效。国有企业为主导的创新阶段取得了很好的成果，但民营企业的技术创新能力已经快速发展起来。根据总体的数据（见图1），2013年以来，无论是研发投入还是发明专利申请，民营企业都占据主要的部分，远远高于国有企业。民营企业的研发投入和专利申请呈现上升趋势，国有企业则略有下降。从民营企业对经济总量的贡献比例来看，其技术创新成果（以专利申请衡量）的相对比重要更高。

此外，发明专利在国有企业各类申请专利的比重从2013年的40%上升到2017年的51%，而民营企业该项占比由29%波动增长至2017年的31%，并未有很高的提升，且与国有企业的比例存在差距。这可能与民营企业的范围较广、较大的内部差异有关，很多非技术型的民营企业申请了较多的其他类别专利。

[1] 去掉了工业企业数据库中数据存在问题的2010年。

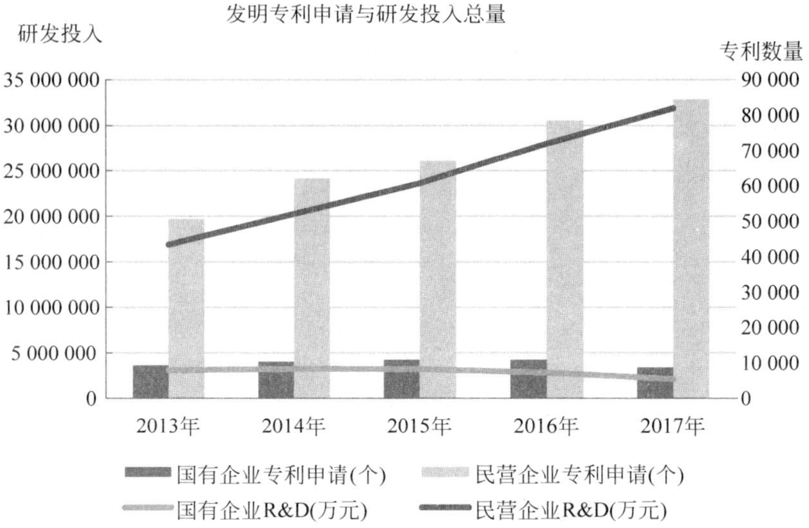

图 1　我国国有企业与民营企业专利申请与研发投入总量

我们基于上市公司专利申请的时间序列数据，如果以全样本进行分析，上市公司中民营企业的平均专利申请数目及增长不及国有企业。这说明上市国有企业仍然是我国具有主导的创新能力的企业群体。考虑到民营企业在后期数目达到了国有企业的两倍多，而上市公司往往是头部公司，可以取与国有企业相同数目的高创新型民营企业与之对比，结果（见图 2）表明二者并未存在较大差距，且民营企业的专利申请增长速度更高。自 2003 年至 2017 年国有企业平均发明专利申请数由 23.1 个增长至 72.9 个，民营企业同时期由 2.5 个增长至 52.5 个，增长速度远快于可比国企。在研发投入强度方面（见图 3），民营企业在 2009 年以来基本保持在 5%以上的研发投入比例，而国有企业则有所下降，约为民营企业的 3/5[1]。在不断深化改革的背景下，民营企业的创新活力进一步发挥。

---

〔1〕　对于研发投入的分析不需要筛选可比数目的企业，因为研发投入强度已经根据收入水平调整。

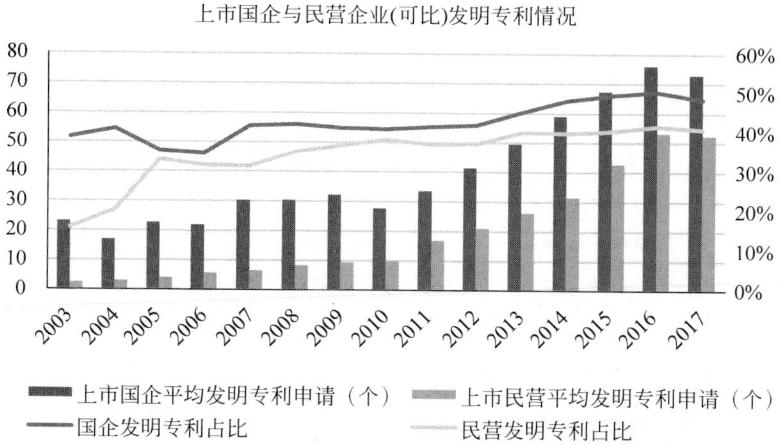

图 2　我国上市国企与民营企业(可比)发明专利情况

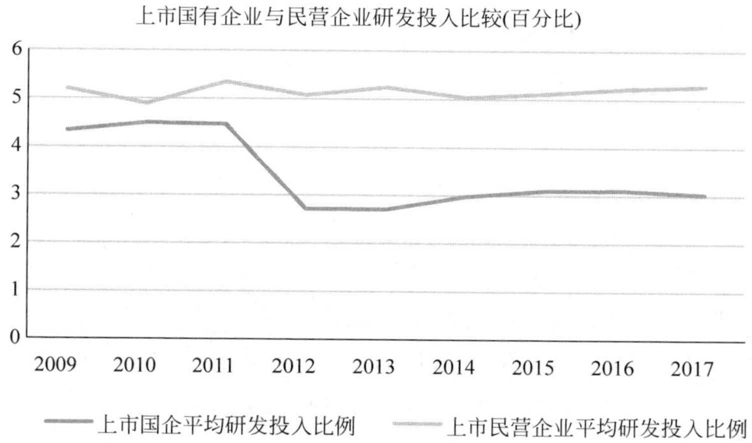

图 3　我国国有企业与民营企业研发投入比较

专利数量并不能完全体现创新能力,创新成果的影响力、市场化等对企业的发展有直接的作用。但其度量的相关数据限制较大,Fang 等(2017)的研究中整理了专利的国际申请和引用数目,大致得到了支持民营企业具有更高创新质量的结论,作者搜集了我国有代表性的民营与国有上市企业(数目各占 331 个样本企业的约一半)的专利引用和国际申请数据,作为创新质量的度量,认为民营企业的创新质量相对较高。总体来讲,民营企业的技术创新成果从量和质的方面都取得了较大进步。

(二)民营企业规模与技术创新

有关企业规模与技术创新的关系,传统的技术创新理论认为规模是影响企业研发活动的重要因素:较小规模的企业受制于资金和风险承受的不足,难以承担高风险、高投入的创新投资。在对我国企业的研究中,规模效应在企业技术创新中的表现是有分歧的,研发投入的规模效应得到一定的研究支持,另外也有研究表明研发投入强度同企业规模是倒 U 型关系。另外,在实际的研发效率方面,即单位研发投入带来的新产品开发或专利申请上,并非最大规模的企业具有更高的研发效率。也有研究认为,在创新效率和研发投入强度方面,大企业依托资金和技术基础,小企业则因组织灵活、接近市场从而各具优势。

由于上市公司已经是规模较大的企业,在其内部对规模分组的考察将不够有代表性,我们对工业企业数据进行分析。我们对工业企业匹配专利数据后,将其中的民营企业按照资产总计每年等分为高中低三组,研究不同规模组别的民营企业在发明专利申请变化趋势的区别。分析的企业数量从 1998 年的 894 家上升至 2013 年的 33 112 家。对于 2001—2009 年,低规模组约为资产总计 2 000 万元以下的企业,中规模组约为 5 000 万—8 000 万元,高规模组则为其余更大的企业。自 2011 年起,工业企业数据库的进入统计的企业规模门槛加高,规模分组的边界亦有调整。结果为图 4。可以明显看出按照规模分组的企业的平均专利申请存在差别,但中低规模组的企业则在 2007 年之前有交替变化,且差距不大。我们的数据侧重于对规模与创新成果的关系进行刻画,而非将规模作为解释创新的原因,这里的结论主要体现在,对于中低规模的企业来说,并无明显的差别，而规模最大的企业通常具有明显更多的专利申请。所用数据限制，我们未对研发投入强度及效率进行比较。

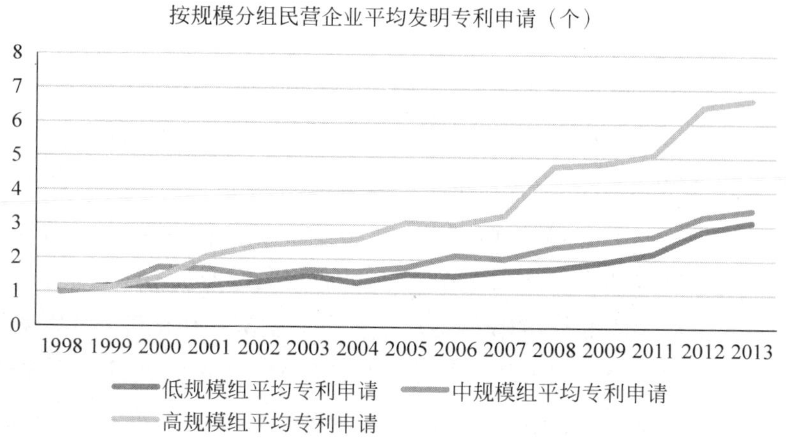

图 4　按规模分组民营企业平均发明专利申请

除去数量相当的规模极小的地方性传统行业的民营企业——其技术创新的需求可能不够强，众多中小企业在创新方面仍然具有较高的效率和研发投入强度，其巨大的技术创新活动总量往往孕育着优质的甚至突破性的创新成果。技术创新活动具有较强的正外部性，考虑到其数目之多，中小企业的技术创新活动带来的社会效益是非常显著的。

（三）公司治理与融资约束

公司治理对企业创新具有重要意义。良好的公司治理下管理者具有足够激励、监督机制完善，能够促进企业创新。对我国企业技术创新的公司治理影响的研究中，冯根福和温军（2008）考察了上市公司的管理层所有权、股权集中度、机构投资者持股比例和独立董事比例等对企业研发投入强度的影响，结果表明良好的公司治理对于企业研发投入强度有正向影响，同时也发现，国有产权较高则抑制了其作用。李春涛和宋敏(2010)也发现对CEO的薪酬激励可促进研发投入,而国有产权会减少这种激励效应。民营企业相对于国有企业的创新优势在于其市场导向的动机,而改善公司治理给予其更高激励。

在融资约束方面,我们首先分析了不同杠杆率的民营企业所处发明专利申请的水平(见图5)。高杠杆率一般代表高的融资约束程度,大多数年份位于较低的专利申请水平,说明融资约束表现在更低发明专利申请的民营企业中,但这里总体上各组差异不大。金融发展对技术创新的意义主要在于识别并资助具有创新能力的企业家的活动。张杰等(2012)构建度量企业融资约束的变量,发现融资约束抑制了企业研发投入程度,且民营企业技术创新并不主要依赖银行贷款,说明我国的金融体系尚未能足够支持民营企业创新。蔡地、万迪昉和罗进辉(2012)发现地区融资约束的减轻会促进民营企业创新,且与当地知识产权保护程度有协同促进创新的作用。解维敏、方红星(2011)研究地区金融发展程度推动了当地企业的研发投入,这个作用对民营企业更为明显。总结相关研究,可以比较明确地得出,融资约束仍是民营企业是特别是中小民营企业创新投入

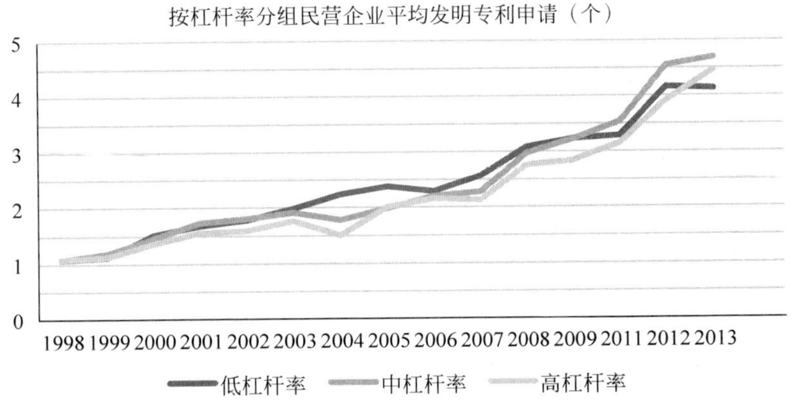

图5　按杠杆率分组民营企业平均专利申请

限制的重要问题,而完善金融市场,为民营企业提供便利的融资支持是促进民营企业技术创新的必要措施。

(四)民营企业技术创新特点总结

以上分析了民营企业技术创新的一些特点。我们这里提到的进行技术创新的民营企业,主要是指有实际或潜在技术能力需求的企业。一些极小规模的地方性传统行业的企业可能从未进行过创新活动,更为重要的技术能力提升的需求主要在于众多的具备一定规模的新兴行业的企业。可以看到,我国民营企业贡献了更高比例的技术创新成果,研发投入总量也远超国有企业。由于民营企业数目巨大,与国有企业相比个体上的技术创新实力仍有一定的差距,这也表明了民营企业的技术创新潜力,尤其是近年来民营企业与国有企业的平均技术创新指标已经不断缩小,且实力较强的民营企业已经可以与国有企业的技术创新水平相当,甚至处于行业的技术领导地位。在规模方面,更高规模的民营企业存在更高的创新成果,在中小规模的企业中则无明显差别。另一方面,既有研究对民营企业研发投入强度的研究则说明较小规模的企业可能表现出更高的研发投入,因此,需要注意对中小型科技企业进行支持,以减少其风险承担。由于创新活动的溢出效应,发生在中小企业客观数量的技术创新活动中很有可能出现影响较大、带来社会效益的成果。民营企业与国有企业在创新效率和质量的不同的也在于其公司治理,前者受到的激励更强,公司治理更完善、更成熟的民营企业具有更高的创新能力。民营企业相对于国有企业表现出更高的对内部资金和资本市场的依赖性,而较难获取银行信贷支持。

四、促进民营企业技术创新的建议

我国民营企业的技术创新虽有明显的成就,但仍有很大的提升空间。民营企业自主创新意识仍然不足，研发效率较低，未建立能充分促进创新发展的管理模式等。从外部环境来看，民营企业的发展环境不及国有企业，国有企业因与政府的联系而被“区别对待”。融资问题仍然对其造成困扰；缺乏技术人才也形成了制约。政府支持政策的不稳定和泛化，以及缺乏对知识产权保护的有效执行，造成企业创新成果市场化的风险上升、难度加大，也不利于激发企业的创新动力。另外，我国核心技术创新能力仍严重不足，对外依赖较大。为促进民营企业技术创新，提出以下建议。

（一）提供良好的政策与社会环境

政府为民营企业创造良好的政策环境，需要树立服务意识，企业在经营过程中难免遇到各种问题需要经政府审批，提高政府办理效率，优化营商环境，减少企业不必要的时间和金钱成本，可以为企业消除后顾之忧。完善知识产权保护的制度基础，并在各地严格执行，对不同产权性质的企业一视同仁。目前我国逐渐在各地铺开的营商环境优化的工作，便大大提升了政府服务企业事务的效率，给企业带来了很高的获得感，在创新环境优化过程中，与专利申请、知识产权保护相关的政府工作效率提升，也将为技术型民营企业带来更多的保障。同时避免政策制定的随意性，给企业稳定的预期。

要引导形成重视创新的社会氛围，为企业创新提供文化环境，提高企业的创新意识，在整个社会树立提倡创新，包容失败的观念。也需要引导企业的创新合作。例如在对产学研一体化的推动工作中，要让企业更好地与高校、研究机构的技术对接，企业更多地承担成果转化的功能，与研究机构合理分工，做到利益共享。

（二）加大融资扶持力度

民营企业由于实力和政治关联较低，难以与国有企业竞争创新资源，形成了创新动机与创新资源的错配。民营企业，特别是中小型民营企业难以获得银行信贷，其融资来源受到很大限制，无法维持大量的研发投入，需要政府加大扶持力度。政府通过为民营企业拓宽融资渠道，补贴和税收优惠提供扶持。税收优惠和财政补贴等直接影响企业研发创新的政策，确实提升了企业的创新投入水平，但也可能造成挤出效应，甚至部分企业策略性获得补贴和优惠。补贴与优惠都存在适当的执行方式，对企业的支持不宜过度泛化，需要有针对性、切实从减小风险的渠道来激励企业进行创新活动。在实施过程中不断完善其机制。

为缓解民营企业的融资约束问题，建立完善的科技经费使用体制，并引导专项资金投向民营企业的创新活动，采用专业化、市场化的管理方式，克服银行信贷获得的信息不对称问题。扶持地方性、中小金融机构的发展，资金提供有针对地向中小民营企业倾斜。完善多层次资本市场体系，发挥科创板的作用，让创新型企业更为便利地进入资本市场融资。支持风险投资发展，发挥其识别和支持创业创新的优势。

（三）完善民营企业治理模式

改革开放以来，民营企业逐渐形成了成熟的管理模式，但其公司治理仍有提升空间。良好的公司治理可以促使企业更高效地从事活动，并充分发挥激励作用。引导企业完善公司治理，继续推进公司治理现代化；健全公司治理准则和法规并有效监管。优化企业股权结构，发挥以战略投资者为代表的股东治理作用。

企业的技术创新活动，要与企业的管理创新相结合。努力构建高效的技术成果市场转化机制，激发企业技术创新动力。为科技人员提供良好的工作环境,做到“宽容失败”,构建充分鼓励创新的氛围。

(四) 加强人才支持

创新的关键是人才。民营企业在人才竞争中处于劣势。应建立合理的科技评价体系和人才激励机制,并适当向创新型民营企业的人才引进提供支持,以鼓励人才进入民营企业工作。从就业、待遇、住房、培养等方面,出台对创新人才的专门支持和鼓励政策,吸引人才服务于各地科技型民营企业,将优质的技术人员与创新动机结合起来,发挥协同效应。民营企业在培养人才的过程中,应当权衡短期利益与长远利益,理解研发活动的长周期性,奖励关键创新成果,营造科技人才充分发挥才能、积极创新的环境。促进人才在研发工作中进一步提升能力,从内部培养出高效专业的人才队伍。

参考文献

1. 池仁勇:“企业技术创新效率及其影响因素研究”,《数量经济技术经济研究》2003 年第 6 期。
2. 冯根福、温军:“中国上市公司治理与企业技术创新关系的实证分析”,《中国工业经济》2008 年第 7 期,第 91—101 页。
3. 高良谋:“企业规模与技术创新倒 U 关系的形成机制与动态拓展”,《管理世界》2009 第 8 期,第 113—123 页。
4. 解维敏、方红星:“金融发展、融资约束与企业研发投入”,《金融研究》2011 年第 5 期,第 171—183 页。
5. 黎文靖、郑曼妮:“实质性创新还是策略性创新?——宏观产业政策对微观企业创新的影响”,《经济研究》2016 年第 4 期,第 60—73 页。
6. 李春涛、宋敏:“中国制造业企业的创新活动:所有制和 CEO 激励的作用”,《经济研究》2010 年第 5 期,第 135—137 页。
7. 李政:《中国民营企业自主创新报告》,中国经济出版社 2015 年版。
8. 林佳彬、刘杰、项安波:《中国民营企业发展报告》,社会科学文献出版社

2014 年版。
9. 林洲钰、林汉川、邓兴华:“所得税改革与中国企业技术创新”,《中国工业经济》2013 年第 3 期,第 111—123 页。
10. 孙林杰:《民营企业的技术能力、创新绩效与商业模式》,中央编译出版社 2018 年版。
11. 田轩:建立“容忍失败”的投资文化 http://www.financialnews.com.cn/cul/whdt/201808/t20180817_144298.html。
12. 肖文:“政府支持、研发管理与技术创新效率——基于中国工业行业的实证分析”,《管理世界》2014 年第 4 期,第 71—80 页。
13. 余明桂、范蕊、钟慧洁:“中国产业政策与企业技术创新”,《中国工业经济》2016 年第 12 期,第 7—24 页。
14. 张杰、陈志远、杨连星等:“中国创新补贴政策的绩效评估:理论与证据”,《经济研究》2015 年第 10 期,第 4—17 页。
15. 张培丽:“现代化经济体系建设中的民营企业创新发展”,《中国特色社会主义研究》2018 年第 1 期。
16. 张西征、刘志远、王静:“企业规模与 R&D 投入关系研究——基于企业盈利能力的分析”,《科学学研究》2012 年第 30 期,第 265—274 页。
17. 周康:“产品出口对企业技术创新的影响”,山东大学,2016 年。
18. 朱恒鹏:“企业规模、市场力量与民营企业创新行为”,《世界经济》2006 年第 12 期,第 41—52 页。
19. Ang J. S., Cheng Y., Wu C., “Does enforcement of intellectual property rights matter in China? Evidence from financing and investment choices in the high-tech industry,” *Review of Economics and Statistics*, vol. 96 (2), 2014, pp. 332—348.
20. Barry Naughton, *The Chinese Economy: Adaptation and Growth*, Boston: The MIT Press, Edition 2, vol. 1, 2018.
21. Fang L. H., Lerner J., Wu C., “Intellectual property rights protection, ownership, and innovation: Evidence from China,” *The Review of Financial Studies*, vol. 30(7), 2017, pp. 2446—2477.

(陈玉宇,北京大学光华管理学院;王晓宇,北京大学光华管理学院)

改革开放40年与民营经济的发展

刘焕性　刘中升

截至2017年年底，我国民营企业数量超过2 700万家，个体工商户超过6 500万户，注册资本超过165万亿元。概括起来说，民营经济具有“五六七八九”的特征，即贡献了50%以上的税收，60%以上的国内生产总值，70%以上的技术创新成果，80%以上的城镇劳动就业，90%以上的企业数量。在世界500强企业中，我国民营企业由2010年的1家增加到2018年的28家。我国民营经济已经成为推动经济发展不可或缺的力量，成为创业就业的主要领域、技术创新的重要主体、国家税收的重要来源，为我国社会主义市场经济发展、政府职能转变、农村富余劳动力转移、国际市场开拓等发挥了重要作用。

一、民营经济的发展历程

自1956年社会主义工商业改造完成以后，“雇工”在我国几近绝迹，“雇工即是剥削”几乎已经成为整个社会的共识。1978年党的十一届三中全会以后，我们党破除所有制问题上的传统观念束缚，开放个体户创业，解禁乡村家庭工业，恢复城乡小商品市场——私营经济开始在中国大陆萌动。1980年，温州的章华妹领到了第一张个体工商户营业执照，编号是“第10101号”，生产经营范围是小百货，章华妹就是这样不经意间成为了我国的第一个合法个体户。当年8月份中央召开的全国劳动就业工作会议提出，应当鼓励和扶持城镇个体经济的发展，这可以说改革开放后最早召开的允许个体经济发展的会议。9月份中央召开的各省、区、市第一书记座谈会通过的《关于进一步加强和完善农业生产责任制的几个问题》中决定，允许农村中的个体劳动者外出劳动和经营。随后，全国城乡个体经济迅速发展，到1980年年底从事个体经济的人员达到80.6万人。

到1987年，全国城镇个体工商等各行业从业人员已经达569万人，一大批民营企业蓬勃兴起。1992年邓小平同志南方谈话发表后，兴起了新一轮创业兴业、发展民营经济的热潮，很多知名大型民营企业都是这个时期起步发展起来的。

当然在这个过程中，也发生了一些故事。除了安徽著名的“傻子瓜子”年广久1979年因雇工达12人引起风波之外，广东高要县农民陈志雄也在1979年开始承包村里的鱼塘，辛苦经营了三年，承包鱼塘面积从8亩增加到497亩，用工从夫妻两人变为雇请固定工5人，打短工的有近30人。这一下触动了当年最敏感的神经：在社会主义国家,是否应该有以往被视为带有剥削意味的"雇工"的存在。于是,陈志雄的事情一下子上到了《人民日报》。1981 年 5 月 29 日,《人民日报》二版头条的位置发表"关于一场承包鱼塘的争论"一文,并开辟了"怎样看待陈志雄承包鱼塘问题"的专栏,展开讨论,历时三个月。争论的焦点之一是:"雇工算不算剥削?"

讨论中,中央书记处政策研究室有位经济学家,从马克思《资本论》的一个算例中,推算出一个结论:"8 个人以下就叫做请帮手,8 个人以上就叫雇工,8 人以下不算剥削。"这是马克思在《资本论》第一卷第三篇第九章"剩余价值率和剩余价值量"中划分"小业主"与"资本家"的界线。由此,中央当时就出台文件,规定家庭专业户、个体经营户,雇工不能超过 8 个,超过八个就要限制,尤其是党员干部不能超过 8 个雇工。当时提出的这个"七上八下"的说法,是为了保护个体和私营经济的发展,但随着社会的演进,最后却不免成为一柄高悬头顶的达摩克利斯之剑。所以 1983 年 1 月,中共中央对超出政策规定雇请较多帮工提出"三不"原则:"不宜提倡,不要公开宣传,也不要急于取缔。"让一直心有顾虑的个体商户踏实下来,促进了雇工人数较多的个体经济的发展。

1984 年 10 月 22 日,邓小平明确指出:"前些时候那个雇工问题,相当震动呀,大家担心得不得了。我的意见是放两年再看。那个能影响到我们的大局吗?如果你一动,群众就说政策变了,人心就不安了。你解决了一个'傻子瓜子',会牵动人心不安,没有益处。让'傻子瓜子'经营一段,怕什么?伤害了社会主义吗?"两年到了,邓小平还是说:"再看看。""看"了几年之后,1987 年中央 5 号文件《把农村改革引向深入》中,去掉对雇工数量的限制,"三不"原则改成了十六字方针:"允许存在,加强管理,兴利抑弊,逐步引导。"并明确提出,"在社会主义初级阶段,在商品经济发展中,在一个较长时期内,个体经济和少量私人企业的存在是不可避免的。"与之相应,个体和私营经济呈现出城乡遍地开花、迅速发展的局面。

1987年10月党的十三大报告指出:"社会主义初级阶段的所有制结构应以公有制为主体。目前全民所有制以外的其他经济成分,不是发展得太快,而是很不够。对于城乡合作经济、个体经济和私营经济,都要继续鼓励它们发展。在不同的领域,不同的地区,各种所有制经济所占的比重应当允许有所不同。"报告还指出:"私营经济一定程度的发展,有利于促进生产,活跃市场,扩大就业,更好地满足人民多方面的生活需求,是公有制经济必要的和有益的补充。必须尽快制定有关私营经济的政策和法律,保护它们的合法权益,加强对它们的引导、监督和管理。"这是十一届三中全会以来在党的全国代表大会上首次承认并允许个体和私营经及发展,为它们的发展开了绿灯、指了方向,是一次历史性的突破。

1988年4月,七届全国人大一次会议通过宪法修正案,第11条增加了"国家允许私营企业经济在法律规定的范围内存在和发展。私营经济是社会主义公有制经济的补充。国家保护私营经济的合法权利和发展。对私营经济实行引导、监督和管理"的内容。这是我国实行社会主义改造、消灭私营经济之后,首次在宪法上重新确立私营经济的法律地位,雇工也随之合法化。

1992年邓小平南方讲话发表后,我国民营经济发展驶入了快车道,并真正融入了社会主义现代化建设的进程中。1992年党的十四大明确了我国经济体制改革的目标是建立社会主义市场经济体制,并提出"在所有制结构上,以公有制包括全民所有制和集体所有制经济为主体,个体经济、私营经济、外资经济为补充,多种经济成分长期共同存在和发展"。1998年党的十五大把"公有制为主体、多种所有制经济共同发展"确立为我国的基本经济制度,明确提出"非公有制经济是我国社会主义市场经济的重要组成部分"。据有关部门测算,1999年全国非公有制经济(不包括股份制经济以及国有控股企业中的非公有制部分)的工业产值已占当年国内工业产值的50.88%;非公有制经济的社会消费品零售额已占全国社会消费品零售总额的52.1%;非公有制经济的出口创汇已占全国出口创汇总额的47.8%;非公有制经济的就业人数已占全国就业人数的五分之二左右。

二、两个非公经济"36条"的出台

2002年党的十六大提出"毫不动摇地巩固和发展公有制经济","毫不动摇地鼓励、支持和引导非公有制经济发展"。民营经济面临着良好的政策发展环境和势头,并开始迅猛发展。

但与此同时,民营经济也出现了发展环境不宽松、产业结构不合理、缺乏核心技术和自主品牌,以及税负高、贷款难和融资贵等问题。因此2003年两会期间,全国政协经济委员会提出,应该将促进"非公有制经济"发展列为经济委员会当年的调研重点,因为此前中央文件中尚未出现"民营经济"的提法,建议调研课题还是用"非公有制经济"这六个字比较稳妥。7月7日,全国政协经济委员会"促进非公有制经济发展"专题调研组成立,并被全国政协办公厅列为当年和翌年全国政协的10项重点调研之首。时任全国政协常委、经济委员会副主任厉以宁被任命为调研组组长,经济委员会副主任邵奇惠、郑家纯、刘永好为副组长,决定分两路深入广东省的深圳、中山、珠海市和辽宁省的沈阳、大连、鞍山、营口、鞍山市进行实地调研。并在珠海市召开了调研组内部总结会,对调研中了解到的情况和问题进行了深入分析和研讨,会后形成了《关于促进非公有制经济发展的建议》的调研报告。

2004年1月30日,全国政协经济委员会正式向中共中央、国务院上报了调研报告。之后,由国务院研究室牵头,国家发改委中小企业司和宏观经济研究院为主,吸收国家税务总局、财政部、商务部、央行、国土资源部、科技部等24家中央政府部门的有关机构参加,组成了一个促进非公经济重大政策专题工作组,"非公经济36

条”进入了正式的制定阶段。随后,多位经济委员会委员参与了“36条”的调研制定工作。

3月7日,厉以宁常委代表全国政协经济委员会在全国政协十届二次会议上做了题为《当前非公有制经济进一步发展亟待解决的几个问题》大会发言。厉以宁说,中国的非公有制经济正逢历史上最好的发展时期,但在体制障碍扫清之后,计划经济时期那种“一大二公”的倾向仍然存在,一些政府部门扶持国有企业或规模大的非公有制企业轻车熟路,却往往忽视了对众多中小型非公有制企业的服务,在工作中“锦上添花”多,“雪中送炭”少,要真正为非公有制企业“松绑”,必须加快政府职能转变。厉以宁还提出,1994年实施的财税制中某些规定已不符合非公有制经济发展的实际,存在税率过高、税负过重、重复征税等弊端,部分社会舆论存在对非公有制企业和企业家的歧视现象,不利于社会的稳定和进步。建议清理过时的税制规定,切实减轻企业的税收负担,引导社会正确看待私有财产,正确认识有产者,只要是合法经营所得的私有财产都应该得到保护。

在3月9日举行的全国政协十届二次会议中外记者招待会上,厉以宁、刘家琛、孙安民、杨崇春和王玉锁等全国政协委员就“大力发展和积极引导非公有制经济”问题回答记者的提问。当有记者问,如何评价经济发达地区的非公有制经济已经成为当地经济发展的主体、提供和创造的税收和就业机会比重越来越大时,厉以宁回答说,评价非公有制经济要从两个角度来看,一是企业的角度,二是国民经济整体的角度。从企业的角度看,既然允许民营经济进入过去禁止进入的领域,竞争必定会加剧,一些效益不好的公有制企业关停并转是正常现象,这和一些非公有制企业效益不好被淘汰一样。从国民经济整体来看,第一要毫不动摇地巩固和发展公有制经济,第二要毫不动摇地鼓励和支持引导非公有制经济发展。非公有制经济发展对公有制经济发展是有利的,非公有制经济进入竞争领域后，促使公有制企业产生了紧迫感，必须依靠技术创新、改革才能提高效率，这对长远发展公有制经济是有利的。此外，公有制的形式可以是多样化的，股份制是公有制的主要实现形式，所以民间资本的介入实际上意味着混合经济的形式正在发展。所以非公有制经济的发展，可以促进公有制经济的进一步巩固和加强。

9月27日，全国政协经济委员会邀请国务院研究室和国家发改委等文件起草组的负责同志座谈文件起草情况，“非公有制经济”专题调研组成员和部分经济委员会委员参加。委员们针对文件起草组介绍的《关于促进非公有制经济发展政策性文件框架思路》展开讨论，并提出了一些修改意见，大部分建议会后得到采用。11月12日，国务院研究室和国家发改委将征求意见稿发送到有关单位征求意见，全国政协经济委员会的相关委员再次通读全稿并就个别条文提出修改意见。

2005年1月12日，时任国务院总理温家宝主持召开国务院常务会议，讨论并原则通过《国务院关于鼓励支持和引导非公有制经济发展的若干意见》，会议认为，公有制为主体、多种所有制经济共同发展是我国社会主义初级阶段的基本经济制度。毫不动摇地巩固和发展公有制经济，毫不动摇地鼓励、支持和引导非公有制经济发展，使两者在社会主义现代化进程中相互促进，共同发展，是必须长期坚持的基本方针。

2月24日，国务院正式对外公布了《国务院关于鼓励支持和引导个体私营等非公有制经济发展的若干意见》（简称“非公经济36条”），《若干意见》按照党的十六大、十六届三中和四中全会精神及宪法修正案要求，着力消除影响非公有制经济发展的体制性障碍，确立平等的市场主体地位，明确提出了今后一个时期鼓励、支持和引导非公有制经济发展的总体要求，从放宽非公有制经济市场准入、加大对非公有制经济的财税金融支持、完善对非公有制经济的社会服务、维护非公有制企业和职工的合法权益、引导非公有制企业提高自身素质、改进政府对非公有制企业的监管、加强对发展非公有制经济的指导和政策协调等七个方面具体提出了促进非公有制经济发展的重要政策措施。这是新中国成立以来国务院首部以非公有制经济发展为主题的纲领性文件，让非公经济成为当年两会上和社会各界最受关注的话题之一。民营经济也迎来了自身的一个大发展时期。

2008年发生的国际金融危机对全球经济产生了冲击并造成了一定损失，对我国经济的发展也产生了影响。在这种情况下，民营经济的发展也开始出现了一些困难和问题。

2010年3月4日，在全国政协经济界、农业界委员联组会议讨论中厉以宁提出，为避免政府投资冲动陷入怪圈，需要厘清政府以及国有资本投入的边界，同时解决民营资本在各个行业的"平等准入"问题。得到了出席会议的中央领导同志的重视，表示要着力解决民营资本在投资领域所遭遇的"玻璃门"、"弹簧门"、"旋转门"问题。4月底，全国政协经济委员会调研组就保障民间投资权益问题在广东调研，并在珠海召开了调研座谈会，根据各方意见，调研组提出了在国有企业和民营企业两者的关系问题上应坚持一视同仁，做到权利平等、机会平等和规则平等，以及提高政府的公信力，严格依法办事等建议报送中央，多名领导同志对建议做了批示。

2010年5月7日，国务院正式出台了《国务院关于鼓励和引导民间投资健康发展的若干意见》，这个意见也被称为"新非公经济36条"。该意见提出要进一步拓宽民间投资的领域和范围、允许民间资本兴办金融机构、鼓励和引导民间资本进入基础产业和基础设施领域、推动民营企业加强自主创新和转型升级、鼓励和引导民营企业积极参与国际竞争、为民间投资创造良好环境等。"新非公经济36条"是改革开放以来国务院出台的第一份专门针对民间投资发展、管理和调控方面的综合性政策文件，这既是应对国际金融危机、稳固经济可持续发展的基础的迫切需要，也是坚持和完善社会主义初级阶段基本经济制度、完善社会主义市场经济体制的长久之策。

“新非公经济36条”出台后，全国政协经济委员会建议，由各部委主导的相应细则应早日出台，以解决市场准入、融资困局等制约民营企业发展的一些根本性问题。特别是要解决好民间资本不愿意投向实体经济，而是倾向于投向虚拟经济或者进行资产价格炒作的问题。

2011年3月11日，厉以宁在两会的全国政协小组讨论会上提出，在可预见的经济增长减缓的趋势下，要重点关注就业问题。一是要加快民营经济发展，关键是落实非公经济的“新36条”，帮助民营企业解决各种成本上升等问题；二是要大力发展微型企业，要给微型企业提供减免税、培训员工、银行贷款等扶持政策；三是要大力发展服务业，主要可通过减免营业税等措施扶持服务业发展；四是要扩大国内需求，特别是消费需求。对于民营经济要有新的理念，过去讲“无农不稳、无工不富、无商不活”，现在应加上“无民不稳、无民不富、无民不活”。在市场经济中，民营经济最活跃，哪里有需要就到哪里发展，因此，发展民营经济，观念上一定要转变。

12月15日，在全国政协经济委员会组织召开的“促进非公有制经济稳定健康发展”座谈会上，委员们谈到，促进非公有制经济持续、稳定、健康发展对防范未来经济运行中的风险、调整优化经济结构、化解城乡居民就业压力等具有十分重要的意义，要真正贯彻落实中央鼓励、支持和引导非公有制经济发展的一系列政策措施，促进非公有制经济稳定健康发展。非公有制经济的发展与国家的经济形势有密切关系，随着自主创新和技术革命的进步、经济的低碳化发展、城镇化建设的推进，非公有制经济可以找到适合自己的投资方向，在法人治理结构上进一步完善，以实现自身发展方式的更好转变。会后，相关意见整理报送给了国务院有关部门。

2012年2月21日,国家发改委召开由45个部门参加的会议,部署落实"新非公经济36条"实施细则制定工作,明确要求在上半年制定出台相关细则。此前一周,在国务院召开的座谈会上,时任国务院总理温家宝说,推进垄断行业改革是经济体制改革的重要任务,要促进民间资本进入金融、能源、交通和社会事业等领域,推进"新36条"的落实工作。至7月,《关于鼓励和引导民间资本投资公路水路交通运输领域的实施意见》《国务院关于鼓励和引导民间投资健康发展的若干意见》等42项民间投资实施细则全部出台。

从2005年2月的老"非公经济36条",到2010年5月的"新非公经济36条",再到2012年7月的42项民间投资实施细则的出台,全国政协经济委员会在力促民营经济发展,为民营经济营造良好发展环境方面做出了自己的独有贡献。通过这件事,可以明确佐证"40年来取得的成就不是天上掉下来的,更不是别人恩赐施舍的,而是全党全国各族人民用勤劳、智慧、勇气干出来的","在中国这样一个有着5 000多年文明史、13亿多人口的大国推进改革发展,没有可以奉为金科玉律的教科书,也没有可以对中国人民颐指气使的教师爷。鲁迅先生说过:'什么是路?就是从没路的地方践踏出来的,从只有荆棘的地方开辟出来的。'"

三、民营经济发展的又一个黄金时期

党的十八大以来,以习近平同志为核心的党中央高度重视民营经济发展,作出了一系列推动民营经济发展的重大决策部署。特别是在我国外部发展环境发生深刻变化、民营经济发展进入新的历史时期背景下,习近平总书记在讲话中多次强调指出,要毫不动摇鼓励、支持、引导非公有制经济的发展,要高度重视和真切关怀民营企业和民营企业家,"激发和保护企业家精神,鼓励更多社会主体投身创新创业。建设知识型、技能型、创新型劳动者大军,弘扬劳模精神和工匠精神，营造劳动光荣的社会风尚和精益求精的敬业风气”。习近平总书记的讲话为新时代民营经济的发展指明了方向，充分体现了以习近平同志为核心的党中央对企业家群体、企业家精神、企业家作用的高度重视，为民营经济持续健康发展注入了强大动力和坚定信心。

在我国经济进入新常态，经济结构进入转型升级和提质增效的过程中，党的十九大报告重申“两个毫不动摇”，第一次提出要支持民营企业发展，“要支持民营企业发展，激发各类市场主体活力，要努力实现更高质量、更有效率、更加公平、更可持续的发展”。十九大报告直接使用“民营企业”的概念，既表明党和政府对民营经济认识的逐步深化，又对民营经济为改革开放作出的贡献给予充分肯定，是中国特色社会主义道路自信、理论自信、制度自信和文化自信的重要体现，必将激励民营企业为决胜全面建成小康社会作出新的贡献。

回顾改革开放 40 年以来民营经济的发展，可以看出我国未来经济发展的走势，必然是公有制经济和非公有制经济、国有经济和民营经济在竞争中相互促进、在合作中共同发展。民营经济在党的方针政策指引下从小到大、由弱变强，谱写了光辉澎湃的创业史，成为推动我国经济社会发展的主要力量和生力军。虽然民营经济在发展过程中还可能会遇到一些困难和问题，比如国际发展环境的变化、中美经贸摩擦的影响、我国经济由高速增长转向高质量发展阶段，以及民营企业自身存在的一些问题等。但随着促进民营企业发展的利好政策不断出台，民营经济发展环境也在不断优化，民营经济在企业的经营能力、管理水平、创新能力和核心竞争力等方面也在不断发力和提高。可以说，改革开放 40 年来的发展民营经济的发展，再次印证了习近平总书记在民营企业座谈会上的讲话中指出的：我国非公有制经济，是改革开放以来在党的方针政策指引下发展起来的。长期以来，广大民营企业家以敢为人先的创新意识、锲而不舍的奋斗精神，组织带领千百万劳动者奋发努力、艰苦创业、不断创新，在稳定增长、促进创新、增加就业等方面发挥了重要作用，已成为稳定经济的重要基础、国家税收的重要来源、技术创新的重要主体、金融发展的重要依托、经济持续健康发展的重要力量。我国经济发展能够创造中国奇迹，民营经济功不可没，民营经济的发展也必将迎来又一个春天。

参考文献

1. 大成企业研究院：《民营经济改变中国：改革开放40年民营经济主要数据简明分析》，社会科学文献出版社2018年版。
2. 单忠东：《民营经济三十年思考与展望》，经济科学出版社2009年版。
3. 高德步：《中国民营经济史》，山西经济出版社2015年版。
4. 高云龙、徐乐江：《中国民营经济发展报告》，中华工商联合出版社2018年版。
5. 辜胜阻：《民营经济转型与新时代新动能》，人民出版社2018年版。
6. 李维安等：《中国民营经济制度创新与发展》，经济科学出版社2009年版。
7. 史晋川：《中国民营经济发展报告》，经济科学出版社2018年版。
8. 王瑞璞、张占斌：《中国民营经济发展与企业家的社会责任》，人民出版社2006年版。
9. 庄聪生：《中国民营经济四十年：从零到“五六七八九”》，民主与建设出版社2018年版。

（刘煥性，北京大学光华管理学院；刘中升，对外经济贸易大学国际经济贸易学院）

我国民营企业高质量发展面临的问题及建议

傅帅雄　黄顺魁

近三年以来，全国民营企业数量以每年20%以上增速迅速增长，新成立企业中96%以上为民营企业，民营企业正逐步成长为国民经济高质量发展支柱。当前，党中央、国务院高度重视民营企业的发展壮大。2018年11月1日，习近平总书记主持召开民营企业座谈会，直言民营企业面临“市场的冰山、融资的高山、转型的火山”。2019年3月5日，李克强总理在政府工作报告中8次提及民营企业。但在当前民营企业发展过程中，仍面临生产成本增加、融资难、税负重、转型升级难等问题，在参与市场竞争和产业分工中，存在门槛限制、政策区别、身份偏见、融资难题等现象，总体仍处于低端产业链，在市场竞争中处于劣势。

一、推动民营企业高质量发展面临的问题

（一）民营企业地位仍受歧视导致发展信心不足预期不稳

民营企业能否实现高质量发展，其关键取决于民营企业家的信心和能力，其根本则来自于国家对于民营资本的政治待遇和法律庇护。一是社会舆论恶意曲解党的大政方针。过去一段时间，受国际与国内因素、主观与客观矛盾交织影响，不乏否定、怀疑民营企业本身和相关政策措施的声音。“民营经济离场论”“新公私合营论”“以党建与工会加强对民营企业控制”等言论，对民营企业发展造成非常不利的影响。二是市场准入仍然遭遇“玻璃门”、“弹簧门”。民营企业的市场准入没有明显改观，在部分行业和领域，中小民营企业很难真正参与、很难拿到许可证等隐形差别待遇现象仍然存在，政府以规范性文件、会议纪要等形式对民营企业设置附加条件、歧视性条款以及提高准入门槛，垄断行业改革进度缓慢。在国际金融危机冲击下，国企“挤出效应”对民营企业发展也带来一定负面影响。2019 年 3 月，全国人大代表、德力西集团董事局主席兼总裁胡成中在两会中提出，在个别领域“卷帘门”、“玻璃门”、“旋转门”还是不同程度地存在，民营企业不能平等参与市场竞争和使用生产要素。特别是在铁路、机场、航空运输等领域，中小民营企业进入会遇到资质、规模、经营范围等限制。三是政商关系“清”而不“亲”。较多的政府干部职工对怎么做、做什么、行不行把握不准，有的党员干部与民营企业打交道怕招闲话、惹麻烦、沾是非，将企业的一些正常诉求拒之门外，“清”而不“亲”、“清”而不为。部分地方政府并未对民营企业实施同等待遇，存在身份上“重公轻私”的倾向。2019 年 3 月，人民政协网刊发“‘一碗水端平’很重要 农工党中央

呼吁为民营企业构建公平法治的营商环境”，建议消除各种隐性壁垒，对企业“一碗水端平”。特别是政府在推进投资、采购过程中，以安全需求、公信力保障、技术要求、合作优势等为缘由，有侧重地偏向选择具有政府背景的事业单位、国有企业，导致众多民营企业特别小微民营企业在参与政府投资采购项目招投标中，中标概率相对不高、金额不大。2019 年 3 月，全国政协经济委员会副主任、国务院发展研究中心原副主任刘世锦称，在一些项目上，有些部门和同志经常想分配给国企，认为这保险，觉得出了问题后有人兜着，亏损也是从这个兜装到另外一个兜，给民营企业则有风险。

（二）严峻的国内外经济形势迫使民营经济被动转型不利于持续健康发展

随着中美贸易摩擦加剧、国内经济结构调整、供给侧结构性改革以及去杠杆努力等外部和内部因素共同作用下，我国经济增长明显放缓，对民营企业正常的生产经营活动带来较大的负面影响。一是经济发展阶段转换调整市场需求结构。当前，我国正在转变经济发展方式，优化经济结构，消费结构和模式全面升级，需求结构快速调整，对商品和服务的供给质量和水平提出了更高的要求。但是，我国大部分民营企业仍然过分依赖低成本因素投入的粗放式发展模式，在当前快速转变的市场需求结构中，难以及时转变发展方式。其次，国际经济环境的变化导致外部需求疲软。在全球经济复苏的过程中，经济发展风险不断积累，保护主义和单边主义急剧上升，市场空间受到挤压，导致我国发展的外部环境发生了深刻变化。AMP Capital Investors Ltd. 驻悉尼的动态市场主管在接受彭博采访时表示，当前中国市场面临的不是基本面的问题，而是在去杠杆和贸易摩擦背景下信心的溃散。

（三）鼓励民营企业发展政策落实不到位企业获得感不够

一是有些部门和地方对政策落实不到位。营商环境仍需改善，有的地方“准入不准营”、“办照容易办证难”等制度性问题依然存在，政策缺乏执行细则或配套措施。有企业反映：“看到政策，无法享受；看到空间，无法进入；看到机会，无法把握。”根据深圳市针对民营企业的调研显示，企业不了解政府政策的占40%，同时，各类产业扶持政策仍倾向大企业，现有行政管理和公共服务体制难以适应巨量民营企业政策与服务需求，公共服务平台在服务内容、便捷性、针对性和及时性等方面都仍有较大提升空间。二是政府诚信不足。一些政策缺乏延续性和连续性，不少地方依然存在“新官不理旧账”问题。三是鼓励措施长效机制尚未建立。目前支持民营企业发展的一些措施只是救急解困，满足于一时的头痛医头、脚痛医脚，没有参照国际通行规则，建立健全支持民营企业发展的长效机制。四是获得政策和公共服务支持的难度较大。

（四）企业家精神缺失造成企业自身内部机制不健全

创新能力和核心竞争力的缺乏并不是民营企业的最大“短板”，最大的“软肋”在于企业家精神的缺失。一是不少民营企业还沿用家族制、合伙制管理，一些企业管理不健全、制度不规范，导致在环保、社保、产品质量、企业信用等方面存在不规范、不合法等问题，限制了企业在市场竞争中的发展壮大。二是数量庞大的民营企业，尤其是中小企业依然面临着“大而不强”、发展方式粗放、创新能力不足、核心竞争力不够等诸多问题。有人认为房地产和金融“快速”，跨境“赚快钱”，搞“赚钱”。三是民营企业品牌数量多但缺少世界级的优质品牌，品牌数量和声誉度、美誉度与发达国家相比有很大差异。福布斯“2018全球品牌价值100强”中仅有华为一家民营企业入围。我国连续八年成为全球最大的汽车消费市场，但世界500强中仅有吉利一家民营汽车企业。四是守法诚信经营不够,特别是一些民营企业在生产经营中销售假冒伪劣产品,危害公共安全,造成非常不好的社会影响,最终给企业长远发展带来难以消除的负面影响。例如,吉林长春长生公司因问题疫苗案件,受到国家的严厉处罚,不仅对生物制药行业,更是对整个民营企业都带来了难以消除的负面影响。

(五)民营企业高质量发展要素成本难以做大做强

一是融资难融资贵现象仍然存在。民营企业要做大做强和高质量发展离不开金融资本推动。大中型企业融资方式比较多元化,通过股票、股权、债券等直接方式融资的比例高,在间接融资方面,大企业银行的信用评级高、担保物丰富、间接融资的成本比较低,但中小微企业直接融资比例低,大部分融资属于间接融资,过于依赖银行贷款,渠道较为单一,由于贷款利率高,再加上担保成本,整体间接融资成本较高。2018年前三季度,民营企业债券发行量为4 029亿元,较2016年和2017年同期少发4 706亿元和602亿元。2017年5月以来,中小企业私募债的只数至2018年9月减少了300多只,市值减少2 300多亿元。2018年前三季度,发生债券违约的29家企业中有24家是民企,涉及金额674.06亿元。[1]2018年10月,国务院金融稳定发展委员会召开防范化解金融风险专题会议,显示当前民营企业融资中存在较多的"民营小微企业融资难、发债难"、"金融机构回避对民企贷款"、"盲目抽贷断贷"等问题,2018年11月14日,濮阳市政协召开金融助力民营企业发展座谈会,大部分金融企业都提出民营企业存在财务管理制度不完善、缺乏有效的担保、违约率高、信息透明度和可信度较低等问题,导致银行机构

[1]　参见何诚颖、杨高宇:"纾困民营经济 推动高质量发展",《中国社会科学报》2018年12月26日。

慎贷,贷款门槛高、价格高。[1]二是企业整体税负还是偏高。虽然政府部门密集推出降税减负政策,但是企业的整体税负还是偏高,而且以流转税为主体的税制结构,由于民营企业多处于产业链的中下游,通过价格转嫁,民营企业税收负担较重,还有不少企业反映“营改增”后减税降负的获得感不强。一方面是“营改增”后强势企业通过转嫁税负享受国家税收红利,民营企业议价能力弱,尤其是民营中小微企业较难享受国家减税降负红利,反而因调整业务模式、增加管理人手,需付出更多纳税遵从成本。另一方面是国务院机构改革后,地方税政改由国家税务总局直接管辖地方政府税收管理功能有所弱化。三是企业用地、用水等生产要素保障不足。广东省政协 3—5 月对广东各地民营企业发放 1 200 余份调查问卷,数据显示 41. 4%的企业反映创新支持资金难获得,27. 1%的企业反映技改扶持项目申请门槛高,21. 5%的企业反映缺乏共性技术研发服务平台或平台功能不健全。在政商关系上,哪些环节容易出现不良政商关系,23. 4%的企业反映日常生产经营中的监督、检查、监管,22. 3%的企业反映获取土地、资源、资金等生产要素。[2]

(六) 民营企业处于弱势地位遇到央企国企产业链条挤压

我国大企业大部分属央企、国企,而且一般处于产业链上游,对处于中下游的民营企业在产业链、价值链等方面造成挤压。特别是我国央企国企的应付账款水平普遍高于国际水平,拖欠民营企业的应付账款直接损害中小企业权益。一是因央企、国企享有得天独厚

[1] 参见“加大支持服务力度 推动民营经济高质量发展”,《濮阳日报》2018 年 11 月 22 日。

[2] 参见蒋臻:“广东民营经济如何突破发展瓶颈?”,《南方都市报》2018 年 5 月 18 日。

的制度优势，多处于产业链上游，而民营企业大多处于中下游，并且相当部分业务严重依赖公共单位及央企、国企，不敢也不愿通过司法程序向央企和国企收回被拖欠账教。二是民营企业应收账款占比高造成资金压力大。目前我国中小板上市企业应收账款规模近万亿元，A股中小板共有企业近千家大多是民企。就应收账款规模而言，中小板企业共涉及欠款9 000亿元；从应收账款金额与营收比来看，应收账款占营收一半以上的企业高达286家，民营企业资金压力较大，大量应收账款将使其营收与应收比过低，极大程度影响民营企业产品升级和技术转型，甚至使其面临债务崩盘风险。

二、推动民营企业高质量发展的对策建议

（一）积极为民营企业高质量发展营造公平公正的法治环境

公平公正的法治环境是落实政策、稳定预期、推动民营企业高质发展的重要保障。一是依法平等保护各类市场主体合法权益，坚持诉讼地位平等、法律适用平等、法律责任平等，确保公有制经济和民营经济财产权均不可侵犯，有效保护企业家和企业的生存发展权。规范国有企业的账款支付行为，对无故拖欠行为制定明确处罚措施，特别是政府工程项目，应建立严格“背靠背”付款方式。二是强化竞争政策实施和规范统一监管规则的建立，加强对经济政策的公平竞争审查，以“竞争中性”原则对待国有企业和民营企业，制定和出台国企和民企市场准入“正负面清单”，制止滥用行政权力排除、限制竞争行为，尤其是对民营企业的歧视性做法，保证各类民营企业依法平等使用生产要素、公开公平参与市场竞争，大力拓展民间投资的发展空间，确保国有企业和民营企业所受到社会待遇和在政府采购中的地位一视同仁。积极推动各类社会组织发展，设立社会企业发展专项资金，强力推动各类以产业公益事业为发展目标的

社会企业发展。鼓励民营企业与大型国有企业组成联合体,获取政府采购合同,形成“抱团机制”。三是完善民营企业维权机制,严肃问责不作为、慢作为、乱作为的行政行为。加强政务诚信建设,对于政府作出的承诺,必须依法承担相应义务,从机制上解决“新官不理旧账”问题。增加有关中小民营企业政策的制定和实施过程的透明度和社会参与程度。四是以机构改革为契机持续优化营商环境。以全力推进新一轮政府机构改革为契机,推动政府部门简政放权、放管结合、优化服务,围绕准入门槛、政策区别、身份偏见、融资歧视等难题,以及营商环境建设过程中的难点痛点问题,避免政策“打架”。

(二)推动政策落地落实落细,提高民营企业获得感

一是完善政策执行方式,把可操作、能落实、见实效作为重点,对政策执行效果开展督查和第三方评估,对未落实的政策要限期整改,确保中央关于重视中小民营企业发展的部署落实到位。二是提供更加贴心的涉企服务,畅通企业诉求渠道,及时反映企业现实困难和企业家合理诉求,建立便捷高效帮办机制,加强调查研究和预研预判,适时推动政策创新,增加政策储备,持续为民营企业发展创造良好环境。三是将民营企业发展纳入政绩考核体系,深入清理制约民营企业发展的体制性、政策性障碍,制定时间表和严格的工作业绩考核制度,监督提升各级党委、政府及部门执行力。四是出台针对性政策,财政部门设立专项研究基金,支持高等院校和各类民间研究机构开展长期系统性的全球价值链、产业生态系统、产业升级及公共政策研究,建立营商环境和中小企业创新创业环境长期动态评估与监测机制。五是打通政策落地最后一公里。直面中小民营企业遭遇的差别待遇、歧视待遇,从税收优惠、政府招投标、投资核准、融资服务、财税政策、土地使用上,加大对中小民营企业发展的政策扶持、倾斜力度。

（三）构建亲清新型政商关系全面优化民营企业发展环境

一是完善服务体系，主动上门服务，实行领导定点联系民营企业、商会组织工作制度，建立企业家参与涉企政策制定制度，创造民营企业家参加境内外重大经贸洽谈活动机会。将各类民营企业和中小企业政策受理职能统一下放，在街道（乡镇）一级统一建立中小企业服务中心。二是推出科学有效的容错机制操作细则，推广青岛明确公职人员要积极与企业和企业家接触交往、主动热情搞好服务和广州对政商交往制定负面清单的经验，大力推动政商关系正负面清单管理，厘清政商关系边界、细化行为标准、设定“亲”“清”底线，鼓励支持党政机关及其公职人员大胆与企业及企业家接触交往。三是规范涉企检查执法，政策执行严禁“一刀切”，杜绝因同单个企业问题而全行业全部关停整改的简单执法行为。四是加强社会信用体系建设，特别是法治政府和政务诚信建设力度，完善政府守信践诺机制，着力解决政府不依法行政、政府失信导致公权力侵害企业和企业家产权等问题，维护政策的连贯性和确定性。

（四）大力激发、弘扬和保护企业家精神

一是着力营造依法保护企业家合法权益的法制环境、促进企业家公平竞争诚信经营的市场环境、尊重和激励企业家干事创业的社会氛围，调动广大企业家的积极性、主动性和创造性，更好发挥企业家作用。二是鼓励民营企业家创业和创新的冒险行为，引导企业家强化“工匠精神”，建立制度化的民营企业家表彰奖励制度，发挥先进典型的示范引领作用。三是实施“正向激励”，发挥导向作用，构建善待民营企业的体制机制，营造善待民营企业的社会氛围。推广浙江温州“为民营企业家设立节日”的做法，从国家层面设立全国性的民营企业家节日，激发民营企业家干事创业的光荣感和使命感。

（五）引导服务民营企业提升经营管理和创新水平

一是引导民营企业实施品牌战略，从技术创新、产业升级、市场开拓、人才引进等方面，支持鼓励中小民营企业高质量发展，强化企业家防范风险意识，坚持稳健持续经营的理念，打造具有全球影响力的世界一流企业。加强税务与专业部门之间的信息协同，构建梯度培育企业数据平台和分析系统，全面建立“由政府牵头并监管、社会组织承办相关生产性服务产品提供商参与、实体经济各产业价值链受益”的民营企业创新帮扶体系。二是支持民营企业参与国家重大科技计划项目，帮助有条件的民营企业建立技术开发中心，提高技术水平和研发能力。建立完善民营企业重大创新技术、产品“市场化首用”的风险分担机制，有条件的地区可探索设立企业创新风险基金。三是把企业家纳入高层次人才计划，落实奖励政策，为家属子女就业、就学、就医及生活保障等提供支持帮助。四是切实降低企业税费和资金等要素成本，把握好金融去杠杆节奏和力度，支持中小金融机构发展。加快中小民营企业征信体系建设，推动建设民营及中小企业大数据服务云以及平台，从不同维度对企业画像，夯实融资基础，完善小微企业融资担保增信机制，建立和完善国有商业银行对中小民营企业的信贷支持机制。科学处置股权质押融资风险，重视解决企业资金拖欠问题，推动研究出台政府单位、国有企业拖欠中小民营企业款项的行政法规，为民营企业资金正常流动提供“活水源头”。五是完善上市公司并购创新发展环境。充分利用深圳、广州、上海等各大城市的民营企业发展条件，比如深圳优势产业领军型上市公司众多、产业生态相对完整、资本化程度较高等优势，推动更多上市公司并购创新健康发展，打造产业区域分工和产业链垂直分工两套价值链体系，为广大民营中小企业提供强大创新发展动力。

参考文献

1. “关于营造企业家健康成长环境弘扬优秀企业家精神更好发挥企业家作用的实施意见”,《人民日报》2017 年 9 月 25 日。
2. “加大支持服务力度 推动民营经济高质量发展”,《濮阳日报》2018 年 11 月 22 日。
3. 何诚颖、杨高宇:“纾困民营经济 推动高质量发展”,《中国社会科学报》2018 年第 12 期。
4. 蒋臻:“广东民营经济如何突破发展瓶颈?”,《南方都市报》2018 年 5 月 18 日。
5. 宋志平:“市场活力来源于企业家精神”,《中国建材报》2017 年 9 月 28 日。

(傅帅雄,北京大学光华管理学院;黄顺魁,深圳市大鹏新区改革与发展研究中心)

『特惠』还是『普惠』——论公平的营商环境对民营企业发展的影响

姜海纳　窦希铭　马习鹏

民营企业的重要性不言而喻，习近平总书记指出“我国民营经济已经成为推动我国发展不可或缺的力量，成为创业就业的主要领域、技术创新的重要主体、国家税收的重要来源，为我国社会主义市场经济发展、政府职能转变、农村富余劳动力转移、国际市场开拓等发挥了重要作用。”我国50%以上的税收，60%以上的国内生产总值，70%以上的技术创新成果，80%以上的城镇劳动就业，90%以上的企业数量都是由民营经济贡献。[1]厉以宁

[1] 数据参考2018年习近平总书记在民营企业座谈会上的讲话内容。

先生认为,一个国家的经济能够发展,不能全靠国有企业,一定有相当大的私营企业,中国现在的任务之一就是培养大量的、新的民营企业。

民营企业在国民经济发展过程中发挥越来越重要作用的同时,因外部环境变化、经济转型升级影响以及政策方面的原因,民营企业在发展过程中遇到一定问题,如融资难、用工难等。如何破解这一系列困难,保障民营经济健康发展需要政府、社会和企业家共同发力。站在政府的角度,打破各种各样的"卷帘门"、"玻璃门"、"旋转门",为民营经济发展营造公平的市场环境是政府理所应当的职责。本文以市场环境公平性为切入点,分析公平市场环境对民营企业发展的影响。过去一段时间里,非公平的政策(特惠政策)对我国民营经济发展起到一定促进作用,但随着环境变化以及发展要求的改变,特惠政策已经不再适应民营经济发展需要,新时代,凸显公平性的政策(普惠政策)将更好地支持民营经济发展,但我国普惠政策并不健全,为此,本文从政府的角度提出促进普惠性政策发展的建议。

一、"特惠"与民营企业发展

(一)什么是特惠模式

"招商引资"在过去几十年地方政府发展过程中举足轻重的一个词,一定程度决定了地方发展速度和官员升迁。所以,在招商过程中,地方政府会想方设法地寻找优质、理想的投资者,为了保证招商成果,政府有动机为民营企业或企业家提供某些优惠,增加招商成功率,比如说,教育资源倾斜、土地政策放宽、财税方面补贴等。然而这些优惠并不是针对所有民营企业,如果说每个企业都可以无差别地享受到那就是"普惠",所谓"特惠"[1]强调的是部分而非整体。

清华大学白重恩教授认为分析特惠模式问题有几个关键点,一是普惠制度并不完善;二是地方政府有能力且有意愿进行政策支持;三是这种来自政府的政策支持不针对所有企业。基于此,特惠模式有几个天然特性。

1. 特惠与普惠的矛盾性

特惠模式存在的前提在于普惠制度不健全,当一个经济体内部普惠制度已经健全时,特惠模式便失去生存的土壤。在企业与政府的交往过程中,所有经营活动均公开、透明,经营主体享受平等待遇,每一个企业办理同一项业务所花费的时间和经济成本相近。

2. 特惠与政府的关联性

一方面特惠模式的实现需要地方政府有能力给予政策优惠,这一点是特惠模式存在的根本,正是因为政府在办理审批、获取资本的成本方面的"关照",让享受特惠政策的企业在赢利能力上有了牢靠的保障。但政府手中的资源是有限的,并不能照顾到所有的企业,所以政府要选择那些能带来最大收益[2]的企业进行支持。这也导致政府有动机对部分企业给予优惠。

3. 特惠与公平的对立性

特惠模式仅针对部分企业,政策待遇在企业间存在差异将导致企业在非公平环境下开展经营。在企业间竞争过程中,因为政策优势所造成的影响将破坏企业间公平竞争环境。

---

[1] 清华大学经管学院白重恩教授在回答中国经济发展到底是什么样的制度因素在驱动时,提出"特惠市场经济"这一概念,并认为"特惠"的概念是中国特有的制度元素。

[2] 这样的收益主要来源于三个方面,一是投资对地方经济发展、就业、民生、税收带来的收益;二是投资带来的晋升资本;三是给予特惠过程中贿赂行为带来的收益。

（二）特惠模式存在的意义

虽然特惠模式阻碍了市场公平性，但在过去的几十年中，不论是我国国民经济的宏观情况或者是我国民营企业的发展情况都比预期的要好，甚至优于全世界其他经济体。这个结果得益于大量外部因素，但同样与特惠模式有一定关联。

特惠模式不能保证所有企业都平等地获得资源，但至少给予部分民营企业成长的机会。尤其是在市场公平性尚未健全的市场环境下，特惠模式很好的适应了当时环境需要，这是特惠模式能存在并发挥积极作用的前提条件。另一方面，我们也应当看到，在改革开放之初，地方政府手中的资源是有限的，并不能保证每一个企业都平等地享有优惠政策。正如前文所说，地方政府会有意识地选择那些回报较高的企业进行支持。在过去几十年里，中国一直在追赶发达国家，作为后发国，中国具有赶超效应，地方政府可以从美国、欧洲、日本等发达地区发展过程中借鉴经验，选择那些被发达国家发展经历证明正确的企业进行支持，保证良好回报。

在特惠模式下，地方政府有动机寻找那些回报较高的企业进行支持，但无法保证最优选择。当一个相较地方政府已选择的企业回报更高的企业出现时，地方政府并不会去选择后来出现的更具回报性的企业而放弃已支持的企业，这是因为地方政府能够给予的资源是有限的，而已经给予土地、贷款等优惠政策成为沉没成本，最终导致准入障碍出现。按照白重恩教授的解释，因为中国足够大，地方政府之间存在以 GDP 为指标的竞赛，一家企业在某地遭受准入障碍后，能够在其他地方找到愿意给予支持的地方政府。特惠模式所导致的准入障碍作用被 GDP 竞赛所缓和，最后呈现为过去几十年中我国民营企业蓬勃发展。

（三）特惠模式对民营企业的消极影响

特惠模式存在的前提在于普惠模式不够健全，地方政府有资源且有意愿选择部分回报率较高的企业进行支持。与此同时，对特惠模式的依赖会阻碍普惠模式发展，因为在特惠模式下，地方政府享有对资源配置的权力，可以在选择支持哪家企业的过程中获得收益。长此以往特惠模式将破坏市场公平性，对我国民营企业发展产生诸多负面影响。

1. 特惠模式影响公平营商环境

本文在之前对特惠模式的特点分析时曾提到特惠模式与地方政府的关联，具体表现在地方政府有动机对部分企业给予特惠待遇。这背后的逻辑在于经济发展在官员考核指标中的"指挥棒"作用，通过给予企业发展的优惠，带动地方经济发展是地方政府给予特惠的内在动机。同时，为了保障享受特惠政策的企业更好发展，实现其对地方经济的带动作用，往往伴随地方保护出现，影响市场公平。这种保护主义力度与企业规模、企业与地方关系有紧密联系，具体表现在地方政府对国有企业、规模以上企业的重视和扶持力度要更直接、更有力。特惠模式下所带来的沉没成本还将对后来的企业造成准入门槛，影响公平营商环境。特惠模式下，享受特惠政策的企业在用地、财税等多方面享有优待，地方政府手中的特惠资源具有有限性，一经给予便转为沉没成本。当新的企业出现并对之前地方政府扶持企业造成威胁时，出于沉没成本的考虑，地方政府有动机提高针对后来企业的准入门槛。

2. 特惠模式影响企业创新性

企业是创新的主体，特惠模式在企业自身发展以及企业选择什么样行业进行发展两个维度制约了企业创新性的发挥。从企业发展的角度，特惠模式会使得企业产生发展路径依赖，企业强调通过追求政府资源倾斜、政策优惠实现企业绩效的保障，而忽视自身技术创新、管理创新、品牌创新,制约企业核心竞争力培养、影响企业长远发展。从投资什么类型的企业来看,由于我国经济起步较晚,发达经济体的发展历程给予了地方政府在选择什么类型企业进行扶持方面的经验,同时也给予投资者选择什么行业进行经营的经验,比如说过去我国基建领域的成功。但所有的赶超型经济体都会遇到同样的问题,当发展进入特定阶段后,怎样选择自身发展的道路。当前,我国正处在这样一个转型升级的阶段,由于没有过往经验借鉴,特惠模式使得地方政府遇到共同的困扰,即选择什么样的行业进行扶持,这也是为什么我们鼓励由创新驱动发展。

3. 特惠模式影响企业家精神

企业家精神是企业核心竞争力的来源和保障,尤其对民营企业而言,企业家精神决定着企业的生死。本文认为中国市场主体中企业家精神缺失的现象与特惠模式存在一定关联,因为特惠模式影响了企业家公平竞争与法治观念的培养。一方面特惠模式本身具有一定的不公平性,强调政府在资源配置过程中所发挥的作用,损害了公平竞争的市场环境,忽视了企业自身的决定作用。另一方面,特惠模式下,地方政府手中掌握了大量有限资源,企业家可以通过与个别官员拉近关系而获取好处,而这个过程不仅扭曲了公平竞争的市场环境,同时还触及了法律范畴,影响正确的企业家精神培养。

4. 特惠模式影响资源配置的效率

特惠模式使得不同企业获得资源的机会不同,在资源配置方面强化了政府在资源配置中发挥的作用而弱化了市场在资源配置中的决定性作用。受制于地方政府手中资源的有限性,一家企业获得资源的可能性越高导致另一家企业获取资源的可能性降低。与此同时,资源配置由地方政府决定,如何配置资源取决于负责人个人水平而非科学有效的配置手段。当享受特惠的企业并非最优选择(效率较低),受特惠模式影响丧失了部分资源配置效率,同时进一步影响市场公平。

除了以上几点特惠模式对民营企业的影响外，特惠模式还在消费者方面和腐败方面造成市场行为不公。特惠模式导致政策执行者和制定者更为重视企业，相对忽略消费者，当两者产生矛盾时，消费者便成为弱势方，其利益得不到有效保障。此外，由于特惠对象的选择权在地方政府手中，因此对于企业家而言，有动机为获得特惠待遇而寻找寻租空间。

二、“普惠”与民营企业发展

在过去的几十年间，我国依靠大规模要素投入实现经济总量跃居世界第二的成就，由于边际收益递减，仅靠投资难以实现高质量发展。目前，我国正处于高速增长向高质量发展的转变阶段，而质量的创造源于企业，尤其是在国民经济中发挥着越来越重要作用的民营企业。

怎样激发企业主动提高质量，作为政府应当创造良好的营商环境保证企业能够公平竞争，以竞争提升企业效益，达到提高发展质量的目的，为此营造公平竞争的营商环境是政府不可推卸的责任。

（一）普惠环境的情况与特点

打造普惠模式强调的是市场竞争中的公平性，不论企业性质是国企还是民营企业享有同等的政策待遇，保证公平竞争的市场环境，让市场在资源配置过程中起决定性作用。

武汉大学质量发展战略研究院 2018 年发布“竞争政策与企业高质量发展”研究报告[1]，该报告通过问卷方式进行，采用 10 点量

[1] 本节所用数据参考武汉大学“竞争政策与企业高质量发展”报告中所公布内容。该研究报告数据是武汉大学质量院于 2018 年针对我国东、中、西部采用随机抽样方法获得的 100 余个区县、1 800 余家企业以及 1.93 万名员工的有效问卷。

表对市场公平性进行刻画。该数据基本反映了我国目前市场公平性情况，根据报告结果显示，一是我国市场公平程度较好（10 分为满分，司法诉讼公正性为 7.41 分，行政收费规范性为 8.6 分），该指标说明政府在提供服务以及办理审批过程中公平性让社会感到基本满意。二是市场透明度逐步优化。在行政审批业务中，2015 年有 25%的行政审批事项可以进行在线审批，而这一数据在 2017 年提升到 52%，说明市场经验活动的便利性和公开性都在逐步变强。三是市场信用程度逐步变强。一方面涉及劳动纠纷企业比例由 2015 年的 8.6%下降至 2017 年的 7.9%。另一方面，受访者认为对于产权的保护程度达到 7.47 分（满分 10 分）。这个结果表明在经济结构转型升级过程中，各级政府开始重视营商环境、重视市场公平，民营企业作为市场主体的经济活动越来越公开透明，普惠环境较过往更为优化。

世界银行的营商环境指标也证明了以上结论。世界银行每年会针对全球 190 个经济体的营商环境进行打分排名，2017 年我国排名为 78 名，该排名具体参考 10 个指标，涉及开办企业、获得信贷、办理施工许可证等方面所耗费的时间、精力、金钱，比较在各国开展业务的过程中会遇到多大障碍。根据世界银行发布的《2019 营商环境报告》，我国营商环境得到大幅优化，首次进入全球经济体营商环境前 50。其中，办理施工许可证的便利程度排名 121 位，这一指标在 2015 年为 185 位。虽然我国整体上普惠环境越来越优化，但在部分领域或行业仍存在特惠的空间，仍需要着重改善经营活动的公平性。

结合两个反映营商环境公平性的指标可以得出特惠环境有以下几点。

1. 经济发展程度与普惠环境有密切关联，经济越成熟、越是发达的地区对企业的保护越好，经济活动越公开透明，市场竞争越公平。参考世界银行对全球营商环境的调查报告，营商环境提升 1%，对投资拉动效果为0.3%,对GDP拉动效果为0.36%,对照表1,美国、德国这类发达经济体在营商环境的各方面相比印度和巴西而言要明显更优。这同样对我国经济转型升级有一定借鉴意义,即高质量发展离不开营造公平竞争的市场环境。

表1　全球营商环境排名

经济体	总体排名	开办企业	办理施工许可证	获得电力	登记财产	获得信贷	保护少数投资者	纳税	跨境贸易	执行合同	办理破产
中国香港	4	5	1	3	53	32	11	1	27	30	44
美国	8	53	26	54	38	3	50	37	36	16	3
德国	24	114	24	5	78	44	72	43	40	26	4
中国	46	28	121	14	27	73	64	114	65	6	61
印度	77	137	52	24	166	22	7	121	80	163	108
巴西	109	140	175	40	137	99	48	184	106	48	77

2. 参考武汉大学的研究报告,普惠环境的营造主要涉及活跃度、平等度、透明度和信用度,这四个指标较为综合的体现了民营企业在经济活动中是否能平等公平的开展竞争。其中,市场活跃度是普惠环境的晴雨表,而平等、透明、信用是普惠环境存在的基本保障,市场主体发展机会越均等,民营企业活跃度越高,平等、透明、信用的营商环境减少了经营活动中的不必要成本,民营企业在竞争中实现资源使用效率提升,拉动经济高质量增长。

3. 普惠环境并不意味着一碗水端平的绝对平均。普惠环境下依然强调效率,鼓励竞争,普惠环境下强调公平的竞争。这种公平要求政府作为秩序的制定者和维系者在政策制定上没有偏向、在政策执行上没有特殊。资源的本质属性之一是稀缺性,在资源配置过程中同样不存在绝对公平,为此一家企业获得了资源便意味着另一家企业获得资源的机会降低。本文强调由市场本身决定资源配置,政策的作用在于保证每一个企业都有均等的发展机会,破除民营企业在发展过程中遇到的政策性壁垒和体制性障碍。

（二）从特惠到普惠的内在逻辑

为什么在当前环境下强调公平、强调改变，为什么要营造公平的普惠环境取代过去的特惠模式，参考图1，主要有三个方面的原因。一方面过去的特惠模式已经不能适应新时代发展的要求，并且逐步出现对民营企业创新性、企业家精神以及资源配置效率的负面影响，这是寻求改变的直接动机。与此同时，外部环境的变化以及国内深化改革的需要是打造普惠营商环境的外部因素。再者，民营企业自身发展的需要是推动普惠环境的内在动因。

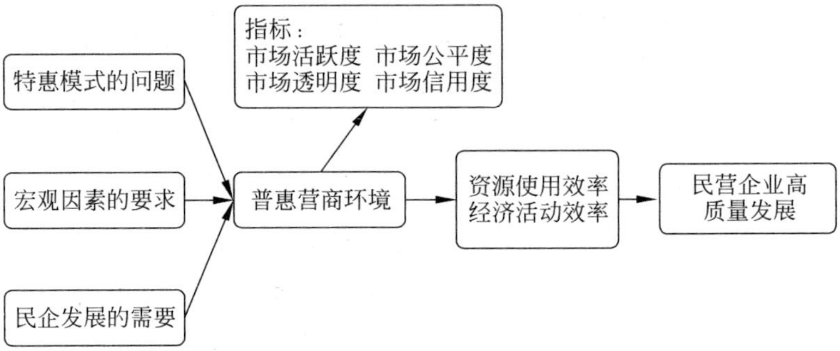

图1　从特惠到普惠的逻辑

普惠环境的目的是防止企业通过政府获得不正当竞争优势，消除市场竞争中各类不合理的场外因素，不论企业性质、企业规模大小都可以公平开展竞争，均等享有发展的机会。通过一视同仁、公平对待民营企业市场主体地位，保证公平竞争的环境，实现充分竞争，发挥市场在资源配置中的决定性作用。在公平竞争中，企业利润来源于市场经营活动而非市场之外的因素，只有通过分析市场需求提升质量、提高效率才能实现企业利润。正因此，通过营造公平竞争的市场环境使得市场主体关注质量，实现高效的资源使用效率。另一方面，通过破除政策壁垒，构建高效便捷的行政审批制度提升民营企业各项经济活动效率，以公平高效的营商环境实现民营企业高质量发展。

1. 特惠模式存在的弊端逐步凸显要求普惠的营商环境。特惠模式虽然在过去的一段时间中对我国经济增长发挥了促进作用，地方政府选择哪一类企业进行扶持将决定了资源的配置，弱化了市场在经济活动中的作用，随着可借鉴经验越来越少，这种政府主导的模式将降低资源使用效率。对于民营企业而言，特惠模式还将破坏公平竞争的市场环境，降低民营企业提升质量的动机；产生发展路径依赖，制约企业创新性发挥；破坏法治环境，阻碍企业家精神的培养。特惠模式下所造成的各类负面影响成为强化市场公平性，营造普惠环境的直接原因。

2. 当前宏观环境下民营企业要求普惠的营商环境，主要表现在国内和国际两个方面。就国内环境来看，我国经济由高速增长阶段向高质量发展阶段转型的特殊时期给予民营企业发展的压力。转增长、调结构、转方式等因素作用之下，经济增速有所放缓，具体表现为要素资源使用成本上升，用工、用地较之前更为困难，资源以及环境约束收紧，对企业经营提出更高要求。要素成本上升使得隐形障碍对民营企业的影响更大，进而对公平竞争的市场环境要求更强。

民营企业贡献了我国出口总额的45%，国际贸易冲突加剧、保护主义、单边主义明显抬头、出口形势不理想等因素使得对国外市场的依靠风险陡增。与国内经济转型升级所导致的经营压力一样，全球经济形势同样对民营企业经营造成压力。在国际市场不理想的情况下，民营企业将更多地依靠国内市场，进而加大对一个规范、公平的国内市场的需求。

国内市场经营成本的增加以及国际市场形势的不乐观导致民营企业经营压力加大。破除体制障碍，保障每个企业平等的经济地位将有助于我国经济向高质量发展，而高质量发展的国民经济也将惠及所有民营企业自身的发展。

3. 民营企业自身发展的需要普惠的营商环境。特惠模式所存在的弊端是为什么选择营造普惠环境的直接原因，而国际国内两个市场宏观因素的影响是为什么营造普惠环境的外部刺激。站在民营企业自身的角度，随着土地、资金、劳动力等要素获取成本增高，民营企业利润增速明显下滑，有很强的动机要求一个公平竞争的市场环境。

民营企业需要普惠环境的动力源于准入门槛的困扰。从行业的角度来看，目前石化、烟草以及电信等领域仍是民营企业的禁飞区，在这类行业政府的直接干预较多，对于民营企业进入这类行业仍然困难重重。另外，就地区而言，前文提到特惠模式下的地方保护主义，实际上，不仅是针对外来企业，在招商过程中不少本土企业同样也缺乏公平竞争机会，尤其是在公共服务和建设项目类领域，这一现象更为明显。随着隐形门槛的越来越高，对于门槛内的企业保护力度越来越强，极不利于行业发展，甚至可能导致劣币驱逐良币现象。

民营企业需要普惠环境的动力源于对公平竞争的需要。从历史的经验来看，不论是我国加入世贸组织之后制造业水平的显著提升还是部分垄断行业层出不穷的问题都证明充分竞争往往伴随高质量发展的结果，而缺乏公平竞争的市场牺牲的是该行业发展的空间。民营企业需要一个公平竞争的市场环境，以满足消费者需求为导向，提升产品和服务质量，实现更高效益。特惠政策之下是由政府决定资源配置，给予部分企业不公平的竞争优势[1]，尤其是国有企业和部分与政府关联密切的企业，这破坏其他专注市场需求、专心创新研发的民营企业的利益，鼓励所有企业进行投机行为，同时

---

〔1〕 根据武汉大学质量院研究数据，国有企业获得补贴比例为 48.5%，而民营企业和外资企业分别为 22.8%和 21.3%，差异明显。

也不利于该行业质量提高。

三、如何建立公平的营商环境

特惠模式的本质在于政府有选择的对部分企业进行政策扶持，在过去的几十年中特惠模式很好的促进了我国经济发展，这是因为地方政府可以参考发达地区成功经验选择那些回报率高的行业进行支持。但特惠模式破坏了市场公平，损害了企业创新性和企业家精神的建立，随着国内经济转型压力以及国际贸易冲突等问题出现，民营企业发展压力使得民营企业要求一个普惠的营商环境。

结合图1，本文认为普惠环境主要可以通过市场公平竞争提升资源使用效率以及通过政府平等对待民营企业提高经济活动效率，进而达到民营企业高质量发展的目标。为此，本文主要从如何提高资源效率和如何提高经济活动效率两个方面进行探讨。

（一）加大政策普惠力度，营造公平竞争环境

当前经济形势下应当加大普惠政策的推广力度，作为政府应当改变认识，不论企业是民企、国企、央企，都应当公平地对待每一个市场主体。

1. 科学化制定政策，充分发挥公共政策作用，鼓励平等竞争。政策的制定要立足实际需要，淡化数量而讲究实效，要立足配套能力，避免政策空转现象或是公共资源浪费等现象。对于专项政策的设置要更为合理，杜绝在财政招投标、科技补贴、环保政策等特惠政策存在利益输送的空间，让市场在资源配置中发挥决定性作用。

2. 保证民营企业平等发展的权利，让民营企业享受到公共资源、生产要素、资源开发利用等方面的公平权益。在行业方面，取消部分行业的准入门槛，充分保障市场公平竞争，以竞争拉动质量提高，减少对国企、央企的过度保护，破除部分行业的垄断格局。在管

理方面需要统一处罚标准，强调依法办事。不论企业性质，要采取同等措施，减少对民意企业的过度处罚。对待民营企业与国有企业的经济纠纷时，要有公，也要有法，对待民营企业的社会矛盾纠纷问题时要坚持依法而行，保证公平。

3. 提升政策的知晓度，在对企业的调查过程中，仍有部分企业表示对政策不了解、政策变化快等现象。可以利用互联网等多种方式拓展政策传达途径，加大对民营企业发展相关政策的宣讲辅导，避免跑政策讨政策这类现象出现。

（二）打造服务型政府，提升经济活动效率

政府作为政策的制定者和执行者，既要充当好公平公正的管理员的角色同时也要扮演好服务员的角色。

1. 强调建设服务型政府，进一步实现简政放权，建立各部门行政审批事项目录清单制度，并向社会公开；进一步下放行政审批事项，精简审批程序，推行“最多跑一次”窗口服务。同时，提高服务企业服务市场的意识，减少传导环节问题，营造亲清新型政商关系。

2. 加大产权保护力度，对合法权益的保障也是营商环境公平与否的重要指标。应当加快建立更加便捷、高效、低成本的维权渠道，同时提高侵权成本，对侵害他人权益行为形成强大威慑。通过保障合法权利鼓优化市场环境，励民营企业开展研发，提升发展质量。

3. 加大社会参与程度，让民营企业参与对政府行使职能的监督过程，保证公权力在阳光下运行，让私权力无处遁形。同时，拓展民营企业发声渠道，让民营企业有地方表达诉求，形成政府与企业间良好沟通机制。

4. 倡导企业家精神的培养，加大对民营企业和民营企业家的正向宣传，培养具有法治精神、创新精神的新时代企业家，实现市场

本身净化市场,带动诚信氛围的建立,以优秀的企业家提升经济质量。

参考文献

1. 白重恩:“‘特惠模式’有碍地方经济可持续增长”,《决策探索》2015 年第 11 期。
2. 程虹:“竞争政策与企业高质量发展研究报告”,《中国市场监管研究》2018 年第 9 期。
3. 翁士增:“构建民营企业竞争中性的营商环境”,《企业管理》2019 年第 3 期。
4. 徐宪平、杜平、张新红:《驱散增长的迷雾:新常态下的新动能》,中国财富出版社 2017 年版。

(姜海纳,湖南省长沙县黄兴镇;窦希铭,中共诏安县委;马习鹏,北京大学肿瘤医院)

中华人民共和国成立70年来中国汽车产业发展历程及民营企业案例分析

赵秋运　刘长征　马金秋

汽车工业在国民经济中起着支柱作用，代表着一个国家制造业的发展水平。遥想70年前，中华人民共和国成立伊始，刚刚经受过战争洗礼的祖国大地百废待兴，政府意识到发展现代工业是当务之急，汽车工业更是重中之重。1949年12月，毛泽东主席登上了开往莫斯科的专列，此行的目的除了与苏联结盟，也是为了能在振兴中国经济方面得到“老大哥”的援助。毛泽东刚一抵达莫斯科，就在斯大林的带领下参观了斯大林汽车制造厂，看着生产线上一辆辆汽车组装下线，毛泽东对随行人员说了一句：“我们也要有这样的大工厂!”这一句话好似吹响了中国汽车工业的冲锋号。1950年2月14日,中苏两国政府签订了《中苏友好互助同盟条约》,将兴建汽车制造厂的想法列入了“苏联援华156项工程”中。3月初,中央人民政府重工业部(即后来的一机部)旗下成立了汽车工业筹备组,开始第一汽车制造厂的筹备工作[1]。

新中国成立至今,中国的汽车产业经历了重工业优先发展的赶超战略(1953—1978年),该阶段模仿苏联计划经济模式建立的国企制造和计划分配体系,虽然其为中国汽车产业创建的第一阶段,但在一定程度上奠定了中国汽车产业的基础。1978年改革开放时,中国汽车产业面临全面崩溃的危险,为此政府反复研究,实施政府主导保护的产业政策和与时俱进的发展战略,逐步完成渐进双轨制的转型,实现了中国汽车产业的可持续发展。

经过70年的发展,中国的汽车产业已经具备了一定的规模,从自主研发到市场转换技术[2]、合资建厂,再到自主研发,中国已经成为世界上汽车产销量最多的国家。现阶段,中国汽车产业领军企业需要靠管理、技术等创新驱动,打造企业核心竞争力以保持产业领先地位,并逐步演化为企业的品牌效应。面对新能源汽车革命,中国市场规模比较优势明显,传统技术壁垒瓦解,将会逐步形成强大的竞争优势,实现弯道超车不仅可能,而且必然,实现赶超的主体将是民营企业。民营汽车企业在中国汽车产业的不断壮大发展中应运而生,对中国汽车工业的发展起着至关重要的作用,在自主品牌、技术创新等方面做出重要的贡献。

---

[1] “中国汽车工业70年变革——1949—1959”, https://www.autohome.com.cn/culture/201905/934185.html。

[2] 市场换技术,从广义上讲,“市场换技术”指的是始自20世纪80年代后期少数中外轿车合资企业建立,直至中国加入WTO,允许世界各大汽车跨国公司在中国合资设厂,进行本土化生产。

本文在回顾企业理论思潮的基础上建构了新结构企业发展理论(也即 EIGP 逻辑框架),同时分析中国汽车产业的发展历程,并以吉利汽车为案例进行分析。

一、企业理论思潮

所谓企业理论,也即一门解释企业为何会出现以及企业内部组织的经济学意义的学问,真正的企业理论其实是由科斯首创的(杨小凯和张永生,2003)。企业是经济系统中基本的微观组织单元,产业与经济发展的根本推动力来自于企业发展。从亚当·斯密提出企业理论(1776)至今,已经有四波企业理论思潮:第一波企业理论思潮为(新)古典企业理论、第二波企业理论思潮为新制度企业理论、第三波企业理论思潮为产业组织分析理论、第四波企业发展思潮为新结构企业发展理论(见图 1)。

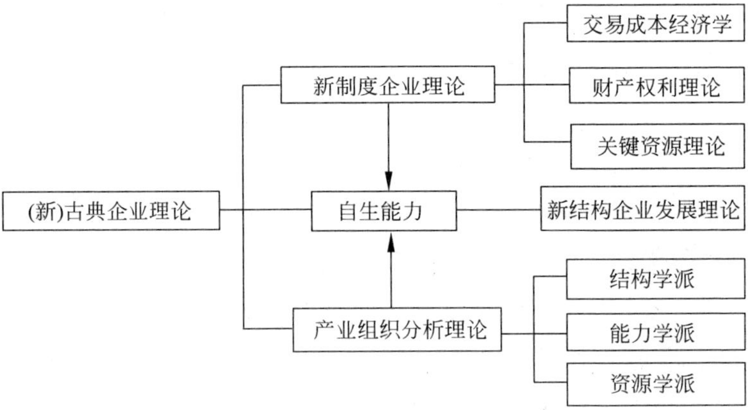

图 1　企业理论思潮的演变:从(新)古典企业理论到新结构企业发展理论

(一) 第一波企业理论思潮:(新)古典企业理论

亚当·斯密(1776)认为企业是资源的综合体,也是为了满足交换目的而产生,亦是专业化与分工的产物。企业的规模与范围受交换能力与市场范围的限制。在(新)古典经济学的分析框架中,生产者和消费者是分离的,人们生存下来时企业就已经存在,企业的出现不是由理论来解释,而是作为一个给定的前提条件而存在。至于企业为什么会出现,新古典经济学认为,如果没有企业,纯消费者皆会饿死。这当然是一个很不现实的答案。如果没有企业,人们可能会选择自给自足地生产,绝不会饿死。(新)古典经济学派赋予企业"经济人"的角色,认为厂商在经济活动与具体企业决策中具有完全的理性,并掌握完全的市场信息,企业经营的根本目的在于实现利润最大化。(新)古典企业理论将企业视为既定存在的,将厂商视为一个生产函数,研究在完全竞争市场条件下,厂商如何确定其价格和产量。总之,(新)古典企业理论仅关注企业的配置效率,而不研究其组织效率,是关于企业如何进行生产决策的理论。

(二) 第二波企业理论思潮:新制度企业理论

本质而言,前述(新)古典企业理论其实不是企业理论,而是给定企业存在时关于企业生产决策的理论。科斯的理论则打开了企业这个"黑匣子",促使人们对企业为什么会出现以及企业内产权结构的经济意义如何这两个问题进行更深入的探索。新制度企业理论主要包括交易成本经济学、财产权利理论和关键资源理论(皮建才,2005)。

1. 交易成本经济学

如果将企业理论严格定义为一门解释企业为什么会出现、企业内部如何运作、企业组织如何变革的理论,科斯1937年的《企业的性质》可看作是第一次对企业产生的原因、边界及本质的系统考察,这就在一定程度上开启了(新)古典企业理论视为生产函数的"黑匣子",打开了现代企业理论将企业视为内部组织的"大门",这就奠定了现代企业理论的基础[1]。科斯(Coase,1937)认为市场机制与企业都是配置资源的手段,二者是相互可以替代的。市场运行是有成本的,通过成立一个企业,并允许企业家支配资源,就能节省市场运行的成本,而关于生产要素的一系列契约将被一个契约所替代。企业的本质就是不完全契约的治理结构,最优治理结构能够最大限度地节约交易费用。随着交易数量的增加,企业内部交易的边际成本是递增的,企业的规模会扩大到如此程度,使得在企业内部进行一次交易的费用等于同样的交易在市场上完成的费用。威廉姆森(Williamson,1985)继承了科斯的交易费用理论,认为资产专用性是决定交易费用的基础,从而是决定企业和市场不同制度结构的核心变量。当资产专用性较强时,内部组织有优势,应采用企业制度;当资产专用性较弱时,适合市场交易。为了解决专用性资产带来的机会主义和套利行为,交易双方应该合并为一个企业,这就是"纵向一体化"问题。

2. 财产权利理论

格罗斯曼和哈特(Grossman and Hart,1986)以及哈特和莫尔(Hart and Moore,1990)的经典文献被合称为GHM模型,构成了财产权利理论原始意义上的基本框架,后来经过哈特(1995)的进一步工作而使该理论在体系上趋于完善。财产权利理论是企业理论中模型化最为完美的,这是因为该分支逐渐发展成为不完全契约理

[1] 现代产权理论的代表人物是科斯,科斯产权理论的形成分为两个阶段。第一个阶段的代表作是1937年的《企业的性质》,他指出市场机制在运行中存在摩擦,克服市场摩擦的根本在于确定企业产权。第二个阶段的代表作是1960年的《社会成本问题》,他系统地论述了产权在降低社会成本、克服外部性等市场失灵中的作用。以格罗斯曼和哈特为代表的新产权学派将契约权利分为具体权利和剩余权利,认为企业的所有权是指对资产的剩余控制权,强调了剩余控制权对兼并方带来的收益和对被兼并方带来的成本,认为只有当合并收益大于合并成本时,企业纵向一体化才会发生。

论,在形式的一般化方面和应用的扩展化方面都得到了空前的完善,所以,该理论有时也被称为财产权利不完全契约框架。

沿着交易成本思想这一脉络出发,财产权利理论把着眼点放在财产权利上,而财产权利又主要表现为所有权结构,所以该理论认为企业之所以能够成其为企业,“粘合剂”就是物质资产的所有权。财产权利理论把企业定义为拥有的资产或者是拥有控制权的资产,也就是说该理论并没有对所有权和控制权进行区分,实际上是把所有权定义成了实施控制权的权力。财产权利理论认为,一体化本身并没有改变写出特定契约条款的成本,它改变的只是谁拥有把这些条款排除在外的控制权,资产的所有者有权控制契约没有明确给定的资产的所有用途。

3. 关键资源理论

关键资源理论是由拉詹和津盖尔(Rajan and Zingales)提出的,它是在财产权利理论基础上的前进和发展。关键资源理论把企业定义为既包括关键资产(物质资产或人力资产)也包括对这些资产拥有进入权的人,这和财产权利理论的定义有着非常显著的区别,并且关键资源理论认为不安全有可能鼓励而不是阻碍专用投资。和财产权利理论一样,关键资源理论也把参与人看成是经理(即雇员就是经理),这一假设在处理问题时会比较方便。关键资源理论认为,企业家给予雇员对关键资源的进入权以进行更有效的生产,但是进入权也会给雇员夺取关键资源所有权以与企业家进行竞争的机会。一个雇员的进入权越大,其可以夺取的所有权就越多,在和原来的企业家进行竞争时就越有效。关键资源理论把层级制分为水平层级制和垂直层级制,在水平层级制下所有的雇员只和企业家进行接触,而在垂直层级制下参与人形成了一条企业家位于最顶端的长链。有了进入权的雇员可以选择进行专业化,也可以选择进行竞争。水平层级制与垂直层级制不同,雇员的位置权力很弱,因此他们进行专业化的激励也就很弱,但是他们更容易和企业家进行竞争,这一点在很大程度上弥补了他们的弱势。水平层级制的大小受制于个人理性约束,而垂直层级制的大小则受制于激励相容约束。

(三)第三波企业理论思潮:产业组织分析理论

第三波企业发展理论思潮主要将经济学中的竞争理论与管理学中的竞争战略结合起来,首先,在产业经济学方面,其对新古典企业理论的贡献在于它突破了完全市场假设,从产品市场竞争的不完全性来研究企业行为和绩效结果,将经济学与管理学[1]领域(尤其是竞争战略)的战略管理联系了起来。其次,引入管理学中的竞争战略,竞争战略主要由三大流派:结构学派、能力学派与资源学派,其中,结构学派的代表人物是肯尼斯·R. 安德鲁斯(Kenneth R. Andrews)和迈克尔·E. 波特(Michael E. Porter)[2]:安德鲁斯提出了 SWOT 分析框架,S 指企业的优势(Strength)、W 指企业的劣势(Weakness)、O 指企业面临的机遇(Opportunity)、T 指环境对企业造成的威胁(Threats)。波特认为产业结构分析是战略分析的起点,其将产业组织经济学与企业竞争战略理论相融合,提出竞争优势理论和产业国际竞争力钻石模型;能力学派[3]最早起源于阿尔弗雷

---

[1] 管理战略理论本质上是关于企业发展的理论体系,从大体上可划分为战略管理理论和竞争战略理论。战略管理理论以企业使命为研究起点到战略规划,最终到战略实施,几乎涵盖了从发展战略到投资战略,最终到紧缩战略等所有可能的战略类型。

[2] 波特竞争战略理论的主要贡献在于:第一,提供了一个有效的产业分析框架;第二,提出了三种通用的市场竞争战略;第三,为处于不同分产业环节的企业提供了不同的竞争战略。

[3] 能力学派有两种代表性的观点:一是以普拉哈拉德和哈默为代表的核心能力观;二是以斯多克、舒尔曼为代表的整体能力观。前者主张的核心能力是指在企业生产、经营环节中存在的具有明显优势的技术和技能,注重企业价值链中的个别优势;后者主张的整体能力则是指组织成员的集体技能和知识以及企业的组织形式。两种能力观虽然都强调企业内部的特有能力,注重企业价值链中的整体优势。

德·马歇尔提出的企业内部成长理论，其认为专业化分工带来的技能、知识和协调推动企业不断进化。伊迪丝·彭罗斯（Penrose，E. T.，2007）在其著作《企业成长理论》中，深入研究了企业成长问题并提出了企业内在成长理论的思想；资源学派认为企业竞争战略的基础是资源和能力，主要内容是最大限度的培育和利用企业独特的资源，并形成优化配置资源的核心能力。资源学派也注重产业分析，认为企业能力只有在产业竞争环境中才能体现出重要性。

在此基础上，梅森（E. S. Mason，1939）和贝恩（J. S. Bain，1959）在吸收和继承马歇尔的完全竞争理论、张伯伦的垄断竞争理论和克拉克的有效竞争理论的基础上，以实证研究为手段，按结构、行为、绩效对产业进行分析，建立了一个既能深入具体环节，又有逻辑体系的 SCP 分析框架（见图 2），也即市场结构—企业行为—市场绩效。SCP 是 20 世纪 30 年代哈佛大学学者创立的产业组织分析理论。SCP 理论的基本涵义是，市场结构决定了产业内的竞争状态，并决定了企业的行为及其战略，而企业行为又最终决定企业的绩效。SCP 模型从对特定行业结构、企业行为和经营绩效三个角度分析外部冲击的影响，分析在行业或企业受到外部冲击时，可能的战略调整及行为变化。该框架成为传统产业组织理论分析企业竞争行为和市场效率的主要工具。贝恩认为，新古典经济理论的完全竞争模型缺乏现实性，企业之间不是完全同质的，存在规模差异和产品差别化。产业内不同企业的差异将导致垄断，不同产业具有不同的规模经济要求，因而它们具有不同的市场结构特征。市场竞争和规模经济的关系决定了某一产业的集中程度，产业集中度是企业在市场竞争中追求规模经济的必然结果。一旦企业在规模经济的基础上形

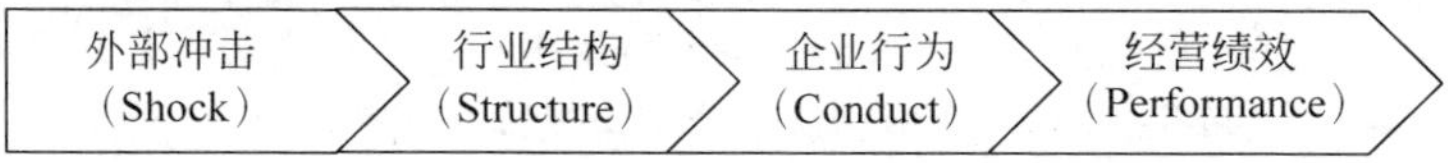

图 2　产业组织分析理论（SCP 分析框架）

成垄断,就会充分利用其垄断地位与其他垄断者共谋限制产出和提高价格以获得超额利润。同时,产业内的垄断者通过构筑进入壁垒使超额利润长期化。因而,贝恩的 SCP 分析框架把外生的产业组织的结构特征(也即,规模经济要求)看作是企业长期利润的来源[1]。因此,改善企业绩效的方式就是通过产业政策调整市场结构。

(四) 第四波企业发展思潮:新结构企业发展理论

理论应该能够用来解释和预测现象,并且用于实践层面,若非如此,则说明这个理论有根本的缺陷(Friedman ,1953),企业理论亦是如此。从新古典企业理论到产业组织分析理论,一个假设暗含其中,被经济学家不自觉地当作经济研究、经济理论和企业理论的既定前提,称之为"企业是有自生能力的"的假设。所谓"自生能力(Viability)",定义是"在一个开放、竞争的市场中,只要有着正常的管理,就可以预期这个企业在没有政府或其他外力的扶持或保护的情况下,获得市场上可以接受的正常利润率。[2]" 在企业都具有自

---

[1] 鲍莫尔(W. J. Baumol)、索耶(Sawyer)、泰勒尔(Tirole)等经济学家对哈佛学派的理论模型进行完善与补充,形成了新产业组织学派的市场结构理论。鲍莫尔(1982)认为可将竞争市场结构理论与传统产业结构理论相结合,突破了传统哈佛学派 SCP 理论中的市场结构决定市场行为的单项关系,强调市场行为对市场结构的作用。索耶(1982)进一步强调企业行为的作用,提出市场结构只是企业之间竞争行为的一种反应。泰勒(1988)将博弈论应用于市场结构理论,使得传统哈佛学派的市场结构理论发生了革命性的变化。

[2] 当然在均衡状况下,正常利润率为零。林毅夫在 1999 年美国经济学会上与谭国富一起发表的讨论预算软约束的论文中首先提出,但这个概念在 1994 年林毅夫和蔡昉、李周合著的《中国的奇迹:发展战略和经济改革》的第 1 版,尤其是 1999 年出的增订版中已广泛作为分析传统经济体系形成的基础。对这个概念的最系统论述则在于 2001 年 5 月应芝加哥大学之邀去作的演讲,该演讲的中文译稿"发展战略、自生能力和经济收敛"刊登于《经济学季刊》2002 年第 1 卷第 2 期,第 269—301 页。

生能力的暗含前提下可以推论,如果一个企业在竞争的市场中并未获得大家可以接受的正常利润率,则一定是由于缺乏正常管理。其中可能有公司治理方面的问题,激励机制或是产权的问题,也可能有政府对市场的不正当干预的问题。社会主义国家、发展中国家、转型国家的国有企业确实出现了这些问题。在这个理论框架之下,社会主义经济转型的成功就有赖于消除原来计划经济体制之下的妨碍企业正常经营管理、产权、公司治理和政府干预等问题,让企业能够有正常的管理。

企业理论来源于企业的实践,从新古典企业理论到产业组织分析理论皆是总结于发达的市场经济国家,所要解释的是发达经济国家企业发展过程中所出现的现象,主要也用于解决发达国家的企业问题。在发达的市场经济中假定企业具备自生能力是合适的,因为发达的市场经济国家中的政府,除了很特殊的产业中的企业外,一般不会给予企业补贴和保护。一个企业如果在正常管理下,大家不会预期它会赚得市场上可以接受的正常利润,那么,根本不会有人投资建立这样的企业。如果这样的企业,因为错误的信息或决策而被设立起来,投资者也会“用脚投票”,而使这家企业垮台。所以,在开放、竞争的市场上存在的企业,应该都是具有自生能力的,也就是,只要有正常的管理就应该预期能够赚得正常的利润。既然如此,发达国家主流的经济学和企业理论将之作为暗含前提来构建理论模型是合适的。

但是,在转型经济和发展中国家,很多企业是不具备自生能力的,也就是即使有了正常的管理,在竞争的市场中也无法获得大家可以接受的预期利润率。为什么一个企业会不具自生能力?这主要和这个企业所在的产业、所生产的产品以及所用的技术是否与这个国家的要素禀赋结构所决定的比较优势是否一致有关。如果一个企业所在的产业、所生产的产品或所采用的技术不符合这个经济的比较优势,那么,这个企业所生产的产品和国外在该产品生产上具有比较优势的国家的产品相比，价格将会较高，除非政府给予保护，否则在开放、竞争的市场上这个企业就不可能生存[1]。企业缺乏自生能力既然是社会主义计划经济、转型中国家与发展中国家的普遍问题，那么，在研究和解决这些国家的问题时，就不能再把企业具有自生能力作为经济理论分析的一个暗含的假设，而必须把企业是否具有自生能力作为任何发展和转型问题的理论分析和政策制定时的具体考虑变量。

为此，从企业自生能力这个角度和概念出发，可以构建一套新的企业发展理论，甚至一般的企业发展理论，来解释发展中国家、转型国家所出现的许多问题。现有的、自马歇尔以来的新古典经济学理论体系把企业具有自生能力作为暗含的前提。在这样的前提下，新古典经济学的研究侧重于公司治理、竞争环境、产权安排等可能影响企业正常经营的问题。但是，转型中国家和其他许多发展中国家的企业却因政府的赶超愿望，进入没有比较优势的产业而不具自生能力。在开放、竞争的市场环境中，这些企业即使有正常的管理也不能获得市场上可接受的正常利润。为了把这样的企业建立起来，这些国家的政府只好以扭曲价格信号、妨碍市场竞争和干预资源配置的方式来保护、扶持这些企业。结果不仅竞争环境不良、公司治理缺失，而且还会出现寻租、收入分配不公、资源配置效率低下的问题，最后爆发经济危机。在目前的新古典经济理论体系影响下，经济学家或政府官员在制定经济转型政策或危机处理政策时，重点会放在改善竞争环境、产权安排、公司治理、政企关系等，而忽视了这些问题其实内生于企业缺乏自生能力。在社会主义计划经济和转型经济里，大量的企业不具备自生能力，由此，内生出一系列干预市场运行的制度安排和后果。那么，以企业具有自生能力为暗含前提的新古典经济学作为工具来分析这些国家的经济现象和问

---

[1] 有关自生能力和比较优势关系的详细讨论见林毅夫(2002)。

题时,提出的政策建议推行的结果达不到预期的效果,甚至事与愿违,也就不足为奇了。例如,在全球金融危机退潮之际,战略大师迈克尔·波特联合创立的管理顾问公司摩立特集团(Monitor Group)却不得不申请破产[1]。这家顾问公司鼎盛时期在全球有27家分公司、1500位顾问,在咨询业排名第四。波特从产业结构与竞争位势出发,认为战略的本质就是"定位"、"取舍"和"匹配"。当公司能通过独特的运营活动提供特定的产品或服务时,定位就具有经济意义,即产生"可持续的竞争优势"。这一理论成为许多企业制定战略,或者咨询公司提供策划的黄金工具。但是,该咨询公司忽略了一个企业所存在的问题——本质内生于自生能力的。如果忽视发展中国家、转型国家企业所存在的自生能力问题,而一味地给出提升企业自生能力的咨询建议只能走向破产。

二、新结构企业发展理论

具体而言,基于前述对新结构企业发展理论的分析,我们以禀赋结构为出发点,将企业自生能力嵌入以构造一套新的企业发展理论逻辑框架(见图3),也即新结构经济学EIGP框架(Endowment-Industry-Government-Performance,即"禀赋结构—产业特征—产业政策—企业绩效")。其中,E为该框架的起点,其是判断要素禀赋特征、甄别比较优势和形成企业自生能力基础。这包括对一个经济体所具备的要素禀赋特征、结构变迁过程的分析以及比较优势的甄别。基础的要素禀赋包括劳动力、资本、自然资源等,这些要素禀赋

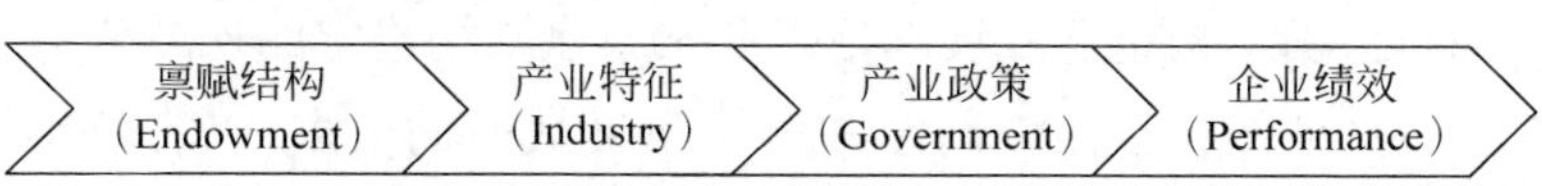

图3　新结构企业发展理论逻辑框架(EIGP逻辑框架)

---

[1] 参见:http://www.sohu.com/a/227488292_167921。

及其结构特征决定了企业所面临的生产成本与比较优势，即某种要素相对越丰富、其价格越低，(潜在)比较优势越高。而经济体的(潜在)比较优势又决定产业与企业的最优发展方向与战略选择。而I为企业根据要素禀赋及其结构所选择的产业结构特征与企业的发展战略。根据新结构经济学理论，在任何给定的时点，一个经济体的产业结构内生决定于该时点上劳动力、资本和自然资源的相对丰裕程度，因此，随着要素禀赋结构的变化，经济体的比较优势发生改变，从而产业结构随之改变。一个经济体内生于要素禀赋及其结构的最优产业结构，是能够让该经济体在国内市场和国际市场实现最强竞争力的产业结构。产业结构不仅包括产业结构本身，也包括技术结构、产业布局、产业组织与产业链。G为政府因势利导所实施的产业政策。在产业结构升级的过程中，政府应该解决经济发展中存在的外部性问题与协调问题，帮助企业进行产业升级。政府在产业多样化与产业升级过程中的作用，应该被限制在提供关于新产业的信息、协调统一产业中不同企业的关联投资、为先驱企业补偿信息外部性，以及通过孵化和鼓励外商直接投资来培育新产业。P为企业绩效。企业绩效决定于企业所使用的技术和所在的产业是否跟要素禀赋及其结构所决定的比较优势相一致。企业绩效可以从财务盈利水平、国际贸易份额、国内竞争等方面来衡量。该框架侧重于分析要素禀赋结构以及产业结构变迁的动态过程，并将产业政策的作用包括进来，不仅解决了SCP理论缺乏动态过渡、忽略政府的作用等问题，也是更适用于中国等发展中国家产业和企业分析的有效工具。

总之，新结构企业发展理论以要素禀赋结构决定的比较优势为前提，以产业结构特征为制定和调整发展战略的依据，以有效市场为前提和必要条件，以有为政府为充分条件，发挥因势利导产业政策的催化作用，促使企业形成自生能力，实现良好的企业绩效。其强调企业发展是一个逐步积累与结构变迁的过程，在生产结构上，将要素禀赋决定的(潜在)比较优势转化为竞争优势,以追求非行政垄断竞争优势、获取超额利润;在市场竞争上,将企业的自生能力转化为竞争能力,进而追求核心竞争力,成为行业中的领袖企业;在竞争战略上,完成从总成本领先战略向差异化竞争战略、聚焦战略、多元化战略的转变,并在市场竞争中不断升级(见表1)。

表1 新结构企业发展理论:EIGP逻辑框架

E要素禀赋结构与比较优势甄别	I产业结构特征与发展战略选择	G政府产业政策的制定与实验	P企业绩效评估
—要素评估分析 劳动力、资本 自然资源	—产业对标分析 国内市场规模 国际市场规模 后来者优势分析	—产业资本政策 外资政策 民营、国营政策 合资政策	—企业绩效 财务绩效 国际市场 国内市场
—禀赋结构分析 结构量化分析 五维模型	—发展战略选择 出口导向战略 进口替代战略	—国际贸易政策 出口导向政策 进口替代政策	—企业竞争能力 技术进步、品牌创造、模式创新、企业规模、组织变革
—动态比较优势分析 供给侧比较优势 需求侧比较优势 禀赋结构比较优势	—竞争战略选择 成本领先、差异化 聚焦战略 创新战略	—产业发展政策 产业激励政策 产业集群政策 产业抑制政策	—企业核心竞争力 专利 知识产权

三、中国汽车产业发展历程

中国的汽车产业经过六十多年的发展,发生了翻天覆地的变化,从一个曾经是"只有卡车没有轿车"、"只有公车没有私车"、"只有计划没有市场"的汽车产业,形成了一个种类比较齐全、生产能力提高、技术水平和创新能力不断提高的产业体系。中国汽车产业从无到有、从小到大,经历了创建阶段、过渡阶段、全面发展阶段以及国际化阶段，每个阶段的发展历程印证了各个历史时期的时代特征。

（一）计划经济时期的创建阶段（1953—1978年）

中国的汽车产业是在原苏联的帮助下开始筹建与起步的。1953年，中国长春第一汽车（简称一汽）制造厂成立，厂房设计、生产设备和工艺流程都是从苏联引进。1956年，第一辆汽车“解放”牌汽车试制成功，首批12辆解放牌汽车驶下装配线，这标志着第一汽车制造厂的三年建厂目标如期达成，也结束了中国不能批量制造汽车的历史。1958年以后，国家实行企业下放，各地纷纷利用汽车配件厂和修理厂仿制和拼装汽车，先后建成了北汽、南汽、上汽等汽车制配厂，形成了中国汽车工业发展史上的第一次热潮。1964年，国家确定在三线建设成立第二汽车制造厂（简称二汽），与一汽不同，二汽是依靠我国自主力量建立起来的工厂，实现了产品设计、工艺研发、车间设备等方面的自力更生，标志着我国汽车工业迈上新台阶。1976年，全国汽车生产厂家增加到53家，专用改装厂增加到166家。在改革开放前计划经济时代，中国汽车产业属于典型的“赶超战略”思想指导下“重工业优先发展”产业，在新中国资本匮乏，技术水平低下的状态下，通过引进模仿强建立，违背要素禀赋结构的比较优势，成为宏观计划资源错配、市场价格信号扭曲，企业无微观决策权的典型“三位一体”国企体系，该阶段属于中国汽车产业创建的第一阶段，奠定了中国汽车产业的基础，但处于失效状态（瞿宛文，2009）。

此阶段，中国汽车产业以计划经济模式、实施赶超战略，采取重工业优先发展，力求实现进口替代，这是第二次世界大战后发展中国家的普遍选择，也是普遍失败的发展战略选择。1953年长春第一汽车厂奠基到1978改革开放，历经25年的艰苦创业，先后建立长春第一汽车制造厂，创立红旗牌轿车、解放牌卡车；1958年上海汽车制造厂生产出第一辆凤凰牌轿车,1964年更名为上海牌轿车;1958年北京汽车制造厂生产出第一辆井冈山牌轿车,以后主要生产北京212吉普和北京130卡车等,1969年筹建湖北第二汽车制造厂,生产东风牌轻重卡车。建设初期以模仿苏联式制造流程和款式开始,后转入闭门造车,自行开发的状态。由于闭关锁国,脱离国际市场交流,国内计划经济,资源严重错配,汽车技术研发长期处于停滞不前状态,市场狭小,高额补贴,勉力维持状态,必然失效,趋于崩溃。

(二)改革开放时期的过渡阶段(1979—1997年)

改革开放后,汽车市场不断向市场体制过渡,市场活力逐渐释放。在这一时期,汽车产业与其他产业一样,抓住了历史机遇,实施以市场换技术的战略,引进国外的资金和先进的生产技术,发展本国汽车产业。在这一时期,国内轿车市场需求激增,轿车进口量大幅增加。1983年,北京汽车制造厂与美国克莱斯勒公司合作,成立了中国汽车行业第一家中外合资企业——北京吉普汽车有限公司,开始了中国汽车工业合资发展阶段。1986年,"七五"计划将汽车产业明确列为支柱产业,政府对轿车领域给予了更多的政策倾斜,改变了当时的汽车格局。1978—1997年,汽车产业作为国家战略支柱产业,实施严格产业保护政策,严控整车进口,实施配额制合作生产和少数股权合资,严禁私人购车;20世纪90年代汽车走私从广东沿海到山东胶东半岛,再到海南全省逐步泛滥,标志国内的私人轿车市场规模快速增长;期间与美日德等先进汽车国家技术差距不断拉大,但维持了产业转型的平稳过渡,巨额固定资产和技术人员储备没有大规模流失。

1978年改革开放时,与德日美等世界汽车跨国企业技术水平相比,已是天壤之别,汽车企业缺乏自生能力,市场开放必然面临中国汽车产业全面崩溃的危局,这是计划经济推行赶超战略失败的必然结果。作为国家战略性支柱产业,面对多年积累的巨额固定资产和百万产业大军,中国政府制定了严格的产业保护政策,实施渐进式的改革战略,以保护中国汽车产业能先求生存,再谋发展。为此制定实施严控整车进口,实施配额制合作生产和少数股权合资,严禁私人购车等产业保护政策;期间技术差距不断拉大,90 年代汽车走私逐步泛滥,但维持了产业转型的渐进式平稳过渡,大量的固定资产和技术人员储备没有大规模流失。

(三)市场经济时期的全面发展阶段(1998—2008 年)

1994 年,《汽车工业产业政策》[1]出台,明确了以轿车为主的汽车发展方向,首次提出鼓励汽车消费,这是中国汽车产业发展的标志性事件,对中国汽车产业的发展方向产生了深远的影响。“三大三小”轿车生产基地[2]建立;政府逐步取消了对汽车生产、流通等环节的限制,同时,合资企业相继成立;企业逐渐成为市场主导力量。1994 年中国的汽车总产量为 140 万辆, 2000 年,中国的汽车总产量就超过了 200 万辆。这一期间,政府对汽车产业的判断是“处于起步阶段,需要保护”,偏重于技术引进,但是核心技术控制权仍在外国公司手中,国内汽车技术仍处于模仿和消化阶段,没有形成自主研发能力。1998—2008 年,市场规模的比较优势形成,2001 年,中国加入 WTO,汽车产业全面开放,但外资汽车巨头必须与国企集团合资市场准入,民营资本全产业链开放。2000 年前后国企集团陆续完成合资项目,民营企业吉利、长城、华泰、力帆、比亚迪等先后成立。同时民营资本进入汽车营销服务行业,逐步成为投资主

---

[1] 这是新中国成立以来第一部汽车产业政策,意义非凡,指导我国汽车产业进一步合理、长足发展。其中的很多规定,更是影响至今。譬如,鼓励汽车消费、允许私人购车、引导合资车企规范发展等。

[2] “三大三小”即一汽、二汽和上汽 3 个轿车生产基地和北京、天津、广州 3 个轿车生产点。

体,中国汽车产销量开始高速增长。

该阶段为双轨制高速发展阶段,中国汽车市场规模的比较优势逐步形成。加入WTO,中国汽车产业必须全面开放,但中国政府反复谈判达成有条件产业保护政策,最重要政策包括外资汽车巨头必须与国企汽车企业建立股权对等的合资企业才能准入,市场关税分期下降,汽车售后市场禁入等,名为以市场换技术,实际以市场换利益。对民营资本全产业链开放,2000年前后吉利、长城、华泰、力帆、比亚迪等民企先后成立;同时民营资本进入汽车营销售后服务金融保险等行业,逐步成为投资主体,中国汽车产销量开始高速增长。

(四)国际化阶段(2009年至今)

加入世贸组织后,中国开启了全球化进程,国民经济得到迅速发展,国民购买力不断提升,国内汽车需求不断扩大,形成了庞大的汽车需求市场。同时,国家出台的一系列汽车产业政策有效刺激了国内汽车市场,为汽车产业发展提供了条件。中国汽车产销量从2001年的233万辆到2018年2 808万辆,增长了12倍之多,中国汽车产业一直保持着较快的增长速度,逐步成为汽车大国。与此同时,中国汽车的自主创新能力不断提高,自主创新品牌快速发展,长城、江淮、吉利、比亚迪、奇瑞等国产汽车品牌在技术创新、海外出口等方面取得了重要的成就。中国的新能源汽车产业已经形成了从原材料工业、动力电池等关键零部件研发生产,到整车设计制造以及充电基础设施配套等完整的产业链。2009年至今,中国汽车市场销量超越美国成全球最大汽车市场,要素禀赋结构持续改善,市场规模优势继续扩张,后来者优势逐步形成,技术进步明显;自主品牌二次崛起,最重要的是在新能源电动汽车领域中国汽车企业开始实现换道赶超,民营资本成为主力。这标志着中国汽车产业已从比较优势向竞争优势转化,从企业自生能力向竞争能力转化。

全球汽车产业历经百年沧桑发展，按传统汽车业内标准可分三个梯队：第一梯队德国、日本、美国；第二梯队法国、意大利、瑞典、韩国；第三梯队中国、巴西、俄罗斯、印度等。就传统汽车技术研发而言实现赶超可能性很小，尤其是德、日、美等国在发动机、变速箱、底盘等关键部件形成核心技术专利壁垒体系，通过国际并购重组，消化成熟技术，借后发优势，可以缩小差距，却难以超越。但在新能源电动车领域实现弯道超车的可能性极大！电动汽车核心技术是汽车电池，目前集中于三元锂电池、磷酸铁锂、氢动力三条主要技术路线，美国特斯拉使用三元锂电池串联技术；日本丰田等主推氢动力电池；中国比亚迪，形成磷酸铁锂电池技术全球领先优势。电动汽车不需要发动机、变速箱等传统汽车的核心技术部件，制造资金和技术门槛大幅降低，新品牌制造商不断介入。面对新能源汽车革命，中国企业市场规模比较优势明显，传统技术壁垒瓦解，将会逐步形成强大的竞争优势，实现弯道超车不仅可能，而且必然，实现赶超的主体将是民营企业。

四、吉利汽车案例

（一）企业简介

吉利汽车（浙江吉利控股集团有限公司）始建于1986年，1997年进入汽车行业，主营整车车及汽车零部件的制造和分销。2002年，吉利汽车进入中国汽车工业“3+6”行列[1]，开始跻身中国企业500强。2005年，吉利汽车在香港联合交易所有限公司主板完成借壳上市，控股股东为浙江吉利控股集团有限公司。2006年，吉利汽

---

〔1〕 中国汽车工业“3+6”是指一汽、东风、上海三大国有汽车集团和广州本田、重庆长安、安徽奇瑞、沈阳华晨、南京菲亚特、浙江吉利6家中型汽车公司组成的垄断经营格局。

车收购了英国锰铜公司19.9%的股权,并组建合资企业。2007年,开始战略转型,从“价格制胜”向“追求技术、品质、品牌”转变。2010年3月28日,吉利汽车收购沃尔沃轿车公司的最终股权收购协议在哥德堡签署,吉利获得沃尔沃轿车公司100%的股权以及相关资产。2017年8月4日,浙江吉利控股集团、吉利汽车控股有限公司、沃尔沃汽车集团在吉利汽车杭州湾研发中心正式签署协议,成立领克汽车合资公司。2017年,中国品牌汽车销量排名中吉利汽车控股有限公司以130.52万辆位居第四。总体来说,经过20多年的发展,吉利汽车已经成为中国目前最大的民营轿车生产企业[1],在中国汽车行业具有重要的地位。

(二)发展战略

1997—2018年,吉利汽车的发展战略可分为三个阶段:“造老百姓买得起的好车(1997—2007年)”、“造最安全、最环保、最节能的好车(2007—2014年)”、“造每个人的精品车(2014至今)”。下面运用新结构企业发展理论(也即EIGP逻辑框架)重新审视吉利汽车三个阶段的发展历程:

1. 1997—2007年:成本导向型竞争策略——以低价入市

该阶段处于中国自主品牌汽车发展初期,国内汽车市场基本被合资品牌分割抢占。在合资品牌几乎形成了对国内中端和高端汽车市场完全垄断的情况下,自主品牌汽车拓展市场,唯一的途径就是采取低端低价路线。吉利汽车于1997年进入轿车制造领域,以

[1] 截至目前,吉利汽车有9个生产基地,分别是临海(豪情)基地、宁波(美日)基地、路桥(金刚)基地、上海(华普)基地、兰州基地、成都基地、湘潭基地、济南基地以及慈溪基地。吉利主要产品包括帝豪EV、帝豪GL、吉利博瑞GC9、远景SUV、帝豪GS、吉利金刚系列、吉利博越、吉利熊猫、自由舰、新帝豪、远景系列等。此外,吉利也生产和销售汽车零部件,产品主要销售地为中国和中东、欧洲、非洲、中美及南美的发展中国家。

"造老百姓买得起的好车"为主张,开启吉利汽车的品牌之旅,发展初期主要走低价路线。结合当时的历史背景来看,由于我国的汽车产业长期以来处于政府的管控之下,汽车的供给较为稀缺,人民群众对于汽车的需求难以得到有效的满足。同时,在加入 WTO 之前,我国人均收入水平很低,而彼时的汽车价格动辄就要十万元,对老百姓来说负担很大。在这种市场环境下,吉利灵敏地嗅到了机会,并选择了生产低价轿车、避开了国内的竞争对手:1999 年,吉利成功推出了中国第一辆经济型微型车;2000 年,吉利研制的第二款经济车豪情 HQ6360B 在北京国际车展正式面世,该车重点突出了安全、可靠、节能、舒适、超低价位的中国家庭用车概念,并以 69 800 元的价格创下国内同级车型的最低价;之后,吉利又发布了专为普通老百姓打造的豪情亮星,售价仅为 29 999 元;2004 年吉利华普又推出 1.5L 排量、车长 4.4 米的海域 303,售价为 65 888 元……通过低价入市的竞争策略,吉利汽车成功地开启了市场价格体系,获取了消费者认可、赢得了发展机会。

从**要素禀赋**来看,吉利汽车在理论上应当具有资本密集、技术密集的特征。在**资本禀赋**方面,1997—2007 年,我国的生产力水平相对较为落后、科技水平还不够发达,因此只能购买国外专利使用权,这增加了企业的资本开支。与此同时,汽车的生产本身也需要大量的投入,包括厂房、设备等等。对于吉利汽车而言,考虑到其作为国内首家进入汽车生产领域的民营企业,早期投入多、资本开支大的情况更加无法避免。同时,随着规模、市场份额的不断扩大,吉利汽车势必会投入更多的资本支出来设立新的生产基地、研发新的专利技术,以此来满足其扩张的需要。例如,在 1997 年 3 月,吉利临海整车制造基地开始筹建并于 1998 年 8 月正式投产,主要生产车型为美人豹、豪情系列;1999 年 8 月吉利宁波整车制造基地开始筹建,主要生产美日系列、优利欧,同时也是吉利汽车动力总成产地;2002 年 8 月吉利台州整车制造基地开始筹建。所以,从大趋势来看,吉利汽车在本阶段的资本支出应当在不断上升。在**技术与资源禀赋**方面,吉利在1997年之前从事摩托车生产,但摩托车与汽车的差异较大,作为汽车产业的新进入者,吉利也并不存在明显的技术优势。实际上在刚进入汽车领域时,在没有专家和专门的技术人员的情况下,吉利买来了包括奔驰在内的几辆名车,通过拆卸—组装的方式来了解汽车的构造,吉利汽车最初的技术禀赋由此可见一斑。后来,吉利汽车找到了长春汽车研究所,通过向研究所提供经费获得专家的支持,在一定程度上解决了研发问题。除此之外,吉利汽车还通过并购与合作来解决技术问题[1]。在**劳动力禀赋**方面,1997—2007年,大量农村劳动力涌入城镇就业,劳动力供给几乎为一条水平线,所以吉利汽车所面临的劳动力禀赋应当十分充裕,实际上在很长一段时间内,我国经济的发展几乎都是得益于源源不断的廉价劳动力。此外,吉利还积极吸收专业管理和技术人才,不断优化自身的组织结构。在**产业特征**方面,我国的汽车产业起步晚、发展慢,同美国、德国、日本等国的汽车产业相比差距巨大,导致我国汽车在国际上缺乏竞争力,所以在该阶段,出口导向不是一个理性的战略选择。1998—2007年,出口占比基本稳定在8%以内,这表明我国所生产汽车的绝大部分均未出口。在进口方面,该阶段历年汽车进口数量与我国汽车的产量之比较为稳定,并未出现明显的下降趋势,所以我国的汽车产业在本阶段也没有选择进口替代战略。在**产业政策**方面,国家发展和改革委员会于2004年出台了与汽车产业相关的文件,以适应加入WTO后国内外汽车产业发

---

[1] 例如,2002年8月吉利集团并购了上海杰士达汽车集团公司,组建了上海华普整车制造基地,用以生产华普车型系列;2006年10月与英国猛铜公司签署合资生产协议。通过并购,吉利汽车收获了其他汽车生产企业的品牌与技术;而通过合作,吉利能够向国际汽车生产企业学习借鉴,也有利于增强自身的研发能力。所以总的来看,吉利汽车在1997—2007年的技术禀赋的充裕程度应当有所提高。

展的新形势,推进汽车产业结构调整和升级,促进汽车产业健康发展,使汽车产业在2010年前发展成为国民经济的支柱产业。该阶段的产业政策主要从技术政策、结构调整、准入管理、商标品牌、产品开发、零部件及相关产业、营销网络、投资管理、进口管理、汽车消费等方面为当时汽车产业的发展指明了方向、提供了政策支持。

在**企业绩效**方面,吉利汽车的营业额跌宕起伏,在2001年达到一个峰值后开始下降,到2004年又开始反弹回升。结合1997—2007年背景来看,我国在2001年12月加入WTO,国内汽车市场开始对外企开放,大批国外汽车公司开始涌入,国内汽车企业面临着严酷的挑战,所以吉利汽车营业收入的下降在意料之中。但在2004年,国务院推出汽车产业政策,为国内汽车企业的发展指明了方向、提供了支持,所以从2005年开始,吉利汽车的营业额开始反弹,之后开始逐步上升(表2)。

表2 1998—2007年中国的汽车出口数量

年份	汽车出口数量(辆)	汽车进口数量(辆)	汽车产量(万辆)	出口/产量	进口/产量
1998	11 531	39 711	163	0.7%	2.4%
1999	7 999	34 906	183	0.4%	1.9%
2000	22 779	42 371	207	1.1%	2.0%
2001	24 839	72 047	234	1.1%	3.1%
2002	43 491	127 367	325	1.3%	3.9%
2003	132 216	172 339	444	3.0%	3.9%
2004	401 354	175 914	509	7.9%	3.5%
2005	1 080 886	163 020	570	18.9%	2.9%
2006	346 206	226 922	728	4.8%	3.1%
2007	610 000	312 085	889	6.9%	3.5%

数据来源:国家统计局。

吉利汽车营业额的变化从侧面反映出产业政策积极作用。在加入WTO之后虽然存在着五年的保护期,但国内的汽车产业仍遭受到了巨大的冲击。加之我国的汽车产业本身就是追赶型产业，与国际先进水平差距很大，此时如果仅仅依靠企业自身的变革——通过增大资本支出增强资本密集程度，或者增加研发支出开发新技术——来实现反超不太现实。并且变革与进步并非一朝一夕就能完成，而是需要长期的积累，短短五年的保护期却难以促使我国企业达到与国际企业相抗衡的程度。所以此时需要政府的财政政策。通过财政政策的引导，吉利汽车在资本密集程度与国际水平差距较大的情况下成功地逆转了营收额降低的趋势，并为以后的发展打下了坚实的基础。

2. 2007—2014年：以客户为中心，进入中等价格汽车市场

在本阶段吉利汽车的发展战略从造“中国人买得起的好车”转型为“造最安全、最环保、最节能的好车”。吉利开始从价格取胜、成本领先向技术取胜、品质领先转变。吉利汽车自行研发的“新三样”自由舰、金刚、远景取代了原来的“老三样”豪情、美日、优利欧。同时，吉利汽车将自主技术应用到新产品之中，开始构建和打造帝豪、全球鹰、上海英伦三个子品牌。

从**要素禀赋**来看，在该阶段，吉利汽车的员工人数总体呈上升趋势，总人数从2007年的8 813人增长到2014年的18 481人，大约增长了2倍，而对应的员工成本则从2007年的2 316. 8万元增长到2014年的148 155. 2万元，大约增长了64倍。相较之下，吉利汽车的资本性支出也呈逐年上升趋势，但增幅较小，从2007年到2014年仅增长了不到2倍。资本性支出与员工成本的比值近似代表吉利汽车的资本密集度，排除极端值的影响，吉利汽车的资本密集度基本上大于1，但呈逐年下降的趋势。而根据资产周转率来看，吉利汽车在本阶段的资产周转率均小于1，表明销售收入小于资产总额，所以吉利具有资本密集的特征。因此，就资本与劳动力要素的禀赋结构来看，吉利汽车是较为典型的资本密集型企业，但其资本密集程度在下降，资本密集型的特征变得不够明显，这也从侧面反

映出我国人工成本快速上升的事实。从技术禀赋来看,2010 年吉利汽车在杭州设立研发中心,2013 年浙江吉利控股集团在瑞典哥德堡设立欧洲研发中心,一般来说研发中心的设立有助于增强企业的研发能力,2007—2014 年,吉利汽车先后突破了多种技术并申请了相应的专利。同时,吉利汽车也积极地展开并购,在 2010 年吉利汽车成功收购了沃尔沃汽车,获得了沃尔沃汽车 100%的股权和相关的知识产权。在内部研发与外部并购的驱动下,企业的技术与资源禀赋丰裕程度呈不断上升的趋势。在**产业特征**方面,2007—2014 年,我国的出口数量占总产量的比值不超过 10%,表明我国绝大部分汽车销往国内,所以我国的汽车产业并非出口导向型产业。同时进口数量占总产量的比值也没有出现明显地下降,所以汽车产业也不是进口替代型产业。从**产业政策**来看,2009 年 1 月,国务院审议并通过了《汽车产业调整和振兴规划》,规划指出,在金融危机的大背景下,产业调整和振兴的主要任务为培育汽车消费市场、推进汽车产业重组、支持企业自主创新、实施技术改造专项、实施新能源汽车战略、实施自主品牌战略、实施汽车产品出口战略、发展现代汽车服务业等,配套的政策措施包括减征乘用车购置税、开展"汽车下乡"、加快老旧汽车报废更新、清理取消限购汽车的不合理规定、促进和规范汽车消费信贷、规范和促进二手车市场发展、加大技术进步和技术改造投资力度等。从**企业绩效**来看,该阶段,吉利汽车在本阶段的营业额先上升后下降,归属于母公司股东的净利润也是如此。根据 EIGP 逻辑框架,2007 年吉利汽车的资本密集程度较高,但由于禀赋结构变动导致企业绩效变动可能存在一定的时滞,所以吉利汽车 2007 年的业绩并不突出,而 2008 年的业绩则相对较好,考虑到 2008 年的金融危机,可以认为禀赋结构的变动实际上带来的效应更大;2009 年吉利汽车销量与营业收入继续增长,一方面可归因于之前的资本投入,同时也要考虑到 2009 年我国出台的产业政策,禀赋结构变动的效应与产业政策的效应共同推动吉利的扩张。此后尽管吉利汽车的资本密集程度仍大于1,但由于人力成本的上升,吉利汽车的禀赋结构在被动地改变,营收与销量的增速放缓。2010年吉利并购了沃尔沃,此次并购给吉利带来了更多的技术与人才,提高了吉利的技术禀赋的丰裕程度;之后吉利汽车的营收与销量持续增加,直到2014年才出现首次下降。

3. 2014年至今:多品牌共同发力

2014年4月,吉利正式发布了最新的品牌战略,明确了“造每个人的精品车”的品牌使命和品牌定位,帝豪、全球鹰、上海英伦三个子品牌汇聚为统一的吉利品牌,即“回归一个吉利”。随后,吉利汽车分为了五大系列:熊猫系列主打微型车市场、金刚系列主打小型车市场、远景系列的目标为低端紧凑型轿车和SUV市场、帝豪系列则主攻紧凑型轿车阵营、博字系列的博瑞瞄准中级轿车市场以及博越则主打紧凑型SUV市场。从**要素禀赋**来看,该阶段,就吉利汽车的**资本与劳动力禀赋**而言,2015—2017年,吉利汽车的员工人数快速增长,总数从18 700人增加至41 600人,对应的员工成本也大幅上升,从188 406.9万元增加到了453 816.3万元,资本性支出的变化趋势与前两者类似。在这三年中,资本性支出与员工成本之比稳定在2左右,同2014年相比有明显上升,表明吉利在本阶段的资本投入有所增加,禀赋结构在一定程度上得到了改善。在**技术禀赋**方面,同样可以分为研发中心和专利技术两个方面来看。2015年吉利在英国考文垂设立了前沿技术研发中心和新工厂,计划投产9款新车;2017年吉利启用位于浙江宁波杭州湾新区的新研发中心,该研发中心由整车研究院、汽车动力总成研究院、新能源汽车研究院、汽车创意设计中心组成,拥有国内目前较为先进的研发技术中心、整车试验中心、动力总成试验中心、整车试制中心。此外,吉利还在全球范围内设立了四大设计中心,专门负责吉利车型的设计,由四大设计中心设计出的第一款产品是吉利博瑞,其充满中国风的设计风格得到众多消费者认可。在**产业特征**方面, 2015年至今,我国汽车产业的出口数量占我国汽车总产量的比重逐年下降,表明我国的汽车产业仍不是出口导向的产业;同时,进口数量占总产量的比重也在逐年下跌,并且进口数量的绝对额也在下降,表明我国对国外汽车的依赖度在下降,汽车产业似乎正在变成进口替代型产业。从**产业政策**来看,2015—2016 年,汽车产业政策沿用了 2009 年《汽车产业调整和振兴规划》中的有关规定。2017 年 4 月,工业和信息化部、国家发展改革委、科技部联合印发了《汽车产业中长期发展规划》,为我国汽车产业的发展做出了较为详细的指示,并提供了相应的保障措施[1]。这些新的汽车产业政策结合了新时期汽车产业的特点,更加贴合汽车产业发展的需要。从**企业绩效**来看,在该阶段,吉利汽车的营业额与净利润均快速上升,2017 年的营业额几乎为 2015 年的三倍、2016 年的两倍,2017 年的净利润几乎为 2015 年的五倍、2016 年的两倍。

从 EIGP 逻辑框架来看,该阶段表现如下特征:首先,本阶段吉利汽车的资本密集程度实现反弹,表明在人力成本不断上升的大背景下,吉利汽车投入了更多的资本在研发方面以研制新技术,这使得吉利汽车资本、技术的丰裕程度均显著增强。其次,吉利汽车主攻国内市场,国外市场销量占比日益降低,从而实现了企业战略与

---

[1] 主要包括以下几个方面:(1)深化机制体制改革。深化改革汽车产业管理体制,强化法制化管理,建立健全适合我国国情和产业发展规律的法制化、集约化、国际化管理制度。(2)加大财税金融支持。依托各类产业投资基金、汽车产业联合基金等资金渠道,支持创新中心建设等工程实施。(3)强化标准体系建设。充分发挥标准的基础性和引导性作用,促进政府主导制定与市场自主制定的标准协同发展,建立适应我国国情并与国际接轨的汽车标准体系。(4)加强人才队伍保障。加强对汽车人才队伍建设的统筹规划和分类指导,开展汽车人才培养及管理模式等专项研究,健全人才评价体系,完善人才激励机制,优化人才流动机制,改善人才生态环境,构建具有国际竞争力的人才制度。(5)完善产业发展环境以及发挥行业组织作用等。

行业特征的高度契合。再次,2017年出台的《汽车产业中长期发展规划》为汽车产业的发展指明了方向,国内汽车产业迎来了新的机遇。适宜的禀赋结构、产业特征、产业政策共同作用之下,吉利汽车实现飞跃式的发展也不足为奇了。

五、结论

新结构经济学认为企业的发展是一个动态变迁的过程,在不同的发展阶段,企业面临的要素禀赋及其结构不同,所具备的比较优势不同,因而具体的发展战略与经营策略也应当不同。企业制定发展战略要基于本国的产业结构特征与行业特征,从禀赋结构状况出发,利用自身的比较优势,因地制宜、因时制宜地利用政府的产业政策,抓住产业转型升级的机遇,提升企业在产业价值链中的地位,实现企业自身的长足发展,70年来,汽车产业发展历程基本遵循新结构企业发展理论。作为民营企业典型代表的吉利汽车,经过二十年的发展,成功地成为国内最大的民营汽车生产企业。回顾这二十年,吉利在刚进入汽车产业时精准地选择了低价策略、成功地打入了市场。而通过低价策略,吉利成功地占领了低端市场,此时低价就转变为了吉利汽车的竞争优势。后来随着人力成本的快速上升、产业的竞争加剧,吉利汽车及时地改变了发展战略、转向了中高端市场。在这个转变过程中,吉利进行了大量的并购与收购,从而成功地保持住了自身的禀赋结构与自生能力,同时极大地提升了自身的技术禀赋。2014年,吉利汽车再度转变战略,多品牌同时发力、实现高中低端市场全覆盖。目前,吉利已经成为国内汽车产业中的一个巨头,资本密集程度已达到较高的水平。

参考文献

1. 阿尔弗雷德·马歇尔:《经济学原理(下册)》,商务印书馆1965年版。
2. 奥利弗·E. 威廉姆森、西德尼·G. 温特:《企业的性质:起源、演变和发展》,

商务印书馆 2007 年版。
3. 鲍晓华:“从比较优势到竞争优势”,《财贸经济》2001 年第 4 期。
4. 彼得·德鲁克:《管理:任务、责任、实践》,华夏出版社 2007 年版。
5. 瞿宛文:“超赶共识监督下的中国产业政策模式——以汽车产业为例”,《经济学(季刊)》2009 年第 8 期。
6. 廖国民、王永钦:“论比较优势与自生能力的关系”,《经济研究》2003 年第 9 期。
7. 林毅夫:“发展战略、自生能力和经济收敛”,《经济学(季刊)》2002 年第 1 期。
8. 林毅夫:“自生能力、经济转型与新古典经济学的反思”,《经济研究》2002 年第 12 期。
9. 林毅夫:《新结构经济学》,北京大学出版社 2012 年版。
10. 林毅夫、刘培林:“自生能力和国企改革”,《经济研究》2001 年。
11. 林毅夫、谭国富:“自生能力、政策性负担、责任归属和预算软约束”,《经济社会体制比较》2000 年第 4 期。
12. 迈克尔·波特:《竞争战略》,中信出版社 2014 年版。
13. 皮建才:“企业理论的进展:交易成本与自生能力”,《经济社会体制比较》2005 年第 2 期。
14. 王俊豪:《产业经济学》,高等教育出版社 2016 年版。
15. 熊贤良:“比较优势战略与大国的经济发展”,《南开经济研究》1995 年第 4 期。
16. 亚当·斯密:《国富论》,商务印书馆 2015 年版。
17. 杨小凯、张永生:《新兴古典经济学与超边际分析》,社会科学文献出版社 2003 年版。
18. 伊迪丝·彭罗斯:《企业成长理论》,上海人民出版社 2007 年版。
19. Bain J. S. , *Industrial Organization*, New York, Harvard University Press, 1987.
20. C. Roland Christensen, Joseph L. Bower, Kenneth R. Andrews etc, *Business Policy: Text and Cases*, McGraw-Hill Higher Education Press, 1986.
21. Coase R. H. , "The Problem of Social Cost", *The Journal of Law and Economics*, vol. 3, 1960, pp. 1-44.
22. Coase R. H. , "The Nature of the Firm", *Economica*, vol. 16, 1937, pp. 386-405.
23. Friedman M. , *The Methodology of Positive Economics*, Cambridge University Press, 1953.
24. Grossman S. J. , Hart O. D. , "The Costs and Benefits of Ownership: A Theory of

Vertical and Lateral Integration", *Journal of Political Economy*, vol. 4, 1986, pp. 691-791.

25. Hart, O., Moore., "Property Rights and the Nature of the Firm", *Journal of Political Economy*, vol. 98, 1990, pp. 1119-1158.
26. Hart, O., *Firms, Contracts, and Financial Structure*, Oxford, Clarendon Press, 1995.
27. Mason E. S., "Price and Production Policies of Large-Scale Enterprise", *The American Economic Review*, vol. 29, 1939, pp. 100-103.
28. Rajan., Zingales., "The Great Reversals: The Politics of Financial Development in the 20th Century", *Journal of Financial Economics*, vol. 69, 2003, pp. 5-50.
29. Rajan., Zingales. "Financial Dependence and Growth", *The American Economic Review*, vol. 88, 1996, pp. 559-586.
30. Williamson O., *Economic Institutions of Capitalism*, New York, Free Press, 1985.

（赵秋运，北京大学新结构经济学研究院；刘长征，北京大学新结构经济学研究院；马金秋，中央财经大学中国经济与管理研究院）

国企民资『混改』的经济与社会效益评估

孙博文　谢贤君　刘　军

一、问题的提出

中共十九大报告明确指出，通过进一步深化国有企业改革，发展混合所有制经济，培育具有全球竞争力的世界一流企业，对于完善社会主义市场经济体制有重要意义。我国经济已经从高速增长阶段转变为高质量发展阶段，目前正处于向转变发展方式、优化经济结构、转换增长动力的高质量发展阶段攻关期。充分发挥市场在要素资源配置中的决定性作用，完善产权制度，充分实现要素自由流动，提高市场化程度与要素资源配置效率,不仅是推动经济高质量发展的核心和关键,也是加快建设和完善社会主义市场经济体系的重要基础与必然选择。企业是转型时期要素市场化配置的最基本微观主体,也是产权制度改革的最基本承担者,在我国的公有制为主体、多种所有制经济共同发展基本经济制度下(江轩宇,2016;马红和侯贵生,2019),国有企业占据着中国经济的主导地位,理应成为要素市场化和产权改革的试点。但国有企业常常因为政府干预、预算软约束以及委托代理问题而经营效率低下(陈信元和黄俊,2007;潘红波等,2008;江轩宇,2016)。为提高企业经营效率,尤其是国有企业效率,充分发挥国企的经济、税收、就业功能,一是要求进一步深化以"政府放权"为导向型的经济体制改革(陆正飞等,2012),提高各级政府下属企业自主经营权(夏立军和陈信元,2007;陈信元等,2009);另外,要求深化国有企业混合所有制改革,通过"监督"和"激励"机制设计,让非公经济经营主体参与国有企业经营,实现企业"剩余索取权"和"剩余控制权"的匹配以及"有恒产者有恒心,有恒权者有恒利"。

国企混合所有制改革(以下简称"混改")是持续发挥国企就业、税收以及经济保障,为国家各项公共事业有序开展提供政治和经济基础的重要市场化改革,有助于充分发挥国有资本和非国有资本的市场优势,提高各自的资本配置效率,为高质量发展赋能。"混改"的核心是产权制度改革,国有企业引入民营资本或者其他非国有资本,或者鼓励国有资本以多种方式落户非国有企业,探索混合所有制企业员工持股,以发挥国有资本与非国有资本的市场优势,提高国有资本配置和运行效率,推动国有企业与民营企业的高质量发展。然而,既有的国有企业"混改"研究局限在国企"混改"的效率改变层面,缺乏对国有企业"混改"的经济效益和社会效益的综合评估。国企"混改"不仅旨在实现企业产值的和利润的增加,以及经营效率提升等经济目标,还承担了促进社会就业以及提高员工福利在内的社会功能,部分学者探讨了上市公司国有企业与民营企业交叉持股的经济绩效，但无法对中国国企“混改”全局样本进行把握（郝阳和龚六堂，2017）。基于以上分析，本篇要回答的问题是国企与民资“混改”是否具有经济与社会双重效益？而且不同的“混改”方式绩效是否存在差异？市场竞争与市场分割是否对“混改”绩效的调节机制？问题的解决对于评估国企民资“混改”的综合绩效以及促进国企、民企高质量发展有重要的理论与实践意义。

二、文献综述与理论机制

探讨国企改制绩效的研究成果较为丰富，本文着重从改制的经济与社会绩效等与本文直接相关的两支研究文献进行梳理。具体而言，从企业产值、企业利润和企业效率等三个维度梳理和评述“混改”经济效益，从员工就业、社会福利两个层面梳理和评述“混改”的社会效应，并进一步对研究的不同方面进行评述。

（一）国企“混改”的经济效益研究

1. 国企改革与企业产值绩效

夏立军和方轶强（2005）、姚洋（1998）、姚洋和章奇（2001）都指出国家股或国有股对公司绩效产生了负面影响，Megginson et al.（1994）、Matsumura（1998）、Bortolotti et al.（2002）则强调国有企业“混改”下的部分民营化可以改善国企绩效。原因在于，一方面，国企“混改”释放的体制改革红利显著促进了企业股权结构合理化，有利于完善企业内部治理机制，增强企业生产经营决策的科学性和有效性，进而提高企业的产出绩效（胡一帆等，2006；白重恩等，2006）；另一方面，民营资本参股国有上市公司，增强了国企管理层薪酬，减轻了民企的税负以及缓解了民营企业的融资约束，使得“混合所有”的交叉持股股权结构显著提高了公司绩效（郝阳和龚六堂，2017），而且国有企业参股股东和外资参股也显著提高了国有企业经营绩效(徐莉萍等,2006)。

2. 国企“混改”与企业利润

宋立刚和姚洋(2005)发现国有企业改制显著提高了企业的利润率,原因在于,国有企业的民营化提高了企业的销售收入,降低了民营化企业的成本,这一成本优势使得公司赢利能力得到大幅度提高(胡一帆等,2006)。郑志刚等(2013),涂国前和刘峰(2010)也进一步指出,民营资本积极参与非上市公司的治理促使其有效制衡民营控股股东,降低了企业的代理成本,并实现了企业赢利水平的增加。易纲和林明(2003)考虑了垄断和财政转移因素,发现非国有工业企业的毛利润率要明显低于非国有工业企业,非国有企业的其他费用率要低于国有企业,在剔除各项费用后,非国有工业企业的净利润率则明显优于国有工业企业。

3. 国企“混改”与企业效率

传统意义上,从国有企业因为委托代理以及预算软约束导致的效率低下的老生常谈问题(吴敬琏,1993;张维迎和马捷,1999;林毅夫和李周,1997;平新乔等,2003;李寿喜,2007)到实证产权制度改革有利于提升国有企业效率的探究(林青松和李实,1996;谢千里等,1995;姚洋,1998;姚洋和章奇,2001;刘小玄和李利英,2005;盛丰,2012),大多数学者取得了提高国有企业效率是混合所有制改革的重要动因。早期,姚洋和章奇(2001)指出非国有企业比国有企业的技术效率更高,盛丰(2012)也表明如果国企改制后国有资本不占主体,则企业生产效率和创新效率都能得到提高。进一步,从国企混合所有制改革方面,陈林(2014)指出混合所有制改革对国有企业政策性负担存在显著性的抑制作用,结果公有资本和其他非公有资本混合的企业效率更高(吴万宗和宗大伟,2016),国有企业民营化的混合所有制改革不仅显著改善了企业赢利能力而且显著提高了企业全要素生产率(胡一帆等,2006)。特别地,刘晔等(2016)的研究表明,在消除了选择性及异质性偏差前提下,国有企业“混改”后企业全要素生产率显著提高，且国有控股型混合所有制改革效果较优；竞争性行业国有企业"混改"相比垄断性行业其企业效率提升作用更强，而前者受到知识产权保护程度的显著正向影响，后者受到的影响并不显著。

（二）国企"混改"的社会效益研究

在中国特色社会主义建设过程中，除了承担经济增长以及税收的功能之外，国有企业还承担着社会就业以及公共基础设施建设等方面的政策性负担。也有部分学者探讨了国企"混改"的社会效益。在就业方面，国企"混改"形成的私有化会促使企业大量裁员和减薪，造成企业职工利益受损，甚至会带来社会不稳定因素的增加（La Porta et al.，1999；Bai et al.，2006）。黄玲文和姚洋（2007）评估了企业改制对就业的影响，改制显著地抑制了就业的下降趋势，而且对企业的就业增长有持续、递增的促进作用。胡一帆等（2006）也发现，民营化并没有显著加剧失业，以及带来社会成本的提高。在社会福利方面，国有企业"混改"弱化了国家对价格的控制力度，企业利润上升可能来自于产品价格的上涨，进而损害了消费者利益，国有企业甚至存在以逃税为目的的隐瞒利润动机，减少国家财政收入。但盛丹（2013）基于中国工业企业的微观数据研究表明，在竞争程度高的行业，国有企业"混改"显著提高了企业加成率，从而提高社会福利水平；相反，在竞争程度低的行业，"混改"对企业加成率的提升效果不明显，不利于社会福利的改善，以及进一步指出引入市场化的竞争机制有助于发挥国有企业改制对社会福利的积极作用。白重恩等（2006）发现"混改"下国有控股方式的社会效益优于经济效益，而"混改"下非国有控股方式的经济效益优于社会效益。

（三）文献简评

梳理文献不难发现，研究国企改制政策绩效的成果汗牛充栋，但在研究方法上大都是实证检验了连续性的企业国有资本比例、民营资本比例等指标对企业经营绩效的影响。鲜有学者基于准自然实验(Quasi-experiment)的思维对国企“混改”的政策“净效应”进行评估。在少有的利用 DID 方法的研究中,盛丹(2013)以及刘晔等(2016)也仅仅探讨了国企“混改”对社会福利以及企业全要素生产率的影响,缺乏对国企与民资“混改”经济社会效益的全面评估,而且也未对国企改革下的民资异质性结果进行有效区分。而且在采用中国工业企业数据库的研究中,大都是采用全部样本数据,忽视了企业的进入、退出因素对经营绩效的影响。基于以上分析,本文基于微观工业企业数据库与中国企改革重大事件的重合年份为冲击事件,基于多期 DID(difference in difference)估计方法,重点检验国企引入民营资本这一“混改”方式对企业的经济社会效应的影响“净效应”以及异质性,并实证检验了市场竞争以及市场分割对国企“混改”政策效应的调节机制。

三、政策背景与研究设计

(一) 政策背景

改革开放以来,自 1979 年首钢等 8 家国企进行扩大企业自主权试验以来,国有企业经历了一系列的重要事件变革,1980 年《国营工业企业利润留成试行办法》和《关于贯彻国务院改革企业管理体制文件试点中几个具体问题的意见》的发布对于提高企业激励和经营绩效有重要的促进作用。1991 年十三届三中全会山东诸城市探索国企产权实验,通过股份制等形式将国营或集体企业出售给个人,探索国企股份制改革的新路子。1996 年十四届三中全会国家经贸委宣布“抓大放小”,“抓大”有利于充分发挥中国特色社会主义的制度优势,保持国有经济的主导地位,提高产业集中度和产业竞争力,让国有经济在关系国民经济命脉的重要行业和关键领域占支配地位,“放小”是指放开搞活国有中小企业,既可收缩战线、改变国有经济分布过宽的状况,提高企业的经济效率和效益,又有利于减轻社会震动,有助于渐进式改革的推进。新世纪以来,随着中国经济改革的不断深入,国企改革出台了一系列的措施,以 2003 年十五届三中全会国务院国有资产监督管理委员会挂牌成立为标志,2006 年十六届三中全会国资委开始加大中央企业兼并重组力度,2012 年十七届三中全会国资委出台规定,民间投资主体可通过出资入股等形式参与国企改制重组,民间投资是来自于民营经济所涵盖的各类主体的投资,具体包括个体投资(居民个人的生产性投资和住宅投资、城乡个体工商户经营性投资)私营企业投资、私有资本控股的股份制企业投资以及集体企业投资,2013 年十八届三中全会深化国企改革,2014 年深改组第四次会议通过央企薪酬改革方案,2015 年深改组第十三次会议确立党管国企的原则。

(二)模型设定

基于中国工业企业数据库 1998—2013 年的样本,本文选择了 2003、2006、2012 以及 2013 年的国企改革年份下的样本作为实验组,为了剔除其他影响企业进入与退出市场的重大事件的影响,本文仅仅保留了连续 16 年存续的企业,共计 108 964 家企业。参考刘晔等(2016)的研究,本文将多期 DID 模型设定如下:

$$Y = \alpha * timei_t\_treat_i + \beta X_{it} + \delta \qquad (1)$$

由于本文研究的对象为多个年份发生的改革事件,所以多期 DID 模型中不存在时间与处理组的单独虚拟变量,而仅存在交互项 *time_treat*,系数 α 反映了国企“混改”政策的绩效。其中 *treat* 为引入民营资本的改革变量,根据资本金比例进行界定,若企业上一年国有资本比例为 100%,但当年小于 100%,且民营资本大于 0,那么我们就认为国有企业引入了民营资本进行了混合所有制改革,而且进一步通过对国企民企“混改”样本中的民营资本比例标准,可将样本划分为引入民营资本下的国企控股(*reform_mix*),民营资本大于50%的企业民营化(*reform_minying*),以及完全私有化企业(*reform_private*)等三类样本,便于检验“混改”绩效的政策异质性结果。而time虚拟变量识别的方法是:基于当年混改的样本识别进行混改的企业ID,然后将ID对应的政策执行年份识别为*time*等于1。综上分析,交互项*time_treat*的系数则代表了国有企业引入民营资本这一混改方案对企业的经营绩效y的影响。此外X代表控制变量,δ代表残差扰动项。

(三)变量说明

1. 因变量:主要包含经济效益和社会效益两方面,经济效益变量包括工业增加值(*w_y*)、销售利润率(*w_profit_rate*)、基于OP法企业全要素生产率(*lntfp_op*)和管理费(*w_mfee*);社会效益方面变量包括企业就业人数(*w_job*)、企业员工工资(*w_wage*)和企业员工福利(*w_welfare*)等。

2. 控制变量:包含企业年龄(*age*)、行业竞争度指数(赫希曼赫芬达尔指数,*HHI*)、开发区虚拟变量(*kfq_dummy*)、经济增长(*lngdp*),以及基于商品价格波动方差所计算的省级市场分割(*lnseg*)指数等。

(四)数据来源与描述

本文数据来自于中国工业企业数据库1998—2013年的数据,仅保留了连续出现的108 964家企业。表1为变量的描述性统计,表2显示了1998—2013年历年国有独资企业引入民营资本的“混改”案例数量及比例,国有控股是指引入民营资本之后国有资本占比大于50%的企业,民营化是指引入民营资本之后民营资本占比大于50%的企业,而完全私有化则是指国企完全私有化,民营资本为100%。

表 1　描述性统计

变　量	变　量	观测样本	均　值	标准差	min	max
工业增加值	*w_y*	108 964	308 177	831 094	6 150	6. 465e+06
销售利润率	*w_profit_rate*	108 926	0. 0421	0. 0898	−0. 326	0. 363
全要素生产率	*lntfp_op*	44 734	5. 612	0. 926	−0. 386	11. 47
管理费	*w_mfee*	108 817	13 956	35 561	43	279 108
企业就业人数	*w_job*	108 964	638. 2	1 119	29	8 461
企业员工工资	*w_wage*	74 880	10 953	23 799	216	181 930
企业员工福利	*w_welfare*	74 734	1 316	3 435	0	26 669
企业年龄	*age*	51 604	17. 33	14. 30	0	285
行业竞争度指数	*hhi*	108 964	0. 0185	0. 0348	0. 00323	1
开发区虚拟变量	*kfq_dummy*	108 964	0. 136	0. 343	0	1
省级经济增长	*lngdp*	108 964	9. 537	0. 808	6. 092	11. 04
省级市场分割	*lnseg*	108 964	−8. 381	0. 502	−9. 560	−7. 445

表 2　国有独资企业引入民营资本的“混改”案例数量及比例

年份	“混改”企业数量	国企控股	比例	民营化	比例	完全私有化	比例
1998	—	—	—	—	—	—	—
1999	25	11	44. 00%	8	32. 00%	6	24. 00%
2000	26	11	42. 31%	11	42. 31%	4	15. 38%
2001	33	9	27. 27%	9	27. 27%	15	45. 45%
2002	54	16	29. 63%	20	37. 04%	18	33. 33%
2003	45	15	33. 33%	16	35. 56%	14	31. 11%
2004	59	5	8. 47%	18	30. 51%	36	61. 02%
2005	53	6	11. 32%	26	49. 06%	21	39. 62%
2006	63	15	23. 81%	20	31. 75%	28	44. 44%
2007	58	4	6. 90%	21	36. 21%	33	56. 90%
2008	53	9	16. 98%	19	35. 85%	25	47. 17%
2009	0	0	0. 00%	0	0. 00%	0	0. 00%
2010	66	7	10. 61%	59	89. 39%	0	0. 00%
2011	51	3	5. 88%	21	41. 18%	27	52. 94%
2012	57	8	14. 04%	21	36. 84%	28	49. 12%
2013	40	5	12. 50%	14	35. 00%	21	52. 50%

四、实证结果讨论

（一）基于倾向得分匹配（PSM）的样本筛选

多期DID估计方法有效性的前提是实验组与对照组在政策冲击之前满足平行趋势假定。表3显示了倾向评分匹配（PSM）对实验组样本的筛选，倾向得分匹配的理论框架是“反事实推断模型”，有助于减少实验中偏差和混杂变量的影响，以便对实验组和对照组进行更合理的比较。为了节约篇幅，本文以2003年企业的全要素生产率（*lntfp_op*）为估计模型中的输出变量，选择近邻匹配（k=2），共删除了304个样本，同理本文还进一步对2006年、2012年以及2013年的实验组与对照组进行PSM匹配，保证了实验组与对照组样本近似随机特征，分别删除56、21以及95家企业。结果发现，在2003年以全要素生产率为输出变量的倾向得分匹配平衡检验中，样本选择变量企业就业人数以及企业年龄的方差分别降低了57.8%和70%，p值分别为0.845以及0.870，说明经过PSM处理之后实验组与对照组样本具有共同的变化特征。

表3 2003年以全要素生产率为输出变量的倾向得分匹配平衡检验

<table>
<tr><th>变 量</th><th colspan="2">均 值</th><th>方差变化%</th><th>方差降低%</th><th>T</th><th>p>|t|</th></tr>
<tr><td>w_job</td><td>1 317.7</td><td>694.48</td><td>44.7%</td><td rowspan="2">57.8</td><td>2.44</td><td>0.015</td></tr>
<tr><td></td><td>1 317.7</td><td>1 580.9</td><td>-18.9</td><td>-0.20</td><td>0.845</td></tr>
<tr><td>age</td><td>23.917</td><td>15.671</td><td>52.7</td><td rowspan="2">70</td><td>2.90</td><td>0.004</td></tr>
<tr><td></td><td>23.917</td><td>26.388</td><td>-15.8</td><td>-0.17</td><td>0.870</td></tr>
</table>

（二）国企民资“混改”的经济与社会效益

表4显示了国企“混改”当年的经济与社会效益基准估计结果，“混改”显著提高了企业的工业增加值、企业就业水平、企业工资以及企业员工福利，但对企业利润和企业全要素生产率的影响不显著。

"混改"当年企业的利润提高可能来自于管理费用率和财务费用率的降低,而产品销售利润率和其他业务利润率提高幅度较小(白重恩等,2006),而企业的效率增进主要来源于在新产品开发中的技术进步(宋立刚和姚洋,2005),"混改"并非形成的新产品的技术进步,导致对企业全要素生产率的影响不显著。表5显示了政策滞后一年的国企"混改"的经济与社会效益基准估计结果,主要变量的符号基本不变,但系数大小均有不同程度的降低,国企"混改"政策效果存在时间衰减效应,要求构建长效改革机制,保障政策效应的持续稳定发挥。

表4 "混改"当年政策效应

模型	1	2	3	4	5	6	7
变量	*lnw_y*	*w_profit_rate*	*lntfp_op*	*lnw_mfee*	*lnw_job*	*lnw_wage*	*lnw_welfare*
time_treat	0.181***	0.003	-0.029	0.396***	0.150***	0.235**	0.283***
	(0.0687)	(0.0044)	(0.0444)	(0.0688)	(0.0564)	(0.0975)	(0.1070)
控制变量	有	有	有	有	有	有	有
Constant	3.919***	-0.0154**	6.218***	2.751***	3.458***	2.092***	1.400***
	(0.1010)	(0.0069)	(0.0819)	(0.1120)	(0.0786)	(0.1311)	(0.1561)
Observations	51 604	51 593	44 734	51 491	51 604	36 550	31 786
R-squared	0.152	0.006	0.007	0.135	0.086	0.144	0.110

注:括号内的值为标准误值;*、**、***分别表示在10%、5%、1%条件下通过显著性水平检验。

表5 "混改"政策滞后一期的政策效应

模型	1	2	3	4	5	6	7
变量	*lnw_y*	*w_profit_rate*	*lntfp_op*	*lnw_mfee*	*lnw_job*	*lnw_wage*	*lnw_welfare*
time_treat_lag	0.200***	0.005	-4.87e-05	0.394***	0.113*	0.215*	0.248*
	(0.0768)	(0.00481)	(0.0498)	(0.0759)	(0.0633)	(0.1150)	(0.1310)
控制变量	有	有	有	有	有	有	有
Constant	3.915***	-0.0154**	6.220***	2.738***	3.451***	2.083***	1.388***
	(0.1001)	(0.0065)	(0.0818)	(0.1121)	(0.0786)	(0.1311)	(0.1561)
Observations	51 604	51 593	44 734	51 491	51 604	36 550	31 786
R-squared	0.152	0.006	0.007	0.135	0.086	0.144	0.109

注:括号内的值为标准误值;*、**、***分别表示在10%、5%、1%条件下通过显著性水平检验。

（三）异质性检验

表6至表8分别表示引入民资的国企控股企业、民营化企业、完全私有化企业样本的估计结果。不难发现，表6中“混改”显著增加了国企控股企业中的工业增加值、企业就业水平、企业工资以及企业员工福利，但对企业的利润和全要素生产率影响不显著。表7中，“混改”显著增加了民营化企业的工业增加值和企业就业水平，提高了企业的利润、企业效率、企业工资和企业员工福利，但都不显著。表8中，“混改”提升了完全私有化的企业样本的工业增加值，对企业就业水平、企业的利润、企业效率、企业工资和企业员工福利的影响都不显著。对比样本异质性分析结果，从“混改”政策的效果以及对企业综合绩效的改善可以判断，“混改”绩效存在国企控股>民营化>完全私有化的典型特征。这意味着国企“混改”完全私有化并不是一个好的制度改革方向，有必要根据企业的类型和其他属性对国企改革分类指导。

表6　国企控股企业样本结果

模　型	1	2	3	4	5	6	7
变　量	*lnw_y*	*w_profit_rate*	*lntfp_op*	*lnw_mfee*	*lnw_job*	*lnw_wage*	*lnw_welfare*
time_treat	0.274*** (0.0773)	0.004 (0.0048)	0.026 (0.0494)	0.468*** (0.0773)	0.172*** (0.0647)	0.302*** (0.1141)	0.360*** (0.1281)
控制变量	有	有	有	有	有	有	有
Constant	3.915*** (0.1011)	-0.016** (0.0066)	6.224*** (0.0821)	2.746*** (0.1120)	3.453*** (0.0788)	2.089*** (0.1320)	1.397*** (0.1570)
Observations	51 349	51 338	44 488	51 236	51 349	36 384	31 631
R-squared	0.152	0.006	0.007	0.134	0.086	0.144	0.109

注：括号内的值为标准误值；*、**、***分别表示在10%、5%、1%条件下通过显著性水平检验。

表 7 民营化企业样本结果

模 型	1	2	3	4	5	6	7
变 量	*lnw_y*	*w_profit_rate*	*lntfp_op*	*lnw_mfee*	*lnw_job*	*lnw_wage*	*lnw_welfare*
time_treat	0. 215***	0. 005	−0. 009	0. 416***	0. 124*	0. 152	0. 204
	(0. 0707)	(0. 0052)	(0. 0493)	(0. 0775)	(0. 0637)	(0. 1160)	(0. 1310)
控制变量	有	有	有	有	有	有	有
Constant	3. 903***	−0. 016**	6. 219***	2. 733***	3. 443***	2. 085***	1. 398***
	(0. 1010)	(0. 0066)	(0. 0820)	(0. 1120)	(0. 0787)	(0. 1320)	(0. 1570)
Observations	51 327	51 316	44 475	51 214	51 327	36 354	31 601
R-squared	0. 152	0. 006	0. 007	0. 134	0. 085	0. 143	0. 108

注:括号内的值为标准误值; * 、** 、*** 分别表示在 10%、5%、1%条件下通过显著性水平检验。

表 8 完全私有化样本结果

模 型	1	2	3	4	5	6	7
变 量	*lnw_y*	*w_profit_rate*	*lntfp_op*	*lnw_mfee*	*lnw_job*	*lnw_wage*	*lnw_welfare*
time_treat	0. 131*	0. 003	−0. 035	0. 313***	0. 092	0. 084	0. 174
	(0. 0682)	(0. 0048)	(0. 0477)	(0. 0757)	(0. 0608)	(0. 1110)	(0. 1230)
控制变量	有	有	有	有	有	有	有
Constant	3. 908***	−0. 015**	6. 221***	2. 735***	3. 444***	2. 077***	1. 383***
	(0. 1010)	(0. 0065)	(0. 0820)	(0. 1120)	(0. 0787)	(0. 1310)	(0. 1570)
Observations	51 402	51 391	44 549	51 289	51 402	36 401	31 644
R-squared	0. 152	0. 006	0. 007	0. 133	0. 085	0. 143	0. 108

注:括号内的值为标准误值; * 、** 、*** 分别表示在 10%、5%、1%条件下通过显著性水平检验。

(四) 市场竞争程度的调节效应

国企“混改”的政策效果可能依赖于一定的市场竞争环境。表 9 中我们构造了一个国企“混改”与行业竞争度的交互项 *time_treat_com*,其系数反映了市场竞争对于政策效应发挥的调节效应。对于行业竞争度虚拟变量 *com*,本文将高于 *hhi* 的中位数的样本设定为竞争性行业,而将其他设定为垄断性行业。结果表明,市场竞争基本是促进了政策效果的发挥,强化了国企“混改”对企业增加值、利润率以及就业的促进效应,但也提高了管理费用支出,说明总体上提高行业竞争程度的市场化改革有助于"混改"政策的绩效提高。

表 9 市场竞争的调节效应

模型	1	2	3	4	5	6	7
变量	*lnw_y*	*w_profit_rate*	*lntfp_op*	*lnw_mfee*	*lnw_job*	*lnw_wage*	*lnw_welfare*
time_treat_com	0. 220 ** (0. 0916)	0. 012 ** (0. 0058)	-0. 018 (0. 0647)	0. 360 *** (0. 0918)	0. 152 ** (0. 0755)	0. 169 (0. 1280)	0. 164 (0. 1440)
控制变量	有	有	有	有	有	有	有
Constant	3. 915 *** (0. 1010)	-0. 015 ** (0. 0065)	6. 219 *** (0. 0818)	2. 735 *** (0. 1120)	3. 453 *** (0. 0786)	2. 081 *** (0. 1310)	1. 383 *** (0. 1560)
Observations	51 604	51 593	44 734	51 491	51 604	36 550	31 786
R-squared	0. 152	0. 006	0. 007	0. 134	0. 086	0. 144	0. 109

注:括号内的值为标准误值;*、**、*** 分别表示在 10%、5%、1%条件下通过显著性水平检验。

(五) 市场分割的调节效应

在典型的政治集权、经济分权的治理结构下,地方政府面临着通过分割市场保护本地经济的激励,而当前的 GDP 考核、税收竞争以及政治晋升则进一步强化了市场分割的激励。表 10 中我们构造了一个国企"混改"与市场分割的交互项 time_treat_pro,其系数反映了市场分割对于政策效应发挥的调节效应。对于省级市场分割变量 pro 而言,本文同样基于中位数原则,将高于市场分割中位数省份化为高市场分割样本为 1,其他为 0。结果显示,市场分割强化了"混改"的政策效应,这意味着地方保护主义有助于国企"混改"下企业工业增加值、福利费用以及工资的提高,但是提高了企业的管理费用支出以及抑制了企业的全要素生产率的提升。虽然市场分割短期内有助于提高本地经济增长,但这确实以提高企业管理费用以及抑制企业全要素生产率为代价的。

表 10　市场分割的调节效应

模　　型	1	2	3	4	5	6	7
变　　量	*lnw_y*	*w_profit_rate*	*lntfp_op*	*lnw_mfee*	*lnw_job*	*lnw_wage*	*lnw_welfare*
time_treat_pro	0. 163 * (0. 0970)	0. 001 (0. 0062)	−0. 046 (0. 0669)	0. 403 *** (0. 0987)	0. 133 (0. 0820)	0. 266 * (0. 1460)	0. 365 ** (0. 1680)
控制变量	有	有	有	有	有	有	有
Constant	3. 908 *** (0. 1000)	−0. 016 ** (0. 0065)	6. 219 *** (0. 0818)	2. 728 *** (0. 1102)	3. 449 *** (0. 0786)	2. 079 *** (0. 1310)	1. 383 *** (0. 1560)
Observations	51 604	51 593	44 734	51 491	51 604	36 550	31 786
R-squared	0. 152	0. 006	0. 007	0. 134	0. 086	0. 144	0. 109

注：括号内的值为标准误值；* 、** 、*** 分别表示在 10%、5%、1%条件下通过显著性水平检验。

五、结论与政策启示

国有企业积极引入民营资本进行混合所有制改革是高质量发展的应有之义。党的十八届三中全会在《中共中央关于全面深化改革若干重大问题的决定》中提出“积极发展混合所有制经济”、“国有资本、集体资本、非公有资本等交叉持股、相互融合的混合所有制经济，是基本经济制度的重要实现形式”，目前国有企业混合所有制改革已经成为提高国企经营效率以及实现民营企业高质量发展的重要改革形式。本文基于准自然实验的思维，利用中国工业企业微观数据库实证检验了国有企业引入民营资本这一“混改”的经济社会效益，以及进一步区分了国企控股、民营化以及完全私有化三种改革方式的绩效。本文发现：国企“混改”具有显著的经济与社会效益，提高了企业产值、就业、工资和福利，但与此同时也提高了企业的管理费用支出，对企业的利润率以及全要素生产率的影响不显著。在不同的改革样本中，国企控股的绩效不论是政策的适应范围，还是影响程度方面，都显著由于民营化以及完全私有化的样本。最后，行业竞争水平的增加强化了国企“混改”的绩效，市场分割虽然通过地方保护行为提高了企业的产值以及其他短期经济绩效，但却付出了效率损失的代价。

积极推动国有企业混合所有制改革，提高经济社会效益，实现国有企业与民营企业高质量发展，要求：(1)不断深化国有企业混合所有制改革，提高国有企业及参与改革资本的经济与社会效益。除了推动国有企业与民营资本的交叉持股之外，还可以通过引入集体资本、港澳台资本以及外商资本的方式进行多元化的改革。结果显示短期内对于效率的提升不显著，而且仅仅存在于国企控股的样本之中，这就要求进一步构建国企“混改”的长效机制，实现改革红利释放的长期性和稳定性；(2)国企控股改革绩效要高于以及完全私有化样本。这意味着完全私有化的改革方式并不是最优方案，虽然引入民营资本有助于优化资本结构以及提高资源配置效率，但短期内快速私有化加剧了企业的治理风险与管理费用；(3)提高行业竞争度，打破垄断以及地区市场分割。市场竞争化机制的完善有助于提高国企改革绩效，要求进一步打破国企垄断，提高行业竞争度。还要求改革绩效考核模式，清理市场壁垒以及地方保护条款，通过市场一体化的推进提高国企“混改”的效率提升。

参考文献

1. 白重恩、路江涌、陶志刚：“国有企业改制效果的实证研究”，《经济研究》2006年，第4—13页
2. 陈林、唐杨柳：“混合所有制改革与国有企业政策性负担——基于早期国企产权改革大数据的实证研究”，《经济学家》2014年第11期，第13页。
3. 陈信元、陈冬华、万华林、梁上坤：“地区差异、薪酬管制与高管腐败”，《管理世界》2009年第11期，第13页。
4. 陈信元、黄俊：“政府干预、多元化经营与公司业绩”，《管理世界》2007年第1期，第92—97页。
5. 郝阳、龚六堂：“国有、民营混合参股与公司绩效改进”，《经济研究》2017年第3期，第122—135页。
6. 胡一帆、宋敏、郑红亮：“所有制结构改革对中国企业绩效的影响”，《中国社

会科学》2006 年第 4 期,第 50—64 页。
7. 黄玲文、姚洋:“国有企业改制对就业的影响——来自 11 个城市的证据”,《经济研究》2007 年第 3 期,第 57—69 页。
8. 江轩宇:“政府放权与国有企业创新——基于地方国企金字塔结构视角的研究”,《管理世界》2016 年第 9 期,第 120—135 页。
9. 李寿喜:“产权、代理成本和代理效率”,《经济研究》2007 年第 1 期,第 102—110 页。
10. 林青松、李实:“企业效率理论与中国企业的效率”,《经济研究》1996 年第 7 期,第 73—80 页。
11. 林毅夫、李周:“现代企业制度的内涵与国有企业改革方向”,《经济研究》1997 年第 3 期,第 3—10 页。
12. 刘小玄、李利英:“企业产权变革的效率分析”,《中国社会科学》2005 年第 2 期,第 4 页。
13. 刘晔、张训常、蓝晓燕:“国有企业混合所有制改革对全要素生产率的影响——基于 PSM-DID 方法的实证研究”,《财政研究》2016 年第 10 期,第 63—75 页。
14. 陆正飞、王雄元、张鹏:“国有企业支付了更高的职工工资吗?”,《经济研究》2012 年第 3 期,第 28 页。
15. 马红、侯贵生:“混合所有制改革、地方国企依赖与国有企业创新升级——基于制造业的实证研究”,《上海财经大学学报》2019 年第 2 期,第 30—45 页。
16. 潘红波、夏新平、余明桂:“政府干预、政治关联与地方国有企业并购”,《经济研究》2008 年第 4 期,第 41—52 页。
17. 平新乔、范瑛、郝朝艳:“中国国有企业代理成本的实证分析”,《经济研究》2003 年第 11 期,第 42—53 页。
18. 盛丹:“国有企业改制、竞争程度与社会福利——基于企业成本加成率的考察”,《经济学(季刊)》2013 年第 4 期,第 1465—1490 页。
19. 盛丰:“生产效率、创新效率与国企改革——微观企业数据的经验分析”,《产业经济研究》2012 年第 4 期,第 37—46 页。
20. 宋立刚、姚洋:“改制对企业绩效的影响”,《中国社会科学》2005 年第 2 期,第 17—31 页。
21. 涂国前、刘峰:“制衡股东性质与制衡效果——来自中国民营化上市公司的经验证据”,《管理世界》2010 年第 11 期,第 132—142 页。
22. 吴敬琏:“自主企业制度:我国市场经济体制的基础”,《中国工业经济研究》1993 年第 1 期,第 4—10 页。
23. 吴万宗、宗大伟:“何种混合所有制结构效率更高——中国工业企业数据的实证检验与分析”,《现代财经(天津财经大学学报)》2016 年第 3 期,第 15—25 页。
24. 夏立军、陈信元:“市场化进程、国企改革策略与公司治理结构的内生决定”,《经济研究》2007 年第 7 期,第 85—95 页。
25. 夏立军、方轶强:“政府控制、治理环境与公司价值——来自中国证券市场的经验证据”,《经济研究》2005 年第 5 期,第 40—51 页。
26. 谢千里、罗斯基、郑玉歆:“改革以来中国工业生产率变动趋势的估计及其可靠性分析”,《经济研究》1995 年第 12 期,第 10—22 页。
27. 徐莉萍、辛宇、陈工孟:“股权集中度和股权制衡及其对公司经营绩效的影响”,《经济研究》2006 年第 1 期,第 90 页。
28. 姚洋:“非国有经济成分对我国工业企业技术效率的影响”,《经济研究》1998 年第 12 期,第 29 页。
29. 姚洋、章奇:“中国工业企业技术效率分析”,《经济研究》2001 年第 10 期,第 13—19 页。
30. 易纲、林明:“理解中国经济增长”,《中国社会科学》2003 年第 2 期,第 45 页。
31. 张维迎、马捷:“恶性竞争的产权基础”,《经济研究》1999 年第 6 期,第 11 页。
32. 郑志刚、殷慧峰、胡波:“我国非上市公司治理机制有效性的检验——来自我国制造业大中型企业的证据”,《金融研究》2013 年第 2 期,第 142—155 页。
33. Bai, Chong-En, Jiangyong Lu, and Zhigang Tao, “The Multitask Theory of State Enterprise Reform: Empirical Evidence from China,” *American Economic Review*, vol. 111, 2006, pp. 353-357.
34. Bortolotti, B., J. D'Souza, M. Fantini, and W. L. Megginson, “Privatization and the Sources of Performance Improvement in the Global Telecommunications Industry,” *Telecommunications Policy*, vol. 26, 2002, pp. 243-268.
35. La Porta, R. and F. Lopez de Silanes, “The Benefits of Privatization: Evidence from Mexico,” *Quarterly Journal of Economics*, vol. 111, 1999, pp. 1193-1242.
36. Matsumura. T, “Partial Privatization in Mixed Duopoly,” *Journal of Public Economics*, vol. 70, 1998, pp. 473—483.
37. Megginson, W. L., R. C. Nash, and M. Randenborgh, “The Financial and

Operating Performance of Newly Privatized Firms: An International Empirical Analysis," *Journal of Finance*, vol. 49, 1994, pp. 403-452.

（孙博文，北京大学光华管理学院；谢贤君，西安交通大学金融学院；刘军，天津市静海区发展和改革委员会）

实践篇

资源型城市转型与民营企业发展——以大同为例

龚六堂　赵玮璇　陈新华

一、引言

资源型城市(地区)是指以本地区矿产、森林等自然资源的开采、加工为主导产业的城市。根据发改委《全国资源型城市可持续发展规划(2013—2020年)》,规划范围包括262个资源型城市,按矿产资源的类型大体可以分为石油资源型城市和煤炭资源型城市。石油资源型城市比较典型的有黑龙江大庆等,煤炭资源型城市如山西大同等。

纵观世界资源型城市发展,无一例外都会面对经济转型与发展的问题。有的转型成功,城市获得新生,走向可持续发展;也有的转型失败,最终导致“矿竭城衰”。在这个过程中,民营经济的发展与壮大起到了至关重要的作用。资源型城市国有传统部门的转型为城市发展奠定了基础,民营经济尤其是民营新兴经济体的发展,则为城市提供了源源不断的新鲜血液与长期驱动力。在全国来说,民营经济对国家财政收入的贡献占比超过 50%,对新增就业的占比贡献超过 90%,对稳定增长、促进创新、增加就业、改善民生等方面都做出了突出贡献。然而,民营企业的发展一直面临着巨大的压力,习近平总书记在看望全国政协民建、工商联界委员时,形象地用“三座大山”来形容民营企业发展中遇到的困难:市场的冰山、融资的高山、转型的火山。这些问题在资源型城市中表现得尤为明显。

资源型城市由于传统能源部门占据了经济的主体,民营企业的生存空间极为有限,不仅难以得到资金政策等相关资源,还面临着传统国有部门对劳动力的挤占。此外,计划经济体制的遗存、行政机构的臃肿、思想的落后、环境的破坏等都对当地民营经济发展造成了巨大阻碍。山西省大同市作为北方最大的产煤基地之一,每年有上亿吨煤炭输送至全国各地。因煤而兴、因煤而困,“一煤独大”的经济结构,也一度让大同市整体经济遭遇重创。从 2015 年到 2017 年,大同市煤炭产业增加值占比从 67.9%大幅下降到 45.1%,新兴产业迎来前所未有的高速发展期,大同市正从“中国煤都”到“能源革命尖兵”飞速转型。因此,本篇以山西省大同市为例,讨论资源型城市转型发展中民营经济的发展情况与遇到的问题,探索城市发展与转型的方式,以及民营企业在这个过程中遇到的问题与机遇,进而提出相应政策建议,最终为这一类城市民营企业发展提供一条切实可行的中国道路。

二、资源型城市民营企业发展文献综述

对于资源型城市概念的表述,不同的学者从不同的角度进行了阐述。有学者从资源的种类角度出发,认为资源型城市中的资源主

要指当地不可再生资源，而不可再生资源主要是矿产资源，因此资源型城市即为矿业城市或工矿城市（辽宁省人民政府发展研究中心课题组，2003）。王青云（2003）从资源性产业的角度出发，对资源型城市进行了界定。他认为，资源型城市包含“资源性产业在工业中占有较大份额”的含义。王元（2000）则从资源性产业的劳动就业人口比例这一具体角度定义资源型城市，即在资源开发及初加工业中劳动就业人口比例占全城市就业人口的40%以上的城市。

资源型城市长期对资源掠夺式的开发，带来了一系列的经济和环境问题，资源型城市转型需求迫切。学者提出的资源型城市转型方法，主要分为以下几类：一是发展接续及替代产业，如贾晓晴（2011）等针对辽宁省盘锦市的转型，提出延续油气、乙烯产业链，发展接续产业，以及培育船舶制造业等替代产业。二是发展循环经济，如臧淑英等（2006）提出黑龙江省伊春市向循环经济型生态城市转型的思路，即企业内部实现小循环，建立一批生态工业园区实现中循环。三是区域经济协调发展，如李蕾（2010）提出大庆市应接受哈尔滨都市圈的辐射，逐步建设成为哈大齐工业走廊的核心区。

研究资源型城市大同转型的文献，主要是从产业、基础设施、环境、政策、区域协作等几个方面提出转型建议。这些文献一部分是对大同经济转型的战略思考，如刘武华（2003）通过对大同经济社会发展情况的总体分析，提出大同实现转型应大力发展清洁煤能源，大力发展旅游业，推进农业结构战略性调整。另一部分则是通过构建评价体系对大同产业转型效果进行评价，进而从问题中探讨战略对策。例如，田官平等（2010）构建了四个子系统的经济转型评价指标体系，得出大同市经济转型有进步也有问题，并相应提出了产业转型、区域协同等战略。

目前我国对于资源型城市民营企业的研究成果不是很多，且主要集中在北方的资源型城市。彭方志等（2010）对攀枝花市民营经济的整体状况、产业结构、行业分布、组织类型演变等特点进行了研究,提出了攀枝花民营经济存在的问题,并从政府和社会两个角度提出了促进西部资源型城市民营经济发展的对策。他们认为,促进西部资源型城市民营企业发展,一方面是要提高企业管理人员素质,另一方面是要通过搭建平台,促进民营企业群体间的联系。白鹏飞等(2016)研究了资源型城市延安在转型期的发展对策,针对延安市民营中小企业面临的政策环境不理想、融资困难、创新能力不强等问题,从政府层面上提出了相应的解决方案。曹拥军(2005)通过研究豫西南地区民营企业的发展,就如何建立和完善政府服务体系、人力资源体系、科技创新体系和招商引资体系等四个重要方面提出了一系列的具体措施和方法。

目前对于资源型城市民营企业研究的文献,存在的主要不足之处在于:一方面,主要是从政府的角度提出政策建议,而忽略了民营企业本身能动性的发挥。另一方面,提出的建议比较浮于表面、较为相似,且没有针对研究的具体城市提出实际的、可操作性的方法。本文解决了以上两点不足,对于大同的民营企业如何从传统产业升级、挖掘新兴产业及京津冀一体化中,获取自身的发展,从政府、企业的角度提出了发展建议。

三、大同民营企业发展的现状及问题

首先本文分析大同市目前民营企业发展的状况,并分析其存在的问题,以探索大同市民营企业的转型发展之路。

(一) 大同民营企业经济发展现状

民营企业体量较小。依据大同市统计年鉴, 2017 年大同市国有类经济工业总产值为 814. 84 亿元,占 2017 年大同市工业总产值 954. 14 亿的比例为 85. 4%,非国有工业总产值为 139. 3 亿元,占比为 14. 6%(见图 1)大同市企业以国有企业为主,民营企业发展较弱。另一方面，大同市国有企业一共 1 625 家，占企业总数的 3.26%，民营企业共 39 092 家，占企业总数达 78.54%（见图 2）。大同市民营企业产值低、企业多，可以得知，大同市民营企业的体量普遍偏小。

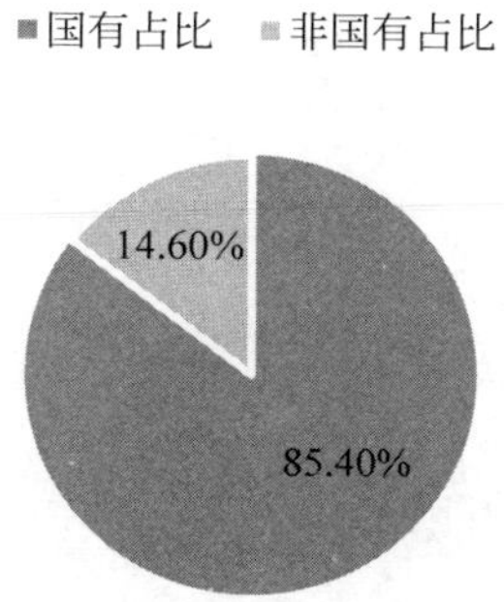

图 1　大同市 2017 年工业总产值构成比例

数据来源：《大同统计年鉴（2018 年）》。

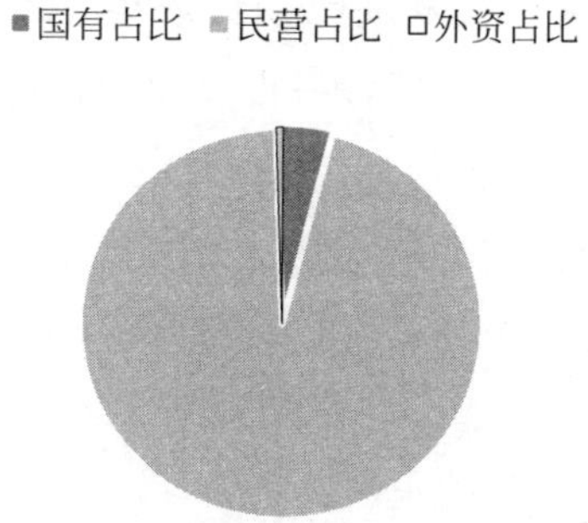

图 2　大同市企业数量构成比例（最新数据）

数据来源：企业大数据平台地址：http://bigdata.longcredit.com。

持有专利企业的民营企业数量大。最新数据显示，目前大同市民营企业所持专利数量为 200，占大同市所有持有专利企业数量的 84.03%，其中，民营企业大同新成新材料有限公司以 969 个专利数量，位居大同市企业专利排名榜首。医药制造类民营企业山西普德、山西好医生、山西振东泰盛分别以 77、51、43 的专利数量排名靠前。

建筑行业民营企业已初具规模。从2018年山西民营企业100强的名单中可以看到,上榜的大同五家民营企业中,有3家企业都是从事建筑及建筑相关行业(见表1)。其中,大同泰瑞集团建设有限公司以年营业收入179 248万元位列榜首。

表1 大同民营企业营业收入前五强

企业名称	行业分类	营业收入(万元)
大同泰瑞集团建设有限公司	土木工程建筑业	179 248
大同市华林有限责任公司	零售业	178 758
山西省古建筑集团工程有限公司	建筑装饰和其他建筑业	138 682
山西仟源医药集团股份有限公司	医药制造业	93 892
同市华岳建设集团	综合	75 500

医药制造业民营企业发展已初具成果。以大同开发区医药工业园区为依托,大同市目前拥有一批以山西仟源、山西普德、山西好医生等为代表的,规模较大、生产种类较为齐全的民营医药企业。其中,山西仟源医药集团股份有限公司集研发、生产、销售为一体,2018年营业收入93 892万元,在全国多个地区设立了子公司,未来发展前景广阔。

(二)大同民营企业发展的问题

如上文所述,大同市民营企业在城市转型发展中在各个方面都取得了令人瞩目的成就。但由于资源型城市固有的资源禀赋、社会历史、产业基础等原因,大同市民营企业发展也存在种种的问题,主要有:资源依赖严重、产品质量较低、技术基础薄弱、民营企业管理意识落后等。

资源依赖严重。此处提及的资源依赖,不仅指资源型城市民营企业在生产资料上对其所在城市资源的依赖,而且更多强调多年来企业逐渐形成的资源依赖型文化。大同是典型的资源枯竭型城市，“煤炭依赖”严重将导致大同市民营企业可持续发展后劲严重不足，产业结构呈现体制性、素质性矛盾。

产品质量较低、技术基础薄弱。由于民营企业本身能力不足，缺乏基础的人力、物力和技术，因此资源型城市的民营企业在产品质量的标准化及质量检测方面仍然薄弱。甚至有些民营企业会出现制假现象，例如将煤矸石粉碎后掺入工业用煤炭中，充当按照优质煤售出，有的企业将低质混合油掺入汽油中卖出，严重影响了企业信誉。

民营企业管理意识落后。资源型城市民营企业的经营者由于教育背景或者从业经历等原因，普遍存在经营理念、管理意识落后等问题，主要表现为：首先，缺乏长远的经营规划与战略。民营企业一般迷信短期内见效快的经营方式，而没有从战略的角度对未来的市场开拓、技术研发等问题进行规划，制约了企业进一步的发展。其次是企业管理资源的内生化，即企业管理者为了加强其个人集权，往往选用其亲人或者朋友等共同利益者作为企业的次级管理者，导致企业管理出现动力不足等问题。

四、大同民营企业转型发展的机遇路径

大同市民营企业的发展虽然遇到了一些问题与瓶颈，但依然走出了一条成功且独特的发展路径。大同市企业顺应历史发展潮流，抓住产业升级的规律，从传统企业与新兴企业两方面入手，在发展中创新，在创新中跃进，不断寻找新的增长点。本文这一部分根据大同市之前发展的模式进行总结，并进一步探索大同市民营企业发展可能的机遇。

（一）加快传统民营企业转型

大同从事传统煤炭行业的民营企业，已经在横向和纵向两个维

度延长煤企的产业链，提升了煤炭的附加价值、缓解了污染问题。未来，大同可以进一步双向延伸产业链。在纵向产业链上，民营煤化工可以把重点转移到现代新型煤化工产品的制造上，并优化相关工艺。引进和培养煤化工高端技术人才，提升大同煤化工民营企业竞争力；在横向产业链上，将煤炭生产过程中产生的废物应用于化肥、医药产品、化妆品等的制作中，实现经济和环境双重收益。例如，以大同南郊燕山公司为代表的一批从事煤炭洗选加工的民营企业，可以对洗煤过程中排放的固体废物煤矸石进一步加工，生产出水泥、烧结砖、石棉等建筑材料。

但是，煤炭资源不可再生，随着采矿量的增加，其储量将逐渐减少。因此，我们还应着眼全局，发掘除煤炭之外更多的要素、资源，将它们引入发展体系，挖掘大同市民营企业发展新的增长动力，培养长期的经济增长点。

例如，大同市盛产绿豆、杏仁、小米等农作物，丰富的山川和多样的农业资源为农业综合开发提供了广阔的发展空间。大同市凭借良好的自然生态环境，也已建立了部分农作物的北京直供点，对大同市农业发展起到了持续推进作用。下一步，大同政府规划依托大同新发地农产品冷链物流市场，推广天镇农产品北京直营店经营模式，全力开拓京津市场，把大同建成京津地区“菜篮子”基地和特色农产品供给基地。这些都是未来大同市民营企业继续从事农业相关产业、深挖大同农业发展潜力的重要优势。

（二）发展优质产业，培养民营企业新的利润增长点

大同市作为国家重要能源基地，经过多年积累，在发展战略性产业方面具备了一定的有利条件和发展基础，在机械制造、新能源、生物医药等领域形成了一定规模和特色，未来可以进一步做大做强。同时，由于大同具备临近京津冀的地理优势，加上强大的旅游资源禀赋，大同可以未来重点挖掘文旅产业。大同政府应该做好规

划,促进以上产业进一步发展,同时在合适的阶段引导本地民营企业进入这些优质产业,或扶持那些原本从事这些产业的民营企业做大做强,为本地民营企业培养新的利润增长点。大同的民营企业家也应该提高发展意识,积极主动的联系政府部门和行业专家,咨询行业的相关政策和相关事宜,及早了解招商政策和优惠条件,委托相关咨询机构调研最新产业的发展状况,做好企业转型前的思想准备。

加快发展机械制造业。依托大同市已有的装备制造产业园,重点发展机械配件加工、重型汽车及配套、煤机制造,建造极富地区特点、极富竞争优势的装备制造基地。一方面,大同政府要规划扩大大同装备制造产业园的数量和质量,推动电机制造企业的集中布局和集群发展。进一步提高技术密集型电机产品和设备的研发和生产水平,构建山西省重要的电气机械设备制造基地;另一方面,园区可以进一步拉长机械制造产业链,发展上游机械零部件,向下游发展仓储点物流网络建设,形成依赖集群发展的工业体系。

完善新能源产业链。大同地处山西最北部,气候为温带大陆性季风气候,丰富的日照及风力资源为其发展光伏发电和风能发电提供了得天独厚的优势,大量的煤副产物氢也为氢能和燃料电池的发展提供了基本条件。目前,大同市已经规划建设了大同能源革命科技创新产业园,成立新能源产业技术研究院,为大同新能源企业的发展奠定基础。未来,大同可以充分发挥其新能源资源优势,打造清洁能源供应基地,同时加快完善新能源产业链,开发动力电池产业集聚区、培育新能源汽车产业等。要达到以上目标,大同政府要加强整体规划产业布局,同时要以加强基础设施建设、推进招商引资、强化金融服务等措施,助力新能源产业发展。大同民营企业应该配合政府规划,发展清洁、节能的新能源产业。

打造大同特色文旅产业。充分利用丰富的历史文化遗迹及自然资源、自然环境等禀赋优势,发展具有大同特色的文旅产业。文旅产业是民营企业最容易进入的产业,大同文旅业的民营企业已经利用了大同的资源优势,塑造了大同旅游名片。未来,大同市可以在之前的发展基础上,进一步打造大同文旅产业的特色,一是更加深入促进多产业交融,倡导社会共建共享,以文旅业促进大同经济社会全方位发展;二是进一步把握康养旅游的特征,强化社区保障设施的建设,提供医疗中心、休闲广场、便民中心等多功能服务;三是加大利用资源禀赋力度,开发出避暑康养、特色小镇、外长城旅游带等大同特色旅游目的地,以及供给原汁原味的旅游商品。

推动建设医药产业。医药产业覆盖面广、衍生性强,社会需求大,是十分具有发展前景的产业。目前大同已经拥有了一定的医药制造业发展基础,培育了一批制药龙头企业,三大制药领域协同发展,医药制药业民营企业发展势头迅猛。推动建设大同市医药产业,有助于大同市在当前京津冀协同发展机遇下,进一步融入京津冀医药行业产业链。

未来培育产业。利用大同独特的自然环境与区位优势,依托航空学校、通用机场等基础设施,抓住国内通航产业的发展机遇,将大同建设成为"面向华北、服务全国、连接海外"的通航产业先行先试平台。建立完整的航空运输网络与市场,形成通航产业集聚效应明显的战略型新兴产业,以此助推全市传统产业的转型升级与结构调整。找准自身定位,聚焦发展重点,做通航产业发展的排头兵。大同民营企业短时间内适合进入通航产业领域的服务性。

(三) 抓住机遇,承接京津冀产业

从产业合作优势来看,大同与京津冀的产业结构存在一定的互补性,未来可以增加其合作。一方面,大同市可以作为京津冀地区的能源、新材料和化工产品基地,发挥其现有产业比较优势,为京津冀提供能源和材料等基础性服务。另一方面,也可以利用北京、天津等地的科技、资金、教育等优势资源开展产业协作,延伸传统行业

产业链,大力挖掘新兴产业,加快完成产业转型发展。大同与京津冀地区互补合作的态势,必将为大同的民营企业的进一步发展带来机遇和挑战。大同的民营企业应该抓住这一机遇,不断增强企业的技术水平和综合竞争力,持续发展壮大。

1. *石墨制造配套京津冀新能源汽车制造上游*

大同电力、热力生产和供应业的年产值达到 84.75 亿元,这归功于大同丰富的煤炭储量及风力资源。能源供应催生了耗能的新材料制造业的繁荣,目前,大同已经拥有新成新材料、明阳新材料等一批在国内同行业生产规模较大、技术水平较高的特种石墨生产企业。石墨是锂离子电池重要的负极材料,而锂离子电池又是电动汽车的重要组成部分。动力锂电池下游增长对于上游原材料产生了旺盛需求,涉及石墨业务的民营企业,未来也将直接受益行业增长。大同石墨生产业的发展,对于大同承接天津、唐山、石家庄等地的智能汽车制造业的上游,起着重要的作用。

一方面,大同具有石墨制造产业发展基础。目前,大同已建成一批以新成新材料为代表的生产规模较大、技术水平较高的新材料制造企业,同时拥有一个新材料制造园区——大同花园屯新材料工业园区。另一方面,天津新能源汽车产业将迎来爆发期,具有对石墨材料的巨大需求。天津已经建成了领先全国、影响全球的电动汽车产业生态,形成了从整车制造、配件制造,到维护系统、服务系统和投资机构的新能源汽车上下游产业链。

有了产业基础以及销售市场,大同市新材料产业未来可期。但是石墨作为一种矿产,其资源也是有限的,未来,大同市政府要加强对石墨生产企业资质的管理,鼓励技术创新和产业交流,促进大同石墨产业长久的发展。一是要提高石墨市场从业门槛。确定石墨行业进入标准,保护石墨矿产资源,通过优化要素配置提升利用水平。二是要鼓励民营企业精细化生产。石墨烯企业不应该都是"大而全"的企业,应该鼓励"小而精"的企业,让这些企业模仿德国企业模式特质，即精细化、高端化、高品质和高利润。三是要鼓励行业协会、产业园区、研究机构等组织经常举办应用研讨会议。通过沙龙、研讨班、交流会等模式，交换企业需求、交流行业动态、推进技术应用、探讨技术研发为那些有实际发展需求但技术水平较为落后的民营企业创造学习、探讨的平台。

2. 文化旅游业承接京津冀游客

大同市旅游资源主要是以石窟、古寺等为特色的宗教特色资源，以及以避暑山庄为代表的康养类旅游资源，与北京、天津等发达地区的旅游资源相比，存在着较强的关联性及互补性，各方的旅游辐射范围也具有一定的重叠性（见表2），大同不仅具有与京津冀地区旅游资源一体化规划、旅游线路一体化设计的资源基础，同时等2019年年底与北京互通的高铁开通后，将拥有一大批来自北京的游客。

表2　京津冀及大同的旅游市场

地区	周边短途市场	中远程市场
北京	京郊、天津、河北	中西部地区
天津	北京、河北	河南、山西、内蒙古、山东
河北	北京、天津、河南、山西、山东、辽宁、内蒙古	华东、华中、东北
大同	山西、北京、天津、河北、山东、河南、陕西	东北、华东、华南

目前，大同旅游在北京的宣传力度不断增大，未来，大同市在深化与京津冀旅游圈合作时，必须发挥主观能动性，提升双方合作的概率，降低合作成本，增加合作利益。一方面，大同政府要通过多维度提高大同的旅游软硬件设施，来提升京津冀其它地区与其合作的积极性。另一方面，大同政府应倡导各方之间的沟通、加强区域监管、整体宣传形象。大同和京津冀各地区合作时，还要优化旅游资源配置，加强合作共赢，实现个体和区域的可持续发展。

作为地区发展的规划者，大同政府应主动引导大同企业尤其是力量较弱的民营企业承接京津冀地区产业转移。一方面要加大对高能耗的传统产业的科技支持力度,做好技术升级、低污低排工作,让传统能源"由黑转绿",在承接产业转移后进一步做大做强;另一方面要继续增强大同对技术密集型产业的吸引力,积极出台和规划针对高技术产业的导向性政策和辅助措施,在吸引计算机、通信和其他电子设备制造业的同时,积极引导其他技术密集型产业来晋投资。秉持把握产业优势、明确产业发展方向的原则,以改造传统产业和培育新兴产业为着力点更好地利用承接京津冀产业转移促进自身产业结构优化,实现产业转型升级。

五、大同市民营企业发展未来展望

民营企业是大同市经济发展重要的组成部分,也是未来持续健康发展的新动能新活力。大同市民营企业的发展不仅为大同市经济腾飞奠定了基础,更为资源型城市发展转型提供了可参考的范本。本文最后对大同市民营经济发展提出未来的展望,同时也可作为全部资源型城市发展的政策建议与道路思考。

(一)民营企业培育核心竞争力

企业的核心竞争力是企业"一组先进技术的和谐组合",这不仅包括企业的技术水平,也包含了企业的管理能力、长期经营发展的规划能力,以及企业文化渗透力等思路和理念。对于大同这样的资源型城市的民营企业要培养这些核心竞争力,一方面,要从意识上摆脱以往的资源依赖,将重心放在产品的研究开发、自主创新上,塑造企业本身特色,增强消费者对其认同度。大同型的资源型城市的民营企业目前的状况可能不适合其开展高精尖的技术,但是在现有的领域依然可以进行产品和技术创新,比如开发具有当地风情的文创产品、旅游纪念品,提供独一无二的避暑旅游服务等。另一方面，民营企业要注重培养以创新为主流的企业文化，将创新渗透到企业的发展理念、行为规范之中，形成一种鼓励创新的文化氛围。

（二）人才引进与培养并重

对于大同这样的资源型城市来说，其民营企业的赢利水平、职工薪酬普遍较低，难以吸引到高端人才的入职，这严重影响了这些企业的技术创新、管理创新，影响着企业的进一步发展。另一方面，企业就算吸引了人才，也因为不重视对人才的培养导致人才流失。资源型城市的民营企业要想加强人才引进与培养，一是政府方面可以加大财政扶持力度，通过政策杠杆引进创新人才向大同重点产业民营企业集聚，形成一支民营企业专业人才队伍；二是民营企业自身要营造适合人才发展的工作环境，千方百计留住人才，形成以人为本、惜才爱才的企业文化氛围。重视人才的生活需求和心理需求，多为人才提供技术提升的支持、创造技术交流的机会；三是可以采取与当地院校的模式，培养当地民营企业紧缺型人才。一方面是与资源型城市本地及周边的高职院校合作，增加他们的学生到相应行业民营企业的实验、实习及实践的频率，满足资源型城市民营企业的基础人才需求，提升其人才培养后劲。另一方面，推行订单式培养方式，在资源型城市民营企业紧需专业开展学校与企业“双导师”制，培养后备人才。

（三）多渠道化解民营企业融资难

大同这样的资源型城市的民营企业的技术水平落后、对人才吸引力缺乏等问题，很大一部分原因在于民营企业资金缺乏，而且存在融资约束多、融资难的问题。民营企业融资难，一方面是由民营企业本身的发展缺陷导致，另一方面也有来自于信息不对称、贷款制度的阻碍因素。要解决大同民营企业融资难的问题，一方面是解决贷款信息不对称问题。对于民营企业，应该规范企业财务管理制度，给银行提高可靠的财务报表，以此来取得银行的信任。对于政府来说，可以建立大型的国有中小企业担保机构，同时支持商业担保机构的发展，通过第三方担保机构的信息支持，解决银行对不熟悉的民营企业贷款的后顾之忧；另一方面是要拓宽资源型城市民营企业融资渠道。大同可以加大培育诸如融资租赁等金融模式，缓解民营煤炭企业、制造企业由于设备升级带来的资金缺乏压力，间接地促进企业融资。鼓励民营企业在市场发行债券，支持商业银行购买民营企业发行的债券，以此拓展企业融资渠道。这些建议对同类型的其他资源型城市同样存在借鉴意义。

六、小结

综上所述，大同近年来一直在努力探求一种资源型城市民营企业发展的“大同模式”，并已经取得初步成效。大同市以能源转型带动新旧动能转化，在改革传统国有企业过程中，大力培育新兴民营经济，充分利用自然地理人文等各种禀赋，改革体制，开放市场，充分利用比较优势融入区域发展，实现经济量的提升与质的飞跃。为进一步推动民营企业发展壮大，促进民营经济高质量发展，2018 年 12 月，大同市出台了《鼓励和支持民营企业发展的“二十条”政策措施》，围绕民营企业家关注的企业税负重、成本高、融资难、引进人才难等问题，结合大同市实际，从减轻企业负担、缓解企业融资难融资贵、营造公平竞争环境等八个方面提出了二十条措施，着力破解制约大同民营企业发展的突出困难和问题，为形成民营企业发展的“大同模式”指明了方向。相信，未来大同一定可以完成煤炭资源型城市的转型并实现经济的腾飞，大同市的民营企业也可以走出一条资源型城市在转型中具有代表性与示范性的中国道路！

参考文献

1. 白鹏飞、张仲宁："转型期资源型城市民营中小企业发展对策探析——基于对延安市民营中小企业的调研"，《中国市场》2016年第51期。
2. 曹拥军："豫西南地区资源型城市民营企业核心竞争力的研究"，硕士学位论文，华中科技大学，2005年。
3. 贾晓晴、赵奎涛，胡克："资源型城市转型发展探讨——以盘锦市为例"，《城市发展研究》2011年第1期。
4. 李蕾："资源型城市转型与区域经济协调发展研究——以大庆为例"，《大庆社会科学》2010年第2期。
5. 辽宁省人民政府发展研究中心课题组："资源型城市转型学概论"，《资源与产业》2003年第6期。
6. 刘武华："大同市经济战略思考与对策研究"，《晋阳学刊》2003年第S1期。
7. 彭方志、邵革军："西部资源型城市民营经济发展研究——以攀枝花为例"，《生产力研究》2010年第2期。
8. 田官平、刘嘉："大同市经济转型的效果评价及战略对策探讨"，《中国发展》2010年第3期。
9. 王元："重视单一产业性城市的可持续发展"，《人民日报》2000年1月11日。
10. 臧淑英、李丹、韩冬冰："资源型城市转型与循环经济发展——以黑龙江省伊春市为例"，《经济地理》2006年第1期。

（龚六堂，北京大学光华管理学院；赵玮璇，北京大学光华管理学院；陈新华，北京大学软件与微电子学院）

新能源行业民营企业的对外直接投资模式——基于项目层面数据的微观实证与案例研究

罗　青　马海超　周若馨

一、我国已成为对外直接投资大国

自从我国政府在“十五”计划中提出鼓励企业“走出去”的战略之后，越来越多的中国企业开始进行海外投资，以期寻求资源、技术、品牌、市场，并提升全球竞争力。在“一带一路”倡议不断推进的背景下，中国企业的一大批海外投资项目在亚、欧、非各沿线地区落地，也进一步带动了对“一带一路”沿线区域外的投资。

随着我国政府积极推动“一带一路”建设，稳步开展国际产能合作，“走出去”工作体系不断完善,中国企业主动融入经济全球化进程,对外投资的步伐加快。对外直接投资(Outward Direct Investment,ODI)是指在中国境内依法设立的企业通过新设、并购及其他方式,在境外拥有企业或取得既有企业所有权、控制权、经营管理权及其他权益的行为。对外直接投资充分发挥了市场在资源配置中的决定性作用,支持了国家"走出去"战略的实施,有利于中国企业充分利用国际国内两种资源、两个市场。

自2003年我国商务部发布年度数据以来,我国对外直接投资实现14年连续增长,年均增长速度高达35.8%。根据商务部公布的《2016年度中国对外直接投资统计公报》,2016年我国对外直接投资创下1961.5亿美元的历史最高值(见图1),是2002年的72.6倍。截至2016年年底,我国有2.44万家境内投资者在境外共设立对外直接投资企业3.72万家,分布在全球190个国家和地区,年末境外企业资产总额达5万亿美元。根据联合国贸发会议(United Nations Conference on Trade and Development,UNCTAD)《2017世界投资报告》(WIR 2017),2016年全球外国直接投资流出流量1.45万亿

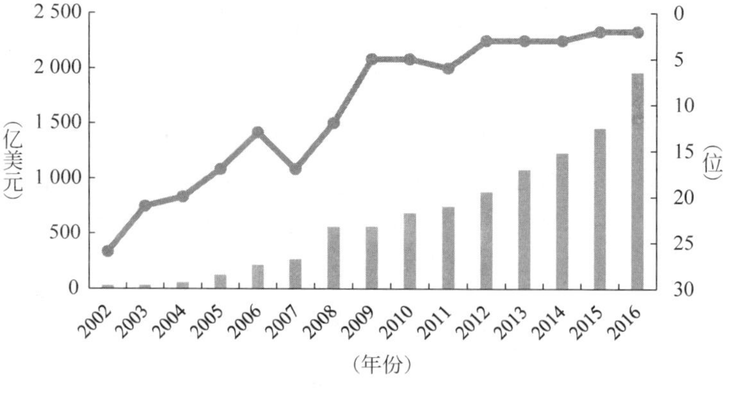

图1　中国历年对外直接投资流量金额与全球位次

(数据来源:《2016年度中国对外直接投资统计公报》)

美元,以此为基数计算,我国对外直接投资占全球当年流量的比重已由 2002 年的 0.5%提升至 2016 年的 13.5%。自从 2015 年以来,我国就已成为全球第二大对外投资国,并且对外直接投资超过吸引外资,已经成为双向直接投资项下的资本净输出国,在全球 FDI 格局中的地位和作用越来越重要。在这一背景之下,中国企业海外投资的趋势和模式吸引了越来越多的研究兴趣。

二、新能源行业的对外直接投资具有特殊意义

(一) 新能源是人类可持续发展的必由之路

人类同在一个地球上,是一个命运共同体。全球范围内的气候变暖、生态恶化、环境污染等现实难题,是全人类共同面临的挑战。据测算,全球化石能源燃烧每年排放二氧化碳 300 多亿吨、二氧化硫约 1.2 亿吨、氮氧化物约 1 亿吨,以及大量烟尘等污染物,不仅对大气、水质、土壤等造成严重污染和破坏,更是导致气候变化的最主要原因。当前,世界发展所面临的资源紧缺、环境污染、气候变化等严峻挑战,根源在于对化石能源的过度依赖,最根本的解决方案就是推进能源变革转型、加快清洁能源开发利用。

清洁能源包括水能、风能、太阳能、海洋能、地热能、生物质能等,取之不尽、用之不竭,理论上只要开发万分之五,即可满足人类全部能源需求,是惠及人类的主导能源。以清洁能源替代化石能源,将有效减少各类污染物排放,促进生态修复和环境保护。从现在起,全球清洁能源按照年均 12%的增速增长,到 2050 年清洁能源比重将达到 80%左右,届时全球二氧化碳排放可控制在 1990 年一半的水平,能够实现大气温升控制在 2℃以内的目标,根本解决全球气候变化难题。从世界发展趋势来看,清洁能源将逐步替代化石能源,各类清洁能源必然会成为未来能源系统的主导。

在这一背景之下，全球新能源产业呈现出蓬勃的发展趋势，也成为热门的投资领域。据国际可再生能源机构（The International Renewable Energy Agency，IRENA）发布的《可再生能源统计》（*Renewable Energy Statistics*），2017 年全球可再生能源投资高达 2 798 亿美元，是增长最快的投资行业。

（二）新能源是中国转型发展的必然要求

能源行业向来是中国企业海外投资的重点领域，因为中国长期以来是世界上最大的能源消费国，中国过去 40 年来的经济增长建立在大量能源和资源消耗的基础上。为了维持高速经济增长，中国企业在政府的鼓励下投资于全球的能源行业，以获取对更多能源和资源的掌控。但是在能源行业内部，新能源[1]的海外投资与传统化石能源的海外投资有所区别。

传统化石能源领域的海外投资，追求的是保障中国的能源供给和能源安全，具有战略性导向，并且主要是使中国单方面受益。但中国在化石能源领域的海外投资，由于其对东道国不可再生资源的耗竭性开采和对自然生态环境的不可逆性破坏，难以避免地承受了来自西方国家的巨大舆论压力。而中国企业的海外新能源投资，则促进了东道国对清洁能源的开发和利用，有助于东道国的可持续发展，对于应对全球气候变化、实现联合国 2030 年可持续发展议程（SDG 2030）有巨大贡献，是利己又利人、让东道国更有获得感、双赢乃至多赢的举措，完全避免了“污染天堂”的指责。在各方共建“一带一路”的背景下，新能源行业的海外投资把“一带一路”建设成绿色“一带一路”，是保障“一带一路”倡议可持续推进的根本举措。

---

[1] 本文所指的新能源从概念上近似于非水可再生能源，范围包括风能、光能、地热能、潮汐能、生物质能。

在传统化石能源领域，由于中国资源相对紧缺，长期以来是油气资源的净进口国，不具有比较优势，中国的海外油气投资实际上是在弥补自身的比较劣势。而中国的新能源产业发展迅速，风电、光电装机容量和增速连续多年领跑全球，风机、光伏产品大规模对外出口，不少中国新能源企业在技术、产能、管理等方面处于世界领先地位。因此，新能源领域的海外投资是中国的比较优势对外输出。

从趋势上来看，摆脱对化石能源的依赖是中国实现能源结构转型、环境质量改善的必由之路。随着中国逐步减少对化石燃料的消耗，传统化石能源的海外投资必要性降低，而新能源投资将越来越重要。

（三）民营企业是新能源行业对外直接投资的主力军

传统化石能源领域，由于在中国国内由几大央企寡头所垄断，所以海外的化石能源投资也几乎全部由几大央企寡头完成。央企资金雄厚、融资渠道多、融资成本低，它们的海外投资往往具有国家战略色彩，对风险、收益率并不敏感。而新能源领域中，民营企业很活跃，民营企业的海外投资对风险、收益率更敏感，因此中国企业的新能源海外投资，尤其是民营企业的新能源海外投资，更值得关注和研究。

随着我国国内新能源产业的蓬勃发展，一批本土企业逐步掌握了风电、光电、新能源汽车等领域的核心技术，成为国际知名的企业，其中的明星多为民营企业。在“中国新能源企业 30 强”榜单中，共有 18 家是民营企业，例如风电行业的金风科技、远景能源等，光伏行业的汉能太阳能、天合光能、隆基太阳能等，以及新能源汽车领域的比亚迪、万向、蔚来等。同时，通过海外并购、合资经营、联合研发等形式，一批新能源行业的本土民营企业逐步实施国际化经营战略，利用国内、国际两个市场、两种资源，充分参与全球竞争，既利用自身优势发掘了海外市场，又通过海外资源进一步提升了自身竞争力。

三、民营企业海外新能源项目投资模式的影响因素

（一）研究问题提出

中国民营企业在新能源领域的对外直接投资项目，有绿地投资（greenfield）和并购投资（M&A）两大类模式。本文将采用项目层面的微观数据和定量的研究方法，整合项目、企业、东道国三重异质性维度，对新能源行业民营企业的海外投资进行刻画，并尝试回答以下问题：从项目、企业、东道国三个维度来考虑，决定投资模式的影响因素有哪些？

对于新能源海外投资的模式，我们关心哪些因素会影响中国民营企业的绿地投资决策。为什么看重绿地投资呢？主要有以下几方面考虑。

（1）绿地投资能创造新的就业机会、创造新的基础设施，因此更有助于东道国的长期经济发展，会为东道国带来更多的人力资本红利，让东道国从中国企业的投资中更有获得感。

（2）与绿地投资相比，并购投资并不需要那么多的时间、成本投入和进入准备，对投资者的行业专业性要求也更低，因此有时并购投资背后的动机并不单纯。有些并购了海外风电、光伏项目的投资企业甚至都不是新能源行业的公司，这些并购交易更多代表了资本运作的目的，对于东道国新能源产业的发展并没有实质性的帮助。例如，2007 年香港的沛辉投资收购了新加坡的光伏制造商杰俐公司（Rowsley），投资者是金融行业的公司。

（3）由于并购交易具有短、平、快的特点，因此成为一些中国新能源民营企业快速获取先进技术的捷径。例如，2006 年无锡尚德收购了日本 MSK 企业 67%的股权，MSK 是日本最大的光伏制造商

之一，拥有全球领先的光伏建筑一体化(Building Integrated Photovoltaics,BIPV)技术;2012年,汉能集团全资收购了德国企业索比(Solibro),这家企业之前是德国光电巨头Q电池公司(Q-Cells)的全资子公司,在太阳能薄膜发电领域掌握顶尖技术,是共蒸发法产量最大的公司。虽然这样的并购投资能在短时间内让中国民营企业一跃登上掌握尖端科技的领先地位,但我们认为这样的投资不应当被鼓励。对东道国来说,从这样的并购投资中受益有限。从中国民营企业的角度来说,新能源产业是朝阳产业,技术的更新换代很快,通过并购获取的技术领先地位并不能长久维持,真正提升民营企业技术实力的手段还是通过科技研发投入,培养研究人才和技术团队,这样才能持续引领未来的技术更新换代。

综合以上几点原因,我们认为,在中国民营企业的新能源海外投资模式中,绿地投资更值得被鼓励。因此在实证探究中,我们将研究哪些因素决定中国民营企业新能源海外投资是否采用绿地投资模式。

(二) 数据描述

本研究利用项目层面的微观数据,来探究中国民营企业在新能源行业的海外投资,采用的数据来自中国全球投资追踪(China Global Investment Tracker,CGIT)。该微观数据库由美国企业研究所(American Enterprise Institute,AEI)和传统基金会(The Heritage Foundation)共同发布,追踪了中国企业自2005年以来历年的海外全球投资,收录中国企业投资金额在1亿美元以上的海外大型项目信息,目前已收录3 330条项目。与宏观加总的中国对外投资数据相比,项目层面的CGIT数据库具有以下优点:

(1) CGIT数据库以中国企业的海外投资项目为记录单位,共划分14个一级行业,并可进一步细分至25个二级子行业,提供了对某一特定行业或子行业深入分析的可能性(见表1)。

表 1　CGIT 数据库分行业描述统计〔1〕

一级行业(Sector)	项目数量	二级子行业(Subsector)	项目数量
农业(Agriculture)	130	未知(Unknown)	130
化工(Chemicals)	51	未知(Unknown)	51
能源(Energy)	971	替代能源(Alternative)	130
		煤炭(Coal)	157
		天然气(Gas)	137
		水力(Hydro)	181
		石油(Oil)	181
		未知(Unknown)	185
娱乐(Entertainment)	76	未知(Unknown)	76
金融(Finance)	123	银行(Banking)	49
		保险(Insurance)	5
		投资(Investment)	37
		未知(Unknown)	32
健康(Health)	67	未知(Unknown)	67
物流(Logistics)	43	未知(Unknown)	43
金属(Metals)	294	铝(Aluminum)	33
		铜(Copper)	53
		钢铁(Steel)	119
		未知(Unknown)	89
房地产(Real estate)	457	建筑施工(Construction)	284
		不动产(Property)	173
信息技术(Information Technology)	143	电信(Telecom)	88
		未知(Unknown)	55
旅游(Tourism)	85	未知(Unknown)	85
交通(Transport)	657	汽车(Autos)	340
		航空(Aviation)	82
		铁路(Rail)	131
		海运(Shipping)	100
		未知(Unknown)	4
公用事业(Utilities)	88	未知(Unknown)	88

〔1〕　表中数据为 2019 年 4 月 3 日查询更新。

续表

一级行业(Sector)	项目数量	二级子行业(Subsector)	项目数量
其他(Other)	145	通讯(Communications)	1
		快消(Consumer)	45
		教育(Education)	18
		工业(Industry)	32
		纺织(Textiles)	19
		木材(Timber)	18
		未知(Unknown)	12
总计		3 330	

数据来源:作者根据 CGIT 数据库自行整理得出。

(2) CGIT 数据库的时间跨度久,追踪的时间足够长,时效性好。中国商务部发布的对外直接投资官方统计数据从 2003 年度开始,而 CGIT 数据库收录的中国对外投资项目最早可追溯至 2005 年 1 月,基本与官方统计数据的起始时间吻合。而由于 CGIT 数据库实时动态更新,目前已将 2018 年 12 月的投资项目收录其中(见图 2),时效性远高于中国商务部发布的官方统计数据[1]。

(3) 为了得到企业层面对外投资的微观样本数据,有些文献采用特定行业上市公司的数据,有些文献采用企业调研的方式获取数据,但局限在某些沿海省份的企业,或对特定国家投资的企业。CGIT 数据库的优点在于,收录的投资企业不局限于上市公司,也不局限于某些沿海省份,投资东道国也覆盖全球各国各地区,不局限于某些区域,更有助于看清中国企业全球投资的宏观格局。

(4) CGIT 数据库追踪至最终投资国,避免了由于避税动机带来的投资东道国谬误和投资行业谬误。中国商务部公布的《中国对外直接投资统计公报》,对于投资目的地和投资行业的筛选不够严

[1] 目前中国商务部发布的最新官方统计数据截止到 2017 年度。

表 2　主要变量描述

变　　量	定　　义	测 度 方 法	数 据 来 源
Greenfield	新能源投资项目是否为绿地投资模式	0/1 二值变量	CGIT 数据库、网络资源检索
Quantity	以百万美元现价计算的项目投资额	连续型数值	CGIT 数据库
Age	投资发生时的企业年龄	连续型数值	各公司官网
GNIPerCapita	投资东道国以美元现价计算的人均国民收入	连续型数值	世界银行
CreditRating	投资东道国的主权债务评级	连续型数值	标准普尔主权债务评级历史

四、实证结果

回归分析中,变量的描述性统计如表 3 所示。

表 3　变量的描述性统计

变量	观测值	均值	标准差	最小值	最大值
Greenfield	62	0. 6451613	0. 4823703	0	1
Quantity	62	472. 4194	507. 2125	100	2 030
Age	62	18. 72581	13. 27536	0	79
GNIPerCapita	62	27469. 68	22865. 67	600	104 340
CreditRating	62	15. 70968	6. 114715	1	22

基于混合横截面数据,构建出 Probit 回归模型,其中解释变量中的东道国特征变量取投资发生之前一年的数值。

$$\text{Probit}(Greenfield_t) = \beta_1 * Quantity_t + \beta_2 * Age_t + \beta_3 * GNIPerCapita_{t-1} + \beta_4 * CreditRating_{t-1} + \varepsilon$$

用 Stata 软件进行回归分析,并计算平均边际效应,报告回归系数如表 4 所示。由于是小样本,我们采用自助法模拟来扩充样本容量,并分别模拟 100 次、500 次、1 000 次后进行回归,以检验模型的稳健性[1]。

表 4 Probit 模型回归结果

变　量	系　数	平均边际效应
Quantity	−0.0005571 (0.0004831)	−0.0001775 (0.0001466)
Age	−0.0365767* (0.019613)	−0.0116551** (0.0054342)
GNIPerCapita	0.0000307* (0.0000185)	9.79e-06 * (5.31e-06)
CreditRating	−0.0867843 (0.0691665)	−0.0276536 (0.0204303)
Constant	1.892195* (0.9791862)	
正确分类比例	69.35%	
观测值	62	
自助法重复抽样次数	1 000	

注：括号中表示标准误，*** $p<0.01$，** $p<0.05$，* $p<0.1$。

从回归结果中可以发现，总体上来看，企业年龄（*Age*）、东道国经济发展水平（*GNIPerCapita*）对绿地投资有显著影响。企业年龄（*Age*）的平均边际影响显著为负，这点出乎意料，说明年轻的、成长型的民营企业更倾向于绿地投资，而成熟的民营企业在投资模式选择上较为保守。东道国经济发展水平（*GNIPerCapita*）的平均边际显著影响为正，说明东道国的经济发展水平越高，越倾向于绿地投资。投资金额（*Quantity*）、东道国经营风险（*CreditRating*）对绿地投资的影响不够显著，但从影响方向来看，投资金额越大，越不容易采用绿地投资模式，反而是相对较小的投资项目容易采取绿地投资。

[1] 稳健性检验结果表明，变量的回归系数和显著性均未发生大的改变，表 4 中汇报自助法模拟抽样 1 000 次的回归结果。

五、风电民企的国际化发展之路——以金风科技为例

（一）金风科技概况

金风科技成立于1998年，是一家民营企业，也是中国新能源发展的亲历者与创新的推动者，多次入选“全球创新能力企业50强”，荣登2016年度“全球挑战者”百强榜，被《知识产权资产管理IAM》组织授予“中国知识产权倡导者”殊荣。成立至今，金风科技实现全球风电装机容量超过50GW，31 000台风电机组在全球6大洲、近24个国家稳定运行，其中直驱机组超过27 000台。金风科技具备深度开发国际市场的能力，在全球范围拥有7大研发中心，与7所全球院校合作，拥有强大的自主研发能力，承担国家重点科研项目近30项，掌握专利技术超过3 900项，获得超过33种机型的设计与型式认证，在深交所、港交所两地上市。作为我国风电行业的领军企业，金风科技致力于推动全球能源转型，发展人人可负担、可靠、可持续的未来能源。

金风科技目前是中国国内最大的风力发电机组整机制造商，2017年度国内新增装机超过5.3GW，市场占有率29%，连续7年位居国内第一。同时，金风科技也是全球领先的风机行业龙头，全球累计装机超过44GW，新增装机排名全球第三，占比约11%。作为长期以来国内装机量最大的整机商，金风科技在国际业务方面的成绩显著。根据中国风能协会统计数据，截至2015年上半年，金风科技的风电机组已经出口至美国、巴拿马、澳大利亚、罗马尼亚、智利、埃塞俄比亚、巴基斯坦、泰国等14个国家，累计出口容量达880MW，占中国全部机组累计总出口容量的46.3%。

（二）金风科技的国际化历程

金风科技在国际化发展中取得的成绩，既得益于其在全球装机

超过 26GW 而拥有的大数据及研发技术的积累,也得益于其明晰的战略和持之以恒的精神。我国不少新能源民营企业走向国际,是因为国内市场在此之前有一段调整期,需要加快拓展国际业务,希望以此保证销售的平稳。而金风科技开发国际市场是战略性的,而不是战术性的。

金风科技在 2005 年的时候就已专门成立一个国际化小组,开始招聘外籍人才,并尝试做一些国际化的探索。金风科技“出海”的第一站是在澳大利亚和美国,通过收购项目开发权和自建的方式拥有了几个风电场。其中,美国明尼苏达州 UILK 风电项目的 3 台机组于 2009 年并网发电。该项目的机组可利用率达到了 98%,这对于海外项目而言是难能可贵的。此后,金风科技又在美国开发了一个 109.5MW 的风电项目,通过一两年的试运行,充分证明了金风机组完全能够经受住考验。金风科技在美国与澳大利亚等国家的声望,被迅速树立。2011 年,为进一步开展国际业务,金风国际控股(香港)有限公司注册建立,金风科技的海外业务发展驶入了快车道。在巴拿马皮诺诺梅(Penonome)风电场项目中,金风科技实现了本地融资,融资方是由多家银行组成的银团,为这个项目提供了数亿美元融资。2014 年 11 月 24 日,巴基斯坦 TGF 风电场项目的 33 台 1.5MW 机组经受住了 45℃高温的考验,一次性通过当地 168 小时试运行,打破了相邻风电场 4 个月至 8 个月通过试运行的纪录。

(三)金风科技的国际化成功经验

作为一家民营企业,金风科技之所以能够成为中国风电行业中国际化发展的领军企业,在全球市场中占有一席之地,与“五个国际化”的战略思想有关,分别是技术国际化、人才国际化、管理国际化、市场国际化和资本国际化。

在技术的国际化方面,金风科技早在 2004 年便与德国湾色斯

(Vensys)公司联合设计直驱永磁兆瓦级机组。2008年1月,金风科技斥资4亿多元人民币收购了湾色斯公司的70%股权,标志着金风科技成为真正具备完全自主研发设计能力,和完整自主知识产权的风电设备制造商。湾色斯公司的先进技术,让金风科技的科研体系更趋完善,直驱永磁技术的掌握对于金风科技顺利进入国际市场起到了重要作用。

在人才的国际化方面,金风科技目前有上百名外籍员工,其中有不少来自全球知名企业。外籍员工中,既有技术和销售人才,也有经验丰富的管理人员。金风科技在国外建立的子公司,也基本都采用了雇员的属地化管理,美国和澳大利亚的分公司,人员属地化程度达到90%以上。

在管理的国际化方面,金风科技形成了兼容并包的公司文化。海外投资项目在组建团队之初,就从当地寻找在风电行业或者投融资方面有影响力的人才,包括高管、销售和运维人员等。由于国外不存在官本位思想,文化是开放的,更有利于海外项目团队的科学决策。

在市场的国际化方面,通过不断布局,金风科技的国际市场也已初具规模。在2006年成立德国金风风能有限责任公司的基础上,还在美国、澳大利亚、南非等地设立了子公司。成立这些公司的目的,不是简单地在当地销售产品,而是从研发、制造、供应链等方面打造本土化产业价值链。

在资本的国际化方面,金风科技积极尝试海外上市。2010年10月8日,经香港联交所核准,金风发行的H股在香港联交所挂牌并上市交易,此次香港公开发行录得约41.19倍超额认购,所得款项净额约为80亿港元。随着H股的成功上市,金风科技实现了资本国际化的目标,进军国际市场也有了更加雄厚的资本实力。

六、结论和建议

中国民营企业在新能源领域的对外直接投资项目有绿地投资和并购投资两大类模式，从项目、企业、东道国三个维度来考虑，民营企业年龄、东道国经济发展水平对绿地投资有显著影响。年轻的、成长型的民营企业更倾向于绿地投资，而成熟的民营企业在投资模式选择上较为保守。东道国的经济发展水平越高，越倾向于绿地投资。

国家的对外投资管理部门及相关的金融服务机构，应当对民营企业制定有针对性的优惠政策，通过税收减免、税收返还、担保增信等方式减轻民营企业的融资负担，帮助民营企业尤其是成长期的民营企业做大做强。

从民营企业的角度而言，在“走出去”投资时，应对东道国的各类风险有足够的预判和准备，包括政治风险、法律风险、经济风险等。在东道国进行绿地投资时，中国的民营企业应提升本地化经营、本地化融资、本地化雇员的水平，提供与国际标准接轨的产品和服务。

参考文献

1. 曹慧平：“我国民营企业海外投资模式分析”，《对外经贸》2006 年第 4 期，第 51—52 页。
2. 陈强：《高级计量经济学及 Stata 应用（第 2 版）》，高等教育出版社 2014 年版。
3. 程志强：“推动全球能源革命的战略构想”，《电气时代》2016 年第 3 期，第 22—24 页。
4. 程志强：“推动世界能源转型发展的中国智慧”，《南方企业家》2017 年第 8 期，第 23—25 页。
5. 胡志军：《中国民营企业海外直接投资》，对外经济贸易大学出版社 2015 年版。
6. 厉以宁：“厉以宁：中国现在需要培养大量的、新的民营企业”，《商业观察》

2018 年第 9 期,第 10—12 页。
7. 厉以宁:“中国公司对外直接投资的前景”,《环渤海经济瞭望》1995 年第 4 期,第 26—29 页。
8. 刘振亚:《全球能源互联网》,中国电力出版社 2015 年版。
9. 石慧敏、王宇澄:“评估中国对外投资风险——通过投资者—国家争端解决案件的角度”,《经济理论与经济管理》2018 年第 9 期,第 103—112 页。
10. 汪慧芳:“国有企业与民营企业海外投资的比较分析”,《中国经贸导刊》2010 年第 20 期,第 50 页。
11. 谢云:“新能源企业‘走出去’,如何做才有发展”,《国际融资》2017 年第 3 期,第 18—22 页。
12. 余官胜:“融资约束、东道国汇率风险与企业对外直接投资区位选择——基于浙江省微观企业层面数据的实证研究”,《浙江工商大学学报》2017 年第 6 期,第 87—96 页。
13. 宗芳宇、路江涌、武常岐:“双边投资协定,制度环境和企业对外直接投资区位选择”,《经济研究》2012 年第 5 期,第 71—82 页。
14. Conrad B.,Kostka G.,“Chinese investments in Europe's energy sector:Risks and opportunities”,*Energy Policy*,vol. 101,2017,pp. 644-648.
15. Curran L.,P Lv,Spigarelli F.,“Chinese investment in the EU renewable energy sector:Motives,synergies and policy implications”,*Energy Policy*,vol. 101,2017,pp. 670-682.
16. Liedtke S.,“Chinese energy investments in Europe:An analysis of policy drivers and approaches”,*Energy Policy*,vol. 101,2017,pp. 659-669.
17. P Lv,Spigarelli F.,“The integration of Chinese and European renewable energy markets:The role of Chinese foreign direct investments”,*Energy Policy*,vol. 81,2015,pp. 14-26.
18. Tracy E. F.,Shvarts E.,Simonov E.,et al.,“China's new Eurasian ambitions:the environmental risks of the Silk Road Economic Belt”,*Eurasian Geography and Economics*,vol. 58,2017,pp. 56-88.

(罗青,内蒙古呼和浩特市委、市政府,和林格尔新区党工委、管委会;马海超,中国投资有限责任公司董事会办公室;周若馨,对外经济贸易大学信息学院)

前进中的民营电力企业

王军礼　丛　庆

第三次工业革命之后，信息技术产业和传统工业产业并驾齐驱，共同驱动国民经济的快速发展。信息技术产业作为独立产业，其快速发展的效应不仅是本身使一国的国民产出增加，也促进了传统工业转型升级，为传统工业安装了“工业大脑”。在经济结构转型升级的过程中，基础能源的地位也在逐渐发生变化，电力逐渐与有工业血液之称的“石油”具有同等地位，成为决定国民经济发展质量和速度的基础性能源，电力产业成为重要的国家基础产业。电力产业的健康发展关系国计民生，对保障国民经济的正常运行起到决定性作用。电力行业对于国民经济的重要性体现在两方面。一方面电力已经成为一国必需的基础能源,电力是生活能源消费和工业能源消费的必须能源,甚至成为主要消费能源。一般情况来说,一个国家拥有高效、发达的电力生产体系就意味着经济高速、稳定增长的更大可能性。另一方面,电力行业的发展相对于国民经济发展具有先行性。初级工业社会的发展口号是“要想富,先修路”,信息技术社会的发展口号应该是“要想富,先发电”。作为必需的基础能源,电力产业的发展程度可以作为先行性的经济指标,电力产业的繁荣程度作为当下经济的评价指标,构成国民经济发展评价体系和预测体系的一部分。总而言之,能源消费电气化趋势表明,电力已经成为工业、农业、交通业等各行业发展不可或缺的直接动力,对改善和提高人民物质生活、文化生活具有重要意义〔1〕。从我国电力行业的发展现状来看,国有经济主导的电力生产工业和民营经济为主的电力设备生产、电力工程承建工业共同组成了我国的电力行业,为我国的电力行业发展从不同方面起到了不可或缺的作用。

“目前,我国中小企业具有‘五六七八九’的典型特征,贡献了50%以上的税收,60%以上的 GDP,70%以上的技术创新,80%以上的城镇劳动就业,90%以上的企业数量,是国民经济和社会发展的生力军,是建设现代化经济体系、推动经济实现高质量发展的重要基础,是扩大就业、改善民生的重要支撑,是企业家精神的重要发源地。做好中小企业工作,对稳就业、稳金融、稳投资、稳外资、稳外贸、稳预期,增强经济长期竞争力都具有重要意义”。

民营企业和电力企业对于我国的经济发展都意义非凡,因此本文通过对电力行业的民营企业的发展状况进行探讨,思考民营电力

---

〔1〕 李晶、李森:“分析电力在中国经济社会发展中的地位及作用”,《现代经济信息》2018 年第 19 期。

企业的经济贡献、发展路径、行业困境,从而针对促进民营电力企业发展、改善民营电力企业发展环境提出一定的建议。

一、电力行业在国民经济发展中的重要作用

(一)电力行业与国民经济发展

1. 电力发展对于国民经济发展的驱动作用

随着我国经济的发展,用电需求和电力生产量也逐年增加,电力消费的增长速度一直高于我国 GDP 增长速度。从历史数据来看,我国经济的增长是伴随着电力的发展,并且电力在能源消费中的比重越来越大。我国 2000 年时水电、风电、核电的电能总产量仅在 10 669.87 万吨标准煤,2016 年电力生产总量已经达到 58 474 万吨标准煤,增长了 4 倍有余。

从国家统计局统计口径来看,能源生产总量可以粗略划分为原煤生产总量、原油生产总量、天然气生产总量、三大电力(水电、风电、核电)生产总量。纵向来看,我们使用时间加权的增长率来衡量能源生产增长速度。从 2000 年至 2016 年,我国年度能源生产总量从 138 569.7 万吨标准煤快速增长至 346 037.31 万吨标准煤,年能源生产总量相对于 2000 年增长 149.72%,时间加权的年化增长率为 5.89%。主要生产能源中,原煤生产总量时间加权的增长率为 5.58%,原油生产增长率为 1.24%,天然气生产增长率为 10.71%,三大电力生产增长率为 11.22%。可以看出在主要生产的能源中,电力和天然气生产的增长率遥遥领先。不同的是,受西气东输战略影响,天然气使用增加的主要原因是天然气是作为燃煤和煤气、液化石油气的替代消费品而增加,属于替代性的消费。但是电力消费大幅度增长的主要原因是我国国民经济快速发展,对电力的需求与日俱增,属于发展的刚性需求,并且电力作为能源具有很低的可替代性。为了应对活跃的用电需求,我国在发电设备固定资产投资、

电力生产量上相对于其他能源都处于较高的增长水平。我们还可以从能源生产量占比的角度来看我国经济发展过程中的能源使用特点(见图1)。

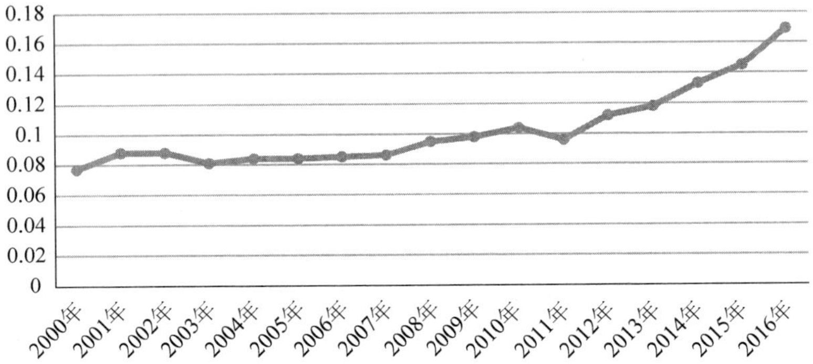

图1　三大电力生产总量占能源生产总量百分比

数据来源:国家统计局网站。

图1中为三大电力生产量(万吨标准煤)占能源生产总量(万吨标准煤)的百分比,横轴为一年份为单位的时间刻度。从图中可以看出,我国能源生产结构随着时间推移发生显著的变化,2000年三大电力生产总量仅占全部能源生产的8%左右,到了2016年三大电力能源生产已经占据能源生产总量的16%左右,所占比例翻倍。可以看出,电力作为基础能源在经济发展中的作用与日俱增。这种占比的增长主要由两方面因素决定。一方面是电力作为信息社会的重要生产元素,会随着国民经济的转型升级需求逐渐增加,这是社会发展的必然。另一方面是,电力是清洁能源。重视电力的高效生产和使用符合实现可持续发展的能源布局。从电力生产总量的内部结构来看,我国新增火电比重远低于核电、风电新增比重,而且在相关发电、运输、储存设备的投资上核电和风电的增加速度也远大于火电增加速度。我国电力生产行业的变化主要体现在量上的增加,和内部结构调整带来的质的提高。

表1和图2分别展示我国电力行业的供需状况。表1中展示了我国能源加工转换效率时间加权的增长率。各类能源的转换效率中,电力的转换效率的增长率是各类能源加工转换中最高的,这从侧面反映了我国对电力行业投资的重视不仅是生产量的增加,而且生产质量也逐年增加。图2是时间加权的人均生活能源消费色阶图,从增长率来看,电力对居民生活也起到了重要作用。

2. 电力行业发展水平是国民经济的指示器

同其他能源相比,电力有一个特殊的特点就是电力是一种容易运输、容易标准化的产品。电力可以用统一的电力度量单位来衡量,而不涉及电力能源的消费质量问题。而且电力在整个运输、存储、消费的环节中都是有迹可寻的,现在的传感器和计算机技术可以在一定精度范围内获取相对准确的电力数据。可以搜集到如此准确的宏观经济数据和电力对宏观经济的关键作用,通过对电力生产、消费结构的分析,可以准确的反映出各行业实际的发展情况、工业的总体发展情况、居民消费情况等。另外,由于工业的发展需要充足的电力供给,电力生产总量和电力行业投资往往先行于或者同步于国民经济发展。当然,数据表明,电力生产总量并不总是与国民经济发展同步或者先行于国民经济。发生背离的主要原因在于

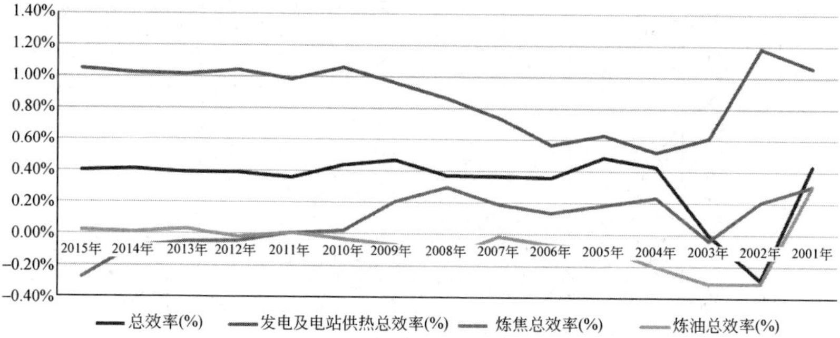

图2　能源加工转换效率

数据来源:国家统计局网站。

表 1　2000—2015 年时间加权的人均生活能源消费增长色阶表

	2015 年	2014 年	2013 年	2012 年	2011 年	2010 年	2009 年	2008 年	2007 年	2006 年	2005 年	2004 年	2003 年	2002 年	2001 年
人均能源生活消费量增长率	7.02%	7.13%	7.43%	7.46%	7.55%	7.54%	8.01%	8.53%	9.55%	9.70%	9.84%	9.68%	7.94%	5.17%	3.03%
人均煤炭生活消费量增长率	0.12%	0.08%	0.11%	0.25%	0.20%	0.22%	0.25%	0.39%	1.45%	2.26%	2.82%	3.00%	1.42%	-0.97%	-1.34%
人均电力生活消费量增长率	11.02%	11.47%	12.22%	12.25%	12.45%	12.79%	13.73%	14.17%	15.13%	14.24%	13.99%	12.47%	11.57%	9.66%	10.00%
人均液化石油气生活消费量增长率	6.94%	6.25%	5.48%	4.92%	5.30%	4.44%	5.70%	6.20%	8.96%	9.15%	8.45%	11.21%	8.14%	5.72%	-1.47%
人均天然气生活消费量增长率	16.65%	17.58%	18.57%	19.16%	20.21%	20.66%	19.88%	22.05%	22.72%	20.09%	18.60%	18.92%	15.44%	17.67%	26.92%
人均煤气生活消费量增长率	-3.46%	-2.42%	-1.80%	0.17%	0.79%	2.26%	2.51%	4.20%	5.03%	4.06%	2.11%	1.71%	0.33%	-1.01%	-6.00%

对应时期经济结构的变化、产业链供求关系、技术革新等情况。但是当这些外生变量平稳的情况下,电力总是同步于或者先行于国民经济发展。电力行业发展水平是否同步于或者先行于国民经济发展取决于电力弹性,任何影响电力生产弹性和电力消费弹性的原因平稳的情况下,电力发展水平总是可以很好地解释和预测国民经济发展水平[1]。电力的这一特点对于宏观统筹具有重要意义。可以通过对行业消费弹性的分析,初步判断经济结构发生了怎样的变化,然后顺藤摸瓜,理清经济发展和转型的脉络。

(二)民营企业在我国电力行业中的地位

我国电力行业的企业可以根据产品和服务类型划分为两类企业,一类企业是电力生产类企业,是充分利用自然界的各类一次能源进行电力生产、供电的企业,例如对煤、石油、风、太阳能、天然气、核燃料等一次能源加工转换发电。电力生产类企业以电能的生产、输送、调度为企业经营主要内容,保障电能持续安全供应,是社会工业和生活正常运转的保障。另外一类企业是包括发电设备检修、技术改造、电气自动化设备批发、电力工程施工总承包、火电设备安装工程专业承包、机电设备安装工程专业承包等各类电力设施安装和维护的企业。两类企业业务内容分明,业务交叉较小。由于企业的目标函数不同,民营电力企业和国有电力企业发展路径也就有所不同。从发展动力来看,民营企业有充足的扩大生产规模、扩张经营范围、技术创新的动力,为了占有更大的市场份额和获得更高的销售利润,企业通过技术创新、管理创新来获得更高的超额利润,通过扩大经营范围增加企业抵御市场风险的能力,通过扩大市场份额来获得产品的定价权。

---

〔1〕 李婷、禹海慧:“民营企业文化动力机制的构建:基于新媒体社交的发展”,《中外企业家》2017 年第 22 期。

业作为民营企业具备一般民营企业的共同特点，另外民营电力企业的经营范围是电力及其相关设备、技术，又具备电力行业的特点。民营企业的发展动力主要来源于独立产权体制、注重人才培养、先进技术投产、民营企业的企业家冒险精神、电力行业竞争的直接性、政府对民营电力企业发展的支持几个方面。

（一）独立产权促使民营电力企业在竞争中谋求生存和发展

民营电力企业能够取得长足发展的一个重要原因是他们是以独立产权的身份进行社会生产，在竞争中实现优胜劣汰。我国的电力生产行业属关乎国计民生并且有重要的政策意义，所以一直以来都处于大型国有企业垄断电力生产的情况，从电力生产资质、电力生产量、电力价格上都具有绝对的发言权。在垄断的环境下企业缺少竞争，不存在生存压力，势必缺乏创新动力，因此长期以来我国电力系统的进步速度相对于民营企业发展速度较慢。而民营电力企业没有“铁饭碗”，只有产品获得消费者青睐或者产品在产业链上下游中同一类型产品中具有优势，才能够继续生存。民营电力企业通过行业合作、行业竞争快速迭代出有竞争力的产品和服务[1]。在生产经营过程中，决策自由、盈亏自负，能够在市场经济环境下自由发展、快速发展。政府在民营电力企业的发展中起到的作用是对企业生产资质进行审核，保证电力安全，做好“守门员”的工作，和进行适当政策支持，做好“后勤工作”。独立产权的优势是民营电力企业根据自身发展和供需情况进行投资决策、管理制度制定、人才引进、科技创新等关乎企业生存的决定。

（二）民营电力企业重视人才

民营电力企业重视人才的培养。自由竞争中的企业优势不是

[1] 刘洪银：“民营企业营商环境约束与对策建议——基于京津冀地区的调查”，《中共天津市委党校学报》2018 年第 20 期。

凭空而来,是源于企业对人才的重视、对人力资本的大量投资、对科技研发的大量投资。民营企业也好,国有企业也好,企业和国家发展的根本动力都是人。产学研结合、外资技术引进等提高科技水平的政策虽然是政府率先发起。但是民营电力企业快速的学习了这些方法,利用这些方法将企业科研水平发展到新的高度,并且实现技术落地生产[1]。以华北电力大学为例,华北电力大学与广州艾博电力设计院共同成立研究生工作站,同时华北电力大学还有多个高校和企业、政府联合项目。在这样的产学研结合中,电力企业获得科技的快速发展同时也完成了人才培养和储备工作。而高校学生则学以致用,理论与实践结合,提高了理论知识水平和动手能力,这使得电力行业的人才素质得到了质的提升。因为人才素养较高和研发能力较强,因此产生了像天能集团、正泰集团这样的行业领头羊,在先进技术投产、应用技术创新等方面持续发展,甚至在相关领域取得国际范围内的突破,激烈的行业竞争和技术辐射带动了我国电力行业的整体发展。

(三) 民营企业家的冒险精神让民营企业充满活力和创意

民营电力企业的企业文化是促进民营电力企业发展的软实力。民营电力企业的产权决定了民营企业文化体现了企业家、管理层的精神追求,所以民营企业文化反映了企业家的直接愿景。在实际的生产环境中企业家面临的决策环境要比理论环境复杂得多,多数情况下企业没有所谓清晰的生产函数、利润函数,更多面对的是经营的不确定性。在这种情况下,企业发展方向很大程度上取决于企业家自身的经验和性格。民营企业家为了追求企业利润而形成了一

---

[1] 刘现伟、文丰安:"新时代民营经济高质量发展的难点与策略",《改革》2018 年第 9 期。

般意义上的冒险精神，和更高层次的建设伟大企业的愿景目标[1]。民营企业的文化本质就是追求企业的生存和更高的利润，因此在技术革新上有更充足的动力。值得一提的是，为了追求企业生存和提高利润，企业家用绩效激励的方式提升员工工作动力，用合理的企业管理结构降低企业的管理成本，在绩效激励方式和管理模式上都出现了诸多创新，比如北京宇能建设工程有限公司的做法等。为了降低企业经营成本，提高企业生产效率，不断在管理上作出适合企业实际情况的调整[2]。

(四) 民营电力企业对科技研发的重视

民营电力企业重视对技术研发的投资，重视产品的核心竞争力，这是民营企业成长壮大的重要一环[3]。电力行业的产品与其他行业的区别是，电力行业产品的可用性、性能都是具有明确可查、可评价的标准，多数行业可以通过广告等宣传方式影响消费者对产品质量的感官，但是电力行业产品数据和质量是绝对的衡量标准，例如电池在不同温度下储能效率、一年后电池储能率、强电运输设备的能耗等都是可以用数字度量的产品质量。在产品驱动的行业生态下，民营电力企业对研发方面大刀阔斧的进行革新。可以发现的是，几乎每年的国家科技创新奖都有民营电力企业获奖。以武汉磐电科技为例，武汉磐电科技是2018年国家科技进步奖获奖企业，其实从2015年开始，该企业已经在经营领域-高压计量设备上崭露头角，不同于一般科技企业的是，一般科技企业每年研发投入约占

---

[1] 卢刚："公司治理与公司绩效的互动关系研究——基于中国电力上市公司的经验证据"，《科技管理研究》2015年第12期。

[2] 吕婧："电力企业在现代经济中的作用分析"，《现代商贸工业》2018年第3期。

[3] 田闯："民营企业科技创新的机制研究"，《黄河科技大学学报》2017年第1期。

总产值的5%,而磐电科技坚持每年投入约为总产值20%的研发费用,是一般高新企业的四倍。从磐电科技发展轨迹上看,正是这种对高新科技的追求,将磐电科技从破产边缘拉回,更是帮助其逐步完善高压计量产品,成为行业标杆,获得国家科技进步奖。其“特高压互感器车载教研平台”市场占有率100%,填补了国内外技术空白,在相关技术上是政府项目和行业发展的重要支撑,填补了国内外空白。公司参与起草了5项国家计量技术规范以及16项行业标准,拥有众多专利和软件著作权。

(五)国家对民营电力企业的补贴

电力行业作为战略性的基础行业,为推动和加快电力行业进步发展,民营电力企业往往可以受到多种补贴政策支持,通过影响企业利润函数的方式影响企业生产方式[1]。例如2017年北京煤改电政策中电网及线路改造投资中,10kV以下的住户电表的电网扩容投资由市电力公司承担70%,市政府固定资产投资承担30%。在2016年,42家上市电力企业获超过30亿元政府补贴,补贴内容主要在于镀金企业采用脱硫设备、促进企业使用国产设备等。2018年财政部等四部委联合发布《关于调整完善新能源汽车推广应用财政补贴政策的通知》,在这种补贴政策下,我国新能源汽车的发展如火如荼。正是通过政府补贴的支持和引导,使得我国电力企业发展方向既在大方向上符合国家的政策方向,又在行业范围内促进了行业发展,对于企业本身也降低了生存障碍。

三、民营电力企业发展问题

民营电力企业的发展问题也有民营经济的一般性和电力行业

〔1〕 谢泽锋、修思禹,杨旭然等:“李书福:民营企业投资障碍仍然繁多”,《英才》2018年。

的特殊性之分。民营企业的发展的共同困难包括人才服务体制不健全、融资难、税费负担较高、政商合作的隐性成本较高、对于环境的负外部效应、国际冲突中企业家的人身安全。民营电力企业的独特发展问题是由电力行业的特殊性产生的,电力行业对施工规范性和安全性较高,民营电力企业的不规范操作有可能导致重大事故。

(一) 民营电力企业的人才服务体制不健全

人才服务体制健全与否的结论是在企业对比中产生。国有企业在过去之所以获得人才青睐,很大程度上是由于民营企业的在职人员的工资结构丰富和社会保障十分健全。从社会保障来看,同等职称下国有企业对应岗位的企业交付的五险和一金比例都要高于民营企业。而且很多国有企业为了挽留人才,可以帮助人才解决户口问题、居住问题、配偶工作问题、子女上学问题等,而且在医疗报销、实际的社会影响力上都要优于民营企业。多数的民营企业的人才虽然工资看起来远高于国有企业职工,但是居住成本、医疗成本、子女受教育成本都较高,而且在人力资源管理体制上十分落后〔1〕。另外,人才成长需要时间和过程,培养的人才又存在跳槽问题,所以民营企业很难有很大的动力在人才到企业工作初期就提供方方面面的支持,人才服务体制不健全的结果就是企业需要为获得高质量人才付出更多的货币资金,所以实际用人成本较高〔2〕。

(二) 民营企业融资机制不健全

民营企业主要的融资形式包括 PE、VC、IPO 等股权融资形式和

---

〔1〕 赵随林:“浅析电力企业劳动组织优化”,《现代国企研究》2017 年第 14 期。

〔2〕 钟建茹:“分析电力企业中人力资源教育培训”,《中小企业管理与科技旬刊》2017 年第 5 期。

企业债券融资、银行贷款等债权融资形式。那些在市场占有主要份额的民营企业往往是资本市场的宠儿，多种融资渠道帮助企业发展。但是对于多数民营企业。由于规模问题和经营风险问题 PE、VC 机构不愿介入，股权融资的机会十分渺茫。另外，由于抵押物质量不高和破产风险较大，无法采用债券和银行贷款的形式获取融资。因此，财务困境是中小民营企业经常面临的问题〔1〕。因为资金紧张，无法在适当时机扩大生产规模，无法在困境中获得及时的帮助。实际上，国内存在大量风险投资机构和个人，存在多种以 IT 桔子、天使湾、众筹网为代表的直接融资渠道和融资信息发布渠道。对于多数民营企业家来说，他们仍然将银行贷款和民间借贷作为主要融资渠道，但是银行贷款的风险厌恶程度较高，一方面，企业家较难获得银行信用，另一方面，即使获得银行信用，也需要承担较高的利息成本〔2〕。民间借贷的主要问题是规范问题和规模问题。从规范性来看，民间借贷限制借款人信用风险的主要途径是道德舆论和借款协议，但是这两者并不能很好的限制违约；从规模来看，民间借贷的融资量有限，很难帮助具有一定规模的民营企业渡过难关。

（三）民营企业遭遇不公平对待

民营企业在经营过程中仍然遭遇不公平对待，“三道门”类似的现象仍然存在〔3〕。“玻璃门”现象难以根除。最显著的体现是政府对民营企业融资环境的改善政策中，政府对民营企业的扶持往往是通过对金融机构进行窗口指导，间接改善民营企业融资、生产

---

〔1〕 韩春明：《经济周期中我国民营企业融资问题研究》，博士学位论文，首都经济贸易大学，2014 年。

〔2〕 洪科：《中国电力产业融资机制研究》，博士学位论文，湖南大学，2010 年。

〔3〕 李锐：《我国民营企业转型升级问题研究》，博士学位论文，福建师范大学，2013 年。

环境。但是实际的情况是,金融机构以风险最小、收益最高为经营目标,对待民营企业借贷设置更高的准入门槛、更高的抵押物要求、较低的贷款比抵押物价值比例。多数银行的选择是,在政府强制规定的对民营企业贷款支持指标之外,即使存在大量存量资金,承担资金成本,也不愿向民营企业借贷。"弹簧门"的现象需要时间改变。"弹簧门"的现象主要存在于民营企业的行业准入管理上。例如工信部 2018 年宣布打破电信军工领域民营企业准入障碍,但是积重难返,对既得利益格局的改变势必是艰难的,至今没有质的改变。"弹簧门"现象是任何改革中都要面对的情况,这既需要民营企业自身的奋发图强,也需要上层建筑的积极改变,需要时间。"旋转门"现象主要体现在不科学的体制上。简化服务流程、提高服务效率的改革刚刚开始,专人专事、专岗专责的问责体制正在建设,政府工作人员的服务态度已经得到广大群众的一致认可,但是办事无头绪、审批处处是问题的现象仍然存在。

(四)政商合作中的目标差异

民营电力企业很多项目是承建政府的电力相关项目,有些民营企业甚至可以获得政府投资入股的支持。但是企业的生产目标有时会和政府的项目的目标发生冲突。政府项目的目标是解决民生问题、完善基础设施服务,而企业的生产目标是获得利润、扩大市场份额。政商合作的出发点是将政府的建设目标以企业项目的形式实现,从而提高生产效率,但是这种冲突有时会严重阻碍这一目标实现。四川林凤集团控股的嘉陵电力有限公司曾经为四川经济的腾飞提供了坚实的能源支持,保障了居民用电、生产用电,而且解决了大量的就业问题,每年税收规模亿元以上。后来属于国有经济的四川电力入股,由于双方在投资回报款、政府政策执行、企业发展方向等诸多方面没有达成一致,最终导致嘉陵电力有限公司没能及时获得投资回款,严重影响力企业信用,并且对其发展产生了不可逆的负面影响。政商关系是电力企业运营中无法回避的,新型的政商关系可以显著提高民营电力企业生产经营效率[1]。

(五) 民营电力企业的规范发展问题

民营电力企业的规范发展问题主要针对其负外部性提出。民营电力企业所具有的负的外部性包括环境污染、存在电力安全隐患、境外合作中的文化冲突。

民营电力企业的业务往往是具有高能耗、高污染的火电企业和高污染的电力设备生产、项目承建业务。处理企业垃圾往往需要较高的处理成本,如果不做针对性管理,民营电力企业往往对环境造成严重的污染。在国家出台明文规定之前,火力发电造成的环境污染严重影响居民呼吸健康,电力设备中塑料生产产生的废水一般不加处理排入江河湖海对饮水和水产品安全都产生了严重的不良影响。其中成都就是最典型的例子,作为经济发展速度让人惊羡的城市,由于其电力企业发展不规范,让成都市的空气污染问题十分严重。

电力安全问题是民营电力企业应该高度重视的问题,为了扩张企业规模、降低企业管理成本,粗糙的电力安全管理造成的事故往往涉及重大人员伤亡。例如 2016 年 8 月湖北是马店矸石发电有限责任公司的高压蒸汽管爆管事故导致死亡 20 人以上,重伤 3 人以上的惨剧。2015 年广西百色银海发电有限公司新职工培训时,因为误碰电气设备开关导致爆炸,致使 2 人死亡、1 人重伤。诸如此类的电力安全事故对当事人造成的伤害巨大。

文化冲突是指业务范围涉及其他国家的电力企业在对应国家的生产环境中发生的文化、习俗、政治等方面遇到的阻碍,具体指涉

---

[1] 马嵩:《东北地区经济增长动力转换背景下民营经济发展动力问题研究》,博士学位论文,东北师范大学,2016 年。

事企业发展的政治阻碍,语言和非语言因素的文化差异。跨国企业的经营生产是暴露在完全不同的国家中,中国与对应国家的外交情况会很大程度上影响我国的民营企业在当地的发展,例如贸易战背景下的华为、中兴等生产经营都受到了美国政府的阻挠。文化冲突中的语言冲突是可以克服的,但是非语言因素的冲突往往避之不及。例如我国企业工作时间与当地传统工作时间的不同,饮食和日常行为与宗教信仰居民的不同等。

四、民营电力企业发展的政策支持与建议

从改革开放以来国内经济的快速发展来看,中国特色社会主义市场经济体制为经济增长带来了强大动力。我国的电力行业发展轨迹正是这一经济体制的典型案例,国有经济把控国计民生的关键生产要素和环节,民营经济在市场竞争中充分发展。繁荣的民营电力行业欣欣向荣,但是从其面临的发展问题来看,仍然有一定的提升空间。政府可以再接再厉,做好民营电力企业的"后勤",为民营电力企业发展营造更好的经商环境。

(一)为民营电力企业提供完善的创新环境

人才和专利是民营企业创新的关键要素。民营电力企业自身有充足的技术创新动力,政府的后勤工作就是更好的协助企业建立人才服务机制和保护企业技术产权。

人才服务机制本身不只是一种体制也是一种资源倾斜机制。像户口指标、公积金存缴等方面政府具有明显的资源优势。政府协助民营企业构建人才服务机制主要体现在对于行业内的高精尖专业人才,政府可以根据企业情况,适当对人才提供全面服务,在落户、子女教育等企业无法帮助人才解决的问题上,政府可以给予优质企业的优质人才一定帮助,帮助人才落户就是帮助企业发展。虽

然这会提高政府的财政支出,但是长远来看,优秀人才可以促进企业科技进步,企业发展带动就业、增加交税金额。对于人才的支出在任何时间都不会是不合算的投资。

在保护企业技术产权方面,政府可以采用“赏罚分明”的标准。对于增量的技术产权,政府可以通过多种奖励途径(奖项、补贴、政府项目承建、税收优惠等)给予企业奖励,激励企业的创新动力。对于存量的技术产权,政府可以继续完善专利转移机制、技术产权转移市场等方式帮助企业提高企业技术变现的能力。

(二)为民营电力企业提供规范的政策引导环境

简化政策执行流程和服提高服务效率是政府后勤工作始终应该重要思考的问题。科学的政策执行流程应该是清晰、明确的,清晰、明确的政策执行流程的直接结果就是政府对企业服务效率的提升[1]。政策适用对象是谁,政策扶持分级划分标准是什么,政策执行涉及哪些部门,政策的最终执行负责人是谁。一系列的流程问题和标准问题一定要有清晰、可量化的文件指导,并且文件对于企业家易于获取和解读。在对民营企业服务的过程中,文件的实用性要大于理论性,规范性要大于全面性。总之,政策执行的规范性对于政府来说政策应该是有明确负责人、负责部门和执行流程的,对于企业家来说,执行流程和扶持标准是易于理解、容易定位到指定部门的。高效率的政策引导降低了企业家享受政策服务的障碍,提高了政策传导效率,让民营电力企业的发展再进一步。

(三)为民营电力企业提供健全的融资环境

技术和人才决定了企业可以走多远,融资能力决定了企业可以

[1] 肖丹萍:《中国电力行业的市场化改革研究》,硕士学位论文,中央民族大学,2016年。

活多久,融资问题始终是悬在民营电力企业发展中的达摩克利斯之剑。民营企业家们虽然经历大量复杂、真实的商业案例,但是在融资方式、企业跨境经营等方面仍然缺乏相关经验。政府在该问题上,一方面结合相关部门扩大目标企业家范围对企业家进行再教育,完善企业家的经营能力。例如促进 PE、VC 机构与民营企业对接,既可以让民营企业家理解什么样的企业是容易获得金融机构青睐的企业,也可以帮助民营企业拓宽融资渠道。对于跨境企业,通过行业协会组建交流会和政府相关部门讲座等方式,提升企业家境外经营能力,帮助民营企业少走弯路。另一方面通过构建企业信用体系、银行窗口指导、完善企业债券市场、金融工具规范化等途径,建设民营企业的债权融资环境,完善民营电力企业的债权融资能力。

(四)为民营电力企业提供公平的竞争环境

公平竞争是自由竞争的基础。公平竞争既指政府和民营企业之间的竞争也指民营企业之间的竞争。政府是竞争中的裁判员也是运动员,民营电力企业之间的社会影响力有所差别,对于竞争结果来说就有可能产生除企业实力之外的影响因素,公平的竞争环境具体来说就是明确的竞争规则、确定的政府监督部门和透明的信息公开监督机制。明确的竞争规则保证了竞争中价格和产品质量在决定竞争成果中起决定作用,有助于建设有效的竞争环境,确定的监督部门有助于保证规则的实施,透明的信息公开体制有助于对公平竞争的监督。公平的竞争环境为企业竞赛提供了舞台,在公平竞争的环境中实现快速发展。

参考文献

1. 韩春明:《经济周期中我国民营企业融资问题研究》,博士学位论文,首都经济贸易大学,2014 年。

2. 洪科:《中国电力产业融资机制研究》,博士学位论文,湖南大学,2010 年。
3. 李晶、李淼:“分析电力在中国经济社会发展中的地位及作用”,《现代经济信息》2018 年第 19 期。
4. 李锐:《我国民营企业转型升级问题研究》,博士学位论文,福建师范大学,2013 年。
5. 李婷、禹海慧:“民营企业文化动力机制的构建:基于新媒体社交的发展”《中外企业家》2017 年第 22 期。
6. 刘洪银:“民营企业营商环境约束与对策建议——基于京津冀地区的调查”,《中共天津市委党校学报》2018 年第 20 期。
7. 刘现伟、文丰安:“新时代民营经济高质量发展的难点与策略”,《改革》2018 年第 9 期。
8. 卢刚:“公司治理与公司绩效的互动关系研究——基于中国电力上市公司的经验证据”,《科技管理研究》2015 年第 12 期。
9. 吕婧:“电力企业在现代经济中的作用分析”,《现代商贸工业》2018 年第 3 期。
10. 马嵩:《东北地区经济增长动力转换背景下民营经济发展动力问题研究》,博士学位论文,东北师范大学,2016 年。
11. 田闯:“民营企业科技创新的机制研究”,《黄河科技大学学报》2017 年第 1 期。
12. 肖丹萍:《中国电力行业的市场化改革研究》,硕士学位论文,中央民族大学,2016 年。
13. 谢泽锋、修思禹、杨旭然等:“李书福:民营企业投资障碍仍然繁多”,《英才》2018 年。
14. 赵随林:“浅析电力企业劳动组织优化”,《现代国企研究》2017 年第 14 期。
15. 钟建茹:“分析电力企业中人力资源教育培训”,《中小企业管理与科技旬刊》2017 年第 5 期。

(王军礼,国务院发展研究中心公共管理与人力资源研究所、北京大学能源经济与可持续发展研究中心;丛庆,首都师范大学数学科学学院)

民营企业发展与金融支持——基于大数据平台下模式创新

丁志勇　张莉涓　马　杰　封世蓝

伴随着实体经济的金融需求、民营经济的快速发展、信用体系的日益完善和风险压力的逐步加大,金融如何在业务范围广、企业差异大、转型创新难的特殊复杂环境下,有效地支持民营企业的可持续发展,已成为当前面临的一个焦点问题。金融有效支持民营企业发展,重点支持什么领域?支持哪些行业?支持哪些企业?依据何在?方向何在?是当前关注的难点问题。对此,金融支持民营企业发展要依托大数据、智能化的"最先一公里"顶层决策体系和"最后一公里"政策落地体系,助力精准式支持、直通式服务，把金融发展与民营企业发展有机结合起来，使民营企业的金融支持真正转变为经营效益、充分就业和良性成长，切实服务于民营企业全球化、一体化的发展战略和目标。

一、全球民营企业金融支持模式探析

从全球发达国家经济发展历史来看，民营企业是促进经济社会发展的重要支撑，是推动科技革命的重要来源，是实施创业就业的重要途径。因此，全球发达国家民营企业数量占比和价值贡献较大，民营企业可持续发展对于世界各国经济尤为重要。

（一）美国模式

早在20世纪40年代，美国参议院、众议院就成立小企业特别委员会来研究解决中小民营企业科学发展、政策制定和融资支持问题；1953年，美国出台《小企业法》来明确规范管理、法律地位和服务架构，切实解决中小民营企业融资难、竞争力弱的问题，后续又配套出台《小企业投资法》、《小企业贷款增加法》、《小企业创新发展法》、《经济复苏及中小企业就业法》等一系列法案，有力支持中小民营企业的快速发展。与此同时，美国还专门建立联邦机构小企业管理局来促进中小民营企业发展，提供宏观政策指引、企业贷款融资及相关配套扶持服务，建立中小民营企业信用担保体系、股权融资体系、风险投资体系、金融政策体系和服务支持体系，通过融资贷款、担保贷款、小微贷款等方式支持发展潜力大的中小民营企业；并依托纳斯达克直接融资平台促进中小民营企业公司治理、规范管理和交易上市，利用场外电子柜台交易市场搭建中小民营企业直接融资场所。

（二）德国模式

德国在经济部设立中小企业局，从行业发展、法律法规、职业培训、政策扶持和金融支持等多个方面帮助中小企业发展，出台《公司法》、《反对限制竞争法》来保护中小民营企业发展权利，采用政府贷款及担保支持中小民营企业发展。德国在各州都成立贷款担保银行和政策性银行，重点支持新成立的中小民营高新技术企业，依托德国复兴信贷银行、德国平衡银行等政策性银行的间接融资模式，提供长期低息贷款或贷款担保，解决中小民营企业融资困境。德国通过税收减免、职业培训、咨询服务等方式来扶持中小民营企业发展，如在欠发达地区新设企业可以享受五年免征营业税的政策优惠，中小民营企业赢利再投资可享受免缴财产税，每年都有包含经营管理、创业辅导、新技术、新产品、新市场等内容的专项培训经费，绝大部分就业者、创业者、技术人员都经过高质量的培训，中小民营企业可享受专业性、综合性的科技和商业咨询服务。

（三）日本模式

第二次世界大战后，日本采用宏观调控与市场机制融合的混合经济发展模式，创造了高科技产业、信息产业、高端制造业等产业飞速发展的奇迹，尤其是中小民营企业在技术创造、产业升级和科技创新等方面起到了积极作用。日本中小民营企业占企业总数 90%以上，发挥着增加劳动就业、调节经济结构、促进社会稳定的重要作用，日本政府专门成立中小企业厅负责宏观政策制定、中小民营企业扶持等职能，通过出台《中小企业信用保险法》、《中小企业基本法》等政策法规，来解决中小民营企业信用担保、项目融资和配套支持等难题。日本政府把国家发展战略与金融组织、金融制度有机地融合起来，专门成立了中小企业金融机构，由相互银行、劳动金库、信用金库、商工组合中央金库等专业金融机构组成，贷款融资优先考虑国家总体经济战略的需要，通过政策引导、产业扶持、优惠奖励等方式，协助金融机构支持民营企业获得融资，保证经营效益和竞争效率的同步提升。

（四）中国模式

改革开放以来，民营企业依托国家政策的大力支持，在经济快速发展、劳动力就业、全球产业布局等方面发挥了积极作用。当前，受国际、国内经济环境变化等复杂因素影响，民营企业在经营发展遇到了诸多困难，融资难、融资贵是影响民营企业发展的主要瓶颈。为此，中国高度重视民营企业金融支持和持续发展问题，2017 年 9 月，修订完善 2002 年的《中小企业促进法》，进一步贯彻落实新形势、新时期的中小企业发展工作。2017 年 10 月，十九大报告明确指出"支持民营企业发展，激发各类市场主体活力"。2018 年 11 月，习近平总书记在民营企业座谈会上的讲话，提出"大力支持民营企业发展壮大"六个方面重大举措。2019 年 2 月，国务院印发《关于加强金融服务民营企业的若干意见》，从金融政策支持、基础设施建设、绩效考核机制等方面提出指导意见，为金融机构进一步提升民营企业金融服务效能指明方向。因此，如何正确认识民营企业在经营发展中的金融支持问题，积极适应民营企业金融服务需求多元化的变化趋势，加快实施金融创新驱动发展战略，支持民营企业高质量发展是金融机构亟须解决的重要课题。

二、民营企业的融资能力及评价体系

随着中国经济的快速发展和产业结构的转型升级，民营企业如何在发展需求多、融资差异大、模式创新多的特殊复杂环境下，依托大数据应用平台与融资评价体系，有效解决民营企业融资难题，已成为当前金融支持民营企业发展的关键问题。

（一）民营企业融资能力评估

民营企业融资能力主要从融资总量是否过度、偿债能力是否保证、项目融资是否匹配、企业经营是否看好、融资担保是否落实、经营实力是否过硬等方面评估,根据评估结果来确定直接融资和间接融资方式,受资本市场融资规模限制,民营企业资本市场融资比例较低。第一,直接融资与间接融资融合度。民营企业融资方式主要有直接融资和间接融资两种方式,直接融资包括股权融资、债券融资、风险投资和民间借贷等形式,民间借贷是民营企业融资的最主要渠道,民间借贷受融资金额有限制约,通常在民营企业发展初期较为普遍;间接融资包括商业银行及非银行金融机构贷款等形式,是民营企业融资成本最低的重要渠道,但融资渠道较为单一,融资难度较大;直接融资和间接融资是共生的、融合的,在不同主体之间、不同领域之间扶持民营企业高质量发展,通过整合民营企业高端要素,促进民营企业融入全球产业链的国际分工。第二,项目融资与产业发展关联度。金融市场是产业发展的血液,金融与产业的融合促进经济的发展,主要表现为能源金融、交通金融、汽车金融、科技金融、绿色金融、网络金融、物流金融、航运金融等融合模式,金融与产业的结合创造新的价值、新的空间。项目融资前提是所属产业的发展潜力和赢利能力,民营企业项目融资主要包括初期的资金投入、中期的扩大再生产和后期的转型升级三个部分,初期的资金投入一般是由民营企业自筹资金,部分可由金融机构提供项目前期融资;中期的扩大再生产是项目投产后扩大再生产的融资需求,通常由自身盈利收入与金融机构融资组合来实现;后期的转型升级是民营企业为提升项目价值增值而进行融资,保证项目进行持续高赢利状态。第三,融资担保与经营实力相关度。受民营企业总体发展规模小、信用风险评估难、内部管理规范差、资产抵押难度大、风险管控能力低、融资成本普遍高等因素影响,中小民营企业综合实力相对较弱,市场核心竞争力不强,产品转型创新能力偏低,发展空间和发展潜力不足。同时,中国信用评价担保体系不健全,抵押担保资金规模不充足,融资担保服务主体能力弱,导致民营企业融资担保条件普遍高于国有企业,无法及时满足金融机构对民营企业融资担保要求,不同程度地制约民营企业融资需求。因此,民营企业融资担保能力与经营实力已成为决定其是否能够融资的关键所在。第四,融资总量与偿债能力匹配度。受融资价格、还款期限、抵押担保及应收账款等诸多因素制约,民营企业经营资金流动性较慢,无论是融资办理的时间,还是应收账款的回笼,都存在滞后的问题,从而导致经营发展过程中融资总量不足的问题,容易出现拆东墙补西墙的现象,影响民营企业正常的战略布局和转型升级。民营企业财务管理、内部管理不够完善,财务报表不能完全反映民营企业真实的经营情况和偿债能力,应收账款回流速度较慢,以上这些都不同程度制约民营企业融资。因此,民营企业需重点关注融资总量与偿债能力的匹配度,适度进行项目融资,加快应收账款回笼速度,保证健康稳健的发展态势。

(二)民营企业融资动因探析

民营企业高质量发展是拉动经济增长、劳动就业和激发市场主体活力的重要驱动力,适度融资有利于民营企业优化产业结构、扩大经营规模、提升竞争实力、加大技术创新,有利于民营企业由小变大、由弱变强,成为经济发展的重要引擎。第一,在宏观环境方面。近几年,民营企业融资总量增速稳步提升,但在社会融资总量中的占比却略有下降,大量融资重点支持国有大中型企业。从融资结构来看,政府主导的基础设施建设、国有大中型企业项目投资融资占比较高,投融资规模较大,融资周期较长,不同程度的挤占民营企业融资份额,尤其是房地产业投融资增长速度和总量较快。从融资需求来看,国有大中型企业融资成本较低,投资回报率稳定且周期长,而民营企业受全球经济放缓和经济周期变化的影响,投资回报率呈下降趋势,投资条件和意愿略显不足,与前几年相比处于低位水平。第二,在政府政策方面。政府主导建立差异型的监管政策、稳健型的货币政策、积极型的财政政策，发挥社会主义市场经济的主导作用，提升市场主体支持民营企业发展的价值，构建集约高效、风险可控的民营企业金融服务体系。从货币政策来看，总体保持信贷资金稳健宽裕的流动性，政府出台多项政策保证民营企业贷款利率价格控制在合理范围内，逐步改善民营企业的融资条件、营商环境和金融生态。从财政政策来看，政府针对民营企业出台诸多减税让利、贷款贴息、业务补贴等政策，引导金融机构有力支持民营企业发展，发挥财政资金扶持民营企业发展的核心作用。第三，在企业发展方面。从发展区域来看，东部地区民营企业营业收入增长态势较好，防范风险能力较强，技术创新和转型升级步伐较快，中西部地区民营企业营业收入增长乏力，抵御风险能力较弱，产业发展相对滞后。从经营规模来看，大中型民营企业发展速度较快，投融资金额较大，资产负债率较高，品牌意识较强，经营状态较好；小型民营企业发展变化较大，投融资占比较小，资产负债率较低，品牌管理较弱，经营压力较大。从产业发展来看，第一产业、第二产业的融资占比较大，技术创新、发明专利较多；第三产业融资总额较小，融资成本相对较低。近几年来，民营企业受经济全球化、一体化发展趋势影响，融资模式和方式日益多元，社会资本与民营企业相互支持、共同发展，大量资金通过多种渠道投入到民营企业产业升级中，社会资本有力支持了民营企业生产要素与产业融合，民营企业融资动因主要是满足扩大再生产、技术创新升级及自身转型发展的需要。因此，金融机构如何有效支持民营企业项目融资，增强金融支持实体经济的供给能力，切实防范系统性金融风险，是金融机构关注的重点。

（三）民营企业融资评价体系

当前，民营企业存在着非理性化的项目融资，非理性化的项目融资使民营企业财务压力骤增，资金链紧绷，容易引发违约风险，同时也冲击着民营企业自身财务风险，加重民营企业经营困境，带来不可估量的经济损失。因此,金融机构必须建立一套以大数据平台为基础、以融资评价模型为手段的科学评价体系,合理评估民营企业融资能力和融资需求,结合民营企业发展实际,积极支持质量高、效益好的民营企业发展。第一,量化模型识别评价体系。金融机构依托内外部各种平台收集结构化数据和非结构化数据,筛选和甄别民营企业相关数据,使用科学的融资评估工具和模型计量方法,构建智能化、一体化的量化模型识别评价体系。量化模型主要包括行业评价、财务评价、信用评价、项目评价等数理模型,运用数据挖掘的分类算法准确定位相关信息,挖掘信息的内在规律和逻辑特征,量化为具体的评分模型,为融资决策和过程管理提供依据。行业评价模型是基于国家宏观经济发展状况及产业发展趋势,构建的一套分类评价体系,结合民营企业所属的制造业、房地产业、建筑业、商贸物流业等信息,科学合理的评估民营企业所属行业发展状态,通常按得分高低来评价优良中差;财务评价模型是基于民营企业经营财务指标、企业营运状况和融资债务总量,构建的一套财务评价体系,结合民营企业资产总额、负债总额、营业收入、应收账款、现金流量、减值准备、营业费用、净利润等核心财务指标变化,有效评估民营企业发展状态和经营效益;信用评价模型是基于企业信用报告及以往的融资信用记录,构建的一套信用评价体系,结合民营企业融资使用状况、还款明细、违约记录、逾期笔数等数据,准确描绘民营企业信用画像;项目评价模型是基于企业融资需求和项目发展前景为基础,构建的一套项目评价体系,结合民营企业项目的可行性、收益性、风险性等因素,明确民营企业项目能否获得融资供给。第二,专家经验识别评价体系。受数据口径、信息时效、政策变化、发展潜力等因素制约,金融机构在量化模型识别评价基础上,还需融入专家经验识别评价体系作为有效补充,只有运用两大评价体系科学评估融资需求,才能确保金融供给与企业需求的有机结合。在行业发展方面,专家重点评价所属行业政策支持情况、行业生命周期和市场需求状况等内容，评价电子信息、制造印刷、轻纺服饰、文化用品、家具制造、食品加工、金属制品、化工医药、机械制造、交通运输等行业发展预期，采取差异化的专家经验评分；在财务管理方面，专家重点评价民营企业的应收账款周转率、净资产收益率、资产负债率、现金比率等内容，重点分析行业平均资产回报率、市场保有率、用电增长率、营运安全性等状况，严格防范民营企业财务报表造假行为，运用专家经验来科学评分；在信用风险方面，专家重点评价民营企业盈利能力、偿债能力、团队实力、核心竞争力等内容，重点关注民营企业集团、关联企业、子公司的过度融资风险，根据民营企业风险变化动态调整融资授信额度，并结合融资授信总量合理评价打分；在项目融资方面，专家重点评价项目可行性、适用性、收益性、流动性、风险性等内容，严格控制钢铁、煤炭、水泥等产能严重过剩行业和环保不达标企业融资，严控给处于停产状态僵尸企业和未来没有竞争力的民营企业融资。专家经验评价体系是由金融机构结合融资特征及业务需求，组建融资评价专家团队，明确评价指标体系，构建专家经验的高、中、低三个层次打分模型，分析验证评价结果的可用性，为项目融资决策提供重要支持。

三、金融支持民营企业发展策略选择

近几年来，政府对于民营企业发展出台了多项优惠政策，金融机构在服务实体经济特别是支持民营企业发展中做了大量扎实有效的工作，较好地发挥了引领作用和头雁效应。金融机构始终坚持不唯大小、不唯行业、不唯抵押、只唯优劣的原则，融资规模呈现逐年增长态势，融资价格处于市场中等偏下水平，在资源配置、服务效率、服务创新等方面有力支持了民营企业发展。

（一）尽快建立民营企业服务管理机构

随着“一带一路”建设、京津冀协同发展、长江经济带发展、粤港湾大湾区建设、自由贸易区建设等重大战略持续推进,民营企业已成为中国经济发展的生力军和拉动经济增长的新引擎。当前,中国需要在全国人大、全国政协或国务院下设一个专门服务民营企业发展的政府机构,这个机构可以是“民营企业发展委员会”或者“民营企业发展局”,负责民营企业法律法规、政策制定、规范管理、行业发展、技术创新、税收减免、就业辅导、职业培训、咨询服务等工作,建立集工商注册、税务管理、质量监督、信誉评价、财务信息、劳动就业、社保医保、人员流动等大数据的智能化、一体化服务管理信息平台,通过服务引领和实地调研,深入了解民营企业发展状况和金融服务状况,从政府机构、民营企业、金融机构等多个视角研究发展面临的问题和困难,结合当前国家政策有针对性提出有效支持民营企业发展的对策建议。

（二）不断完善民营企业金融支持政策

民营企业发展需要依靠政府引导与市场主导相结合的政策支持策略,政府引导的关键是从货币政策、财政政策和监管体系等方面给予民营企业充分的优惠和支持,市场主导的关键是依托市场全球化带来的历史机遇,充分激发民营企业的经营活力和发展动力,形成经济、金融与企业共同发展的良好局面。在货币政策上,针对民营企业融资实施差异化定向降准政策,出台民营企业优惠存款准备金率政策,发挥再贷款、再贴现对资金投向和利率传导作用,激励金融机构主动增加民营企业融资供给,促进金融资源持续支持民营企业发展。在财政政策上,对金融机构向民营企业融资出台增值税、印花税等税收优惠政策,加大保险支持力度,设立民营企业发展专项资金,实施民营企业融资的费用补贴、贷款贴息、奖励补助等政策,保证民营企业融资的可用性和有效性。在监管机制上,建立民营企业融资信息大数据平台,实时掌握民营企业融资总量和经营状况,切实防范过度融资和信用风险。

（三）持续优化民营企业金融生态环境

良好的金融生态环境是民营企业发展的根基。民营企业融资面临的困难和问题，主要是由于民营企业商业行为不诚信、信用记录不完整、财务信息不真实、信用担保不落实等原因导致的，核心是民营企业信用评价体系不健全、不统一，缺乏信用评价的大数据平台。因此，政府是民营企业金融生态环境建设的主体，需要从金融政策、融资服务、融资方式、融资规模、融资价格、绩效考核、激励机制等方面构建一体化的大数据服务体系，对民营企业信用建设提供良好的金融生态环境，约束市场主体的信用行为。政府需要构建信用法律法规及制度保障体系，切实维护金融市场秩序，规范民营企业经营行为，实施信用信息披露机制，整合共享融资、质量、纳税、履约等相关领域信用信息，建立区域一体化民营企业及个人信用信息大数据管理平台，对企业和个人失信行为按照法律法规进行处理，大力整治危害信用建设的商业行为，努力构建精简高效的智能化、一体化的大数据信用管理体系，有效支持民营企业快速发展。

（四）努力搭建民营企业服务创新体系

构建智能化融资管理和咨询服务体系，积极引导金融机构运用互联网、大数据、区块链等先进信息技术服务民营企业融资，重点发展线上民营企业融资业务，创新大数据收集、存储、加工模式，细分不同行业、不同领域数据，建立智能化风险管理模型，开发全流程融资业务服务平台，结合民营企业核心供应链及业务发展实际，提升融资服务的质量和效能。构建民营企业应收账款融资服务体系，基于民营企业应收账款数据和信息，尤其是民营企业在政府、国有企业、核心供应链的应收账款，建立全国性线上化的应收账款融资服务信息平台，从民营企业需求到应收账款质押、融资，实现基于系统连接、自动审批和风险管理的线上应收账款融资一体化服务，促进民营企业应收账款高效利用和资金回笼。构建不动产融资抵押登记服务体系，基于全国统一的不动产信息管理系统，实现金融机构对民营企业不动产抵押、登记、解押等一体化服务流程，提高不动产抵押融资的效率和质量。

（五）尝试成立专门服务民营企业银行

当前，从银行业金融机构和非银行业金融机构两个维度金融服务民营企业状况来看，中国需要成立一家专门服务民营企业发展的银行，这家银行性质可以是政策性银行或股份制商业银行，这家银行可以称为“民营企业发展银行”。政策性银行职能定位是以服务民营企业发展为根本，以金融政策配套支持保障为基础，体现政策性、效益性、流动性和安全性特征，有机融合政策性业务和商业性业务，通过发行债券获取资金，及时配套政策性的融资供给，在对民营企业发展调查研究基础上，结合民营企业金融服务状况，深入研究民营企业发展面临的金融需求，有针对性实施民营企业的综合化金融服务；股份制商业银行是由政府牵头出资，广泛吸收社会民营资本，共同成立全球化的股份制银行，其职能定位主要是从事民营企业项目融资和金融配套服务，依托市场化的商业银行发展模式，有力支持民营企业高质量发展。

当前，民营企业是拉动经济增长的重要来源，增加财政收入的主要引擎，吸纳安置就业的主要渠道，促进经济社会发展的主力军，维护社会稳定和可持续发展的重要力量，经济一体化进程中不可或缺的组成部分。因此，政府迫切需要构建全球化、网络化、智能化、金融化的大数据服务管理平台，创新民营企业融资模式，改善社会金融生态环境，建立专职服务管理机构，拓展信息技术服务体系，有力支持高质量民营企业可持续发展。

参考文献

1. 蔡吉甫:《金融歧视下的民营企业融资行为及策略选择研究》,东北财经大学出版社 2015 年版。
2. 查尔斯·金德尔伯格:《西欧金融史》,中国金融出版社 2010 年版。
3. 高云龙、徐乐江、黄荣等:《中国民营经济发展报告》,中国工商联合出版社 2018 年版。
4. 龚巧莉、郑石桥、王建军:《基于问卷调查的民营企业公司治理与公司战略实证研究》,东北财经大学出版社 2010 年版。
5. 李俊生、藤井耐:《企业经营国际化与中小企业管理的中日比较》,企业管理出版社 2016 年版。
6. 李维安等:《中国民营经济制度创新与发展》,经济科学出版社 2009 年版。
7. 李子彬、郑文堂、张竞强、刘纪恒、赵继新、马彬等:《中国中小企业 2018 年蓝皮书》,经济管理出版社 2018 年版。
8. 厉以宁、单忠东等:《民营经济三十年——思考与展望》,经济科学出版社 2009 年版。
9. 林汉川、秦志辉、池仁勇、陈廉等:《中国中小企业发展报告 2018》,北京大学出版社 2018 年版。
10. 牛健高等:《民营企业投融资与资本结构实证研究》,人民出版社 2009 年版。
11. 钱志新:《产业金融》,江苏人民出版社 2010 年版。
12. 乔安娜·莱杰伍德、朱莉·阿恩、坎迪斯·尼尔森等:《新版小微金融手册》,中国金融出版社 2017 年版。
13. 茹玉骢:《民营企业国际化理论与实践》,经济科学出版社 2017 年版。
14. 邵洪波:《中国民营企业国际化报告》,中国经济出版社 2013 年版。
15. 史建平、杨如冰:《中国中小微企业金融服务发展报告》,中国金融出版社 2019 年版。
16. 王曙光:《金融发展理论》,中国发展出版社 2010 年版。
17. 王在全、杨秋岭、杨锋等:《中国民营企业融资状况发展报告》,中国经济出版社 2014 年版。
18. 王忠明:《新动力——新时代中国民营经济大展望》,中国工商联合出版社 2018 年版。
19. 武汉市总商会、武汉大学中国新民营经济研究中心:《新民营经济研究》,人民出版社 2019 年版。
20. 习近平:《在民营企业座谈会上的讲话》,人民出版社 2018 年版。

21. 熊彼特:《经济发展理论》,北京出版社 2008 年版。
22. 薛青、罗妙成:《中小企业融资服务有效性:政府与市场作用辨析》,经济科学出版社 2018 年版。
23. 杨海平:《商业银行小微企业批量授信管理》,中国金融出版社 2015 年版。
24. 殷剑锋:《金融结构与经济增长》,人民出版社 2006 年版。
25. 赵国忻:《浙江民营经济金融生态环境研究》,中国金融出版社 2015 年版。
26. 中国银行保险监督管理委员会:《中国普惠金融发展报告》,中国金融出版社 2018 年版。

（丁志勇,北京大学光华管理学院;张莉涓,同济大学数学科学学院;马杰,中国社会科学院研究生院;封世蓝,北京大学光华管理学院）

大学生人力资本特征与民营企业就业行为研究

蒋　承　戴君华

一、研究背景

改革开放以来，我国民营企业经历了从小到大，从弱到强的过程，如今已在促进经济发展、吸纳就业、优化产业结构、增强国际竞争力方面发挥着重要作用。截至 2017 年年底，我国民营企业的数量超过 2 700 万家，个体工商户超过了 6 500 万户，注册资本超过 165 万亿元，民营经济占 GDP 的比重超过了 60%，支撑起了我国经济的"半壁江山"。民营企业完成了我国 65% 的专利、75% 以上的技术创新、80% 以上的新产品开发。在促进就业方面,民营经济是就业的主要承载主体,城镇就业中,民营经济的占比超过了80%,新增就业贡献率超过了90%。

民营经济同样是吸纳高校毕业生就业的重要途径。自1999年高等教育扩招以来,我国的高校毕业生数量逐年显著升高,从2001年的114万人快速增长至2018年的820万人,预计2019年高校毕业生将会达到834万人。面对严峻的就业形势,教育部在《关于做好2019届全国普通高等学校毕业生就业创业的通知》中鼓励高校毕业生拓宽就业领域,实现多渠道就业,鼓励高校毕业生到基层就业、到中小微企业就业、到国家战略一线就业、到新兴业态中就业。作为我国GDP60%以上的贡献者,民营经济无疑同样成为高校毕业生重要的就业去向。《上海市2016届高校毕业生就业状况报告》显示,民营企业吸纳的2016届上海高校毕业生最多,约占21.7%,32.4%的2016届上海高校毕业生选择在人员规模100人以下的小微企业就业。民营企业吸纳大量高校毕业生就业,在"量"的方面已经储备了相当多的高校毕业生,那么这些高校毕业生在"质"的方面是否能够与其他就业去向的毕业生相当呢?本文将围绕这个问题,使用2005年、2011年和2017年的全国高校毕业生就业调查数据进行探究。

二、人力资本特征与大学生就业

人力资本理论最早由诺贝尔经济学奖获得者舒尔茨第一次在1960年系统提出。舒尔茨认为,知识和技术是人力资本的两种主要类型。在多年来学者的研究中,普遍认为:人力资本存在于个体之中,是一个人通过教育和培训所形成的具有社会经济价值的知识、技能、健康等因素的总和。依据人力资本理论,大学生所接受的高等教育是对其人力资本进行的投资,不同的教育经历会导致个体具有不同的人力资本特质。

大学生就业是一个复杂的过程，其影响因素多样且富于变化。当前经济发展水平、高校大规模扩招、大学生就业政策等宏观因素影响大学生个体就业质量。如2008年全球金融危机爆发后，全球经济受到大范围波及，多国经济增速明显放缓，劳动力市场受到严重影响，就业难度明显提升，初次就业的高校毕业生同样要面对更加激烈的竞争环境。再如，1999年高校扩大招生以来，高校毕业生人数连年攀升，毕业生劳动力市场处于供大于求的状态，导致近年来大学生“就业难”的问题屡屡出现。此外，大学生就业观念、家庭背景、个人能力等因素同样对就业结果有重要影响。从人力资本角度探讨其在大学生就业过程中所发挥的作用，是大学生就业问题研究的重要视角之一。研究发现，在校学习成绩、是否获得奖学金、是否担任学生干部、是否辅修双学位、是否获得专业证书等情况是大学生就业质量的重要影响因素。用人单位普遍倾向于招聘那些具有更高综合素质和更强发展潜力的高校毕业生，学习成绩、奖学金、政治面貌等因素成为衡量毕业生综合实力的重要标志，学习成绩好、获得过奖学金、是党员、有过实习经历的高校毕业生有更大的可能性实现更好的就业结果。

三、数据分析

本文数据来自于北京大学教育经济研究所于2005年、2011年和2017年分别进行的全国高校毕业生就业调查。北京大学教育经济研究所对全国各省市高校毕业生进行抽样调查，调查内容包括学生在校表现、求职过程、工作状况等内容，每年涉及专科生、本科生与硕士、博士研究生2万人以上。根据研究需要，本文选取样本中专科生与本科生作为研究对象。2005、2011与2017年三年的全国高校毕业生就业数据具有较好的时间代表性，反映了1999年高校扩招后、2008年次贷危机前后与改革开放40年前高校毕业生的就业情况。本文将探究去往民营企业就业的专科生与本科生具有何种特征的人力资本,并与当年高校毕业生的人力资本整体水平进行对比。因此剔除 2005 年、2011 年和 2017 年的全国高校毕业生就业调查中硕士研究生与博士研究生数据。

(一)大学生民营企业就业去向比例分析

根据就业单位的性质,可将大学生就业去向分为:党政机关就业、国有企业就业、民营企业、三资企业、事业单位等类型。本文将重点研究去往民营企业就业的专科生与本科生人力资本特质,因此将高校毕业生按学历层次分为专科生与本科生,逐年计算去往民营企业就业的两类学生人数在该年总就业人数中的占比。

从图 1 可以看出,自 2005 年以来,无论是专科生还是本科生,去往民营企业就业的比例整体呈增长趋势,到 2017 年已达到 49.78%(专科生)和 35.53%(本科生)。对比来看,三年中去往民营企业就业的专科生比例普遍高于本科生。在 2011 年,去往民营企业就业的比例达到三年中的最高水平,分别为 57.32%(专科生)和 36.03%(本科生)。

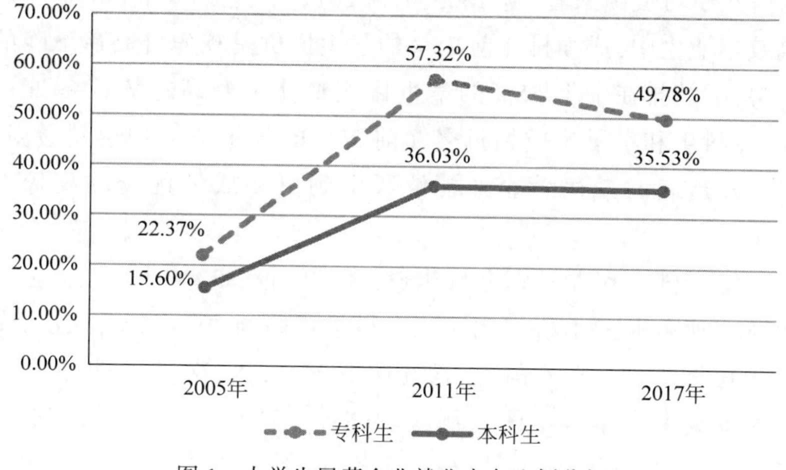

图 1　大学生民营企业就业去向比例分析

（二）大学生人力资本与民营企业就业行为

考虑到前人的研究与本文的研究需要，本文采用学习成绩排名、英语证书、是否选修双学位、是否担任学生干部、是否为中共党员、是否有实习经历6个变量来反映大学生的人力资本存量。学习成绩排名在一定程度上能够反映大学生在校相对的学习态度与学习能力，是比较不同学生人力资本存量的重要因素。英语证书和双学位选修情况则反映大学生除本专业知识外的技能储备。担任学生干部反映出毕业生在校期间的群体融入情况，并反映出其可能具有一定的组织能力与领导能力。政治面貌反映大学生的思想状态与先进水平。实习经历则是真实工作环境的提前接触与了解，具有实习经历的大学生能够更快更好地融入工作环境，掌握工作内容。在每个变量的分析中，我们均会分别考察本科生与专科生的人力资本特点，并将其与当年高校毕业生的整体水平进行对比，同时探究不同时间的高校毕业生人力资本特点。

1. 学习成绩与民营企业就业行为

从学习成绩来看，从2005年到2017年去往民营企业就业的高校毕业生中，成绩排在前25%的学生比例呈现先升高后下降的趋势，成绩排在中上25%的学生比例整体呈升高趋势。在2011年，专科生和本科生成绩排名在前25%的学生比例均达到最高，说明在这一时期民营企业能够吸引到更多成绩优异的高校毕业生。

将专科生和本科生进行比较，在处于前25%的层次上，去往民营企业就业的本科生比例比专科生略高；在中上25%层次，专科生比例明显高于本科生；而在中下25%的层次，每一年去往民营企业就业的本科生的比例显著高于专科生，三年比例差值分别为8.04%、5.07%、6.16%。在后25%的层次中，本科生比例同样高于专科生。从学习成绩的角度来看，民营企业就业的本科生和专科生中排名在中上25%的比例最高，而专科生整体的成绩水平要优于本科生，这种趋势并没有随着时间而发生变化（见表1）。

表1 学习成绩与民营企业就业行为

学历层次	年份	前25%	中上25%	中下25%	后25%	合计
专科生	2005	34.20%	49.46%	13.29%	3.05%	100.00%
	2011	36.08%	48.19%	13.58%	2.15%	100.00%
	2017	27.63%	54.90%	15.57%	1.91%	100.00%
本科生	2005	32.11%	40.91%	21.33%	5.65%	100.00%
	2011	32.40%	44.04%	18.65%	4.91%	100.00%
	2017	27.60%	45.64%	21.73%	5.02%	100.00%

2. 英语水平与民营企业就业行为

对于去往民营企业就业的毕业生，从获得英语类证书的情况来看，从2005年到2017年，专科生中获得英语类证书的比例逐年升高，到2017年已达80.82%；这一比例在本科生中则呈降低态势，从2005年的81.08%到2017年的44.59%。将去往民营企业就业的专科生和本科生进行对比，在2005年，本科生中获得英语类证书的比例高于专科生，而到2017年，这一比例低于专科生。从2005年到2017年，去往民营企业就业的专科生整体英语水平有所提高，而本科生则有所下降，本科生与专科生在英语水平方面的优势地位发生了互换。

与毕业生整体水平相比，去往民营企业就业的本科生在每一年中获得英语类证书的比例均低于其毕业生整体。对于专科生，除去2005年，每一年中获得英语类证书的比例均高于其毕业生整体。在英语水平方面，随着时间的变化，本科生和专科生群体展现出截然相反的特点（见表2）。

表 2　英语水平与民营企业就业行为

学历层次	年　份	民营企业就业毕业生		毕业生整体	
		获得英语类证书	未获得英语类证书	获得英语类证书	未获得英语类证书
专科生	2005	60.85%	39.15%	63.82%	36.18%
	2011	64.78%	35.22%	62.92%	37.08%
	2017	80.82%	19.18%	76.59%	23.41%
本科生	2005	81.08%	18.92%	85.97%	14.03%
	2011	74.88%	25.12%	77.24%	22.76%
	2017	44.59%	55.41%	61.36%	38.64%

3. 选修双学位与民营企业就业行为

选修双学位是高校毕业生补充本专业外知识，丰富知识体系，提升就业竞争力的重要途径之一。从 2005 年以来，去往民营企业就业的专科生与本科生选修双学位的比例整体有所提高。值得注意的是，专科生在这三年的调查中，其选修双学位的比例均高于本科生，并在 2011 年达到三年最高值 16.78%。从选修双学位这一角度来看，去往民营企业就业的专科生有更强的自我提高意识。

将去往民营企业就业的毕业生同毕业生整体比较，去往民营企业就业的本科生在每一年中获得选修双学位的比例均低于其毕业生整体。对于专科生，除去 2005 年，每一年中选修双学位的比例均低于其毕业生整体。但是由于毕业生整体选修双学位的比例不高，民营企业就业的毕业生表现并没有与整体水平相差过多（见表 3）。

4. 学生干部经历与民营企业就业行为

各种各样的学生组织普遍存在于各大高校的学生管理体系中，担任学生干部能够有效帮助高校学生在校期间锻炼组织能力与领导能力。从 2005 年到 2017 年，去往民营企业就业的专科生中，担任过学生干部的比例呈降低趋势，而这一比例在本科生中则表现出

表 3 选修双学位与民营企业就业行为

学历层次	年　份	民营企业就业毕业生		毕业生整体	
		选修	未选修	选修	未选修
专科生	2005	13.44%	86.56%	12.25%	87.75%
	2011	16.78%	83.22%	17.30%	82.70%
	2017	15.20%	84.80%	16.82%	83.18%
本科生	2005	10.51%	89.49%	10.86%	89.14%
	2011	13.01%	86.99%	13.85%	86.15%
	2017	13.11%	86.89%	15.06%	84.94%

先升高再降低的趋势。无论是在本科生还是专科生中,这一比例在三年的数据当中均高于50%。

将去往民营企业就业的毕业生同毕业生整体比较,去往民营企业就业的本科生在2011年担任过学生干部的比例高于其毕业生整体。对于专科生,除在2005年比例略微高于其毕业生整体外,其他两年时间中均低于其整体水平。总的来说,民营企业就业的毕业生在担任学生干部的表现上不及全体毕业生整体水平(见表4)。

表 4 学生干部经历与民营企业就业行为

学历层次	年　份	民营企业就业毕业生		毕业生整体	
		担任过	没有担任过	担任过	没有担任过
专科生	2005	58.87%	41.13%	58.86%	41.14%
	2011	53.32%	46.68%	54.12%	45.88%
	2017	51.07%	48.93%	54.96%	45.04%
本科生	2005	53.87%	46.13%	58.86%	41.14%
	2011	67.54%	32.46%	64.79%	35.21%
	2017	60.96%	39.04%	62.69%	37.31%

5. 中共党员与民营企业就业行为

在高中及高等教育阶段,加入党组织的机会一般会提供给综合素质高、品学兼优的学生,因此中共党员的身份在一定程度上能够成为衡量学生人力资本的标志之一。从2005年到2017年,去往民营企业就业的专科生中,中共党员的比例从16.97%增长到23.17%。在去往民营企业就业的本科生中这一比例呈现先升高再降低的趋势,但始终高于专科生。

将去往民营企业就业的毕业生同毕业生整体比较,除去在2011年去往民营企业就业的本科生群体中党员比例高出毕业生整体0.05%,民营企业就业的毕业生党员身份的整体比例低于全体毕业生水平,这一点与担任学生干部所表现出的特点相似(见表5)。

表5　中共党员与民营企业就业行为

学历层次	年　份	民营企业就业毕业生		毕业生整体	
		是	否	是	否
专科生	2005	16.97%	83.03%	17.78%	82.22%
	2011	18.25%	81.75%	21.25%	78.75%
	2017	23.17%	76.83%	23.39%	76.61%
本科生	2005	32.28%	67.72%	39.61%	60.39%
	2011	43.35%	56.65%	43.25%	56.75%
	2017	27.68%	72.32%	31.51%	68.49%

6. 实习经历与民营企业就业行为

实习经历是在校大学生接触社会、体验工作岗位的主要途径,丰富、有效且具有一定时长的实习经历能够帮助大学生熟悉工作角色,在求职过程中提高应聘成功概览。从2005年到2017年,去往民营企业就业的专科生与本科生中曾有实习经历的比例均高于80%。在专科生群体中,这一比例呈现先升高再降低的趋势,而在本科生群体中,这一比例表现相反。

同毕业生整体水平相比,三年中去往民营企业就业的本科生和专科生在实习经历方面的表现明显优于全体毕业生,且这种优势随着时间越发显著(见表6)。

表 6　实习经历与民营企业就业行为

学历层次	年　份	民营企业就业毕业生		毕业生整体	
		是	否	是	否
专科生	2005	82.29%	17.71%	82.27%	17.73%
	2011	87.37%	12.63%	83.23%	16.77%
	2017	81.22%	18.78%	77.28%	22.72%
本科生	2005	82.25%	17.75%	80.49%	19.51%
	2011	80.85%	19.15%	74.24%	25.76%
	2017	82.10%	17.90%	68.37%	31.63%

（三）三年高校毕业生民营企业就业行为特点总结

1. 高校毕业生民营企业就业“量”与“质”同民营企业发展情况密切相关

从上文可知，从 2005 年到 2011 年，再到 2017 年，去往民营企业就业的高校毕业生比例总体呈升高趋势，特别是在 2011 年，去往民营企业就业的比例达到三年中的最高水平，分别为 57.32%（专科生）和 36.03%（本科生）。这种趋势的变化与民营企业近 20 年来的发展密切相关。

根据国家统计局披露的数据，自 2002 年以来，民营企业的户数逐年攀升，带动民营企业就业人数也逐年增加。2002 年，民营企业户数 243.5 万户，民营企业就业人数为 3 409.3 万人。到 2017 年，已分别增长至 2 726.28 万户和 19 881.7 万人，分别是 15 年前的 11.19 倍与 5.83 倍（见图 2）。从民营企业户数与就业人数的增速来看，15 年间民营企业户数增速均在 10%以上，2013 年及以后的增速均达到 15%以上；民营企业就业人数增速每年均在 8%以上。可以说，在 2002 与 2017 年之间，民营经济得到快速发展，在数量上快速增多，同时吸纳越来越多的就业人数。1999 年高校扩招以来，高校毕业生数量阶梯式增多，对就业岗位数量的需求也随之提升，与

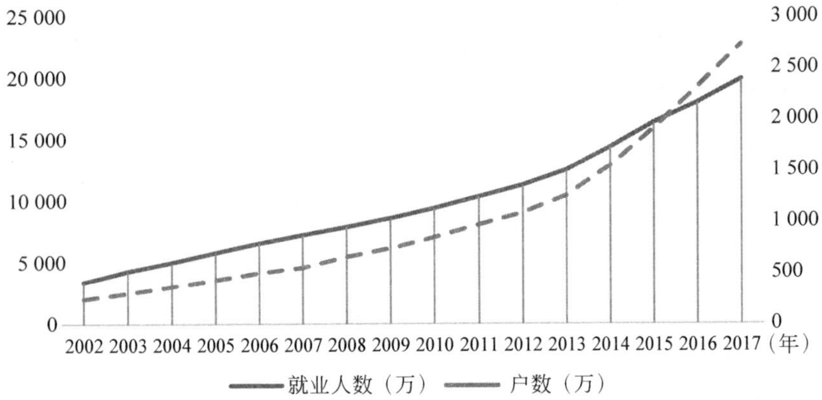

图 2　2002—2017 年民营企业户数及就业人数

此同时,快速发展的民营经济成为高校毕业生的就业选择。

对比三年的数据,在 2011 年去往民营企业就业的毕业生比例达到三年中的最高水平,这同样可以联系同时期民营企业的发展情况来看。2011 年,民营企业户数增速与就业人数增速分别为 14. 45%和 9. 94%,是 2008 年次贷危机之后 4 年内的最高水平,直到 2013 年民营企业户数增速与就业人数增速才分别恢复至较高水平。在 2007 年,十七大报告继续坚持了十六大“两个毫不动摇”的基本方针,进一步强调“坚持平等保护物权,形成各种所有制经济平等竞争、相互促进新格局”,进一步突出了非公有制经济在基本经济制度中的平等地位,此后在次贷危机的阴霾下,非公有制经济仍然得到相对快速的发展。2010 年,全国私营企业抽样调查对 9 920 家私营企业进行了调查,这些企业安置各类人员 163. 68 万人。其中,安置农民人数最多,为 87. 9 万人;其次为大学生,有 21 万人。截至 2012 年底,个体私营等非公有制企业已占中国企业总数的 70%以上,产值占 GDP 的 60%以上,从业人员和提供新增就业岗位分别占全国总量的 80%和 90%以上,非公有制经济为就业人员提供了主要的就业渠道(见图 3)。

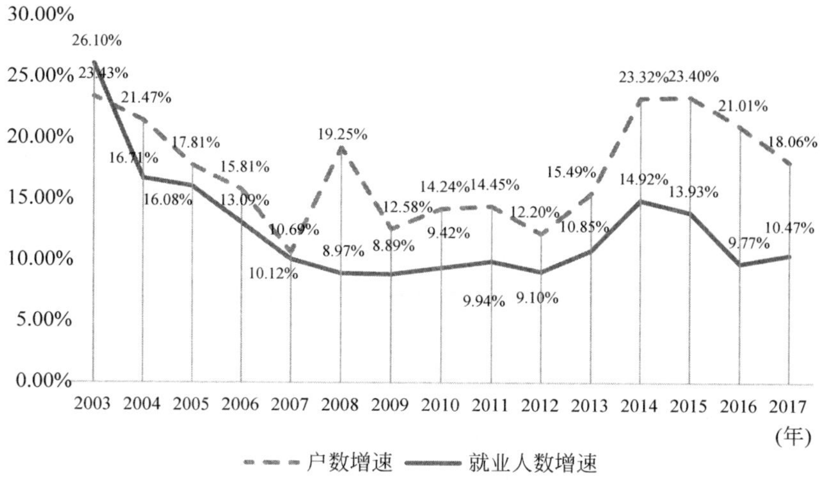

图 3　2003—2017 年民营企业户数增速与就业人数增速

在前文的分析中，学习成绩、选修双学位、担任学生干部、中共党员 4 项用来衡量人力资本的变量均在 2011 年出现了“反常”。相比于 2017 年，2011 年民营企业户数和就业人数均处于劣势，然而在这一年中本科生和专科生在这 4 项人力资本变量中的表现更加优秀。在 2011 年，民营企业就业的专科生和本科生成绩排名在前 25%的学生比例均达到三年最高水平；民营企业就业的专科生在 2011 年选修双学位的比例达到三年最高值 16.78%；民营企业就业的本科生在 2011 年担任过学生干部和是中共党员的比例高于其毕业生整体水平。可以看出，在 2011 年去往民营企业就业的本科生与专科生相较于其他两个年份来说具有更高的人力资本存量。在这一年，相对优秀的高校毕业生有更高的比例去往了民营企业就业。民营企业在 2011 年具有较高水平的户数增速和就业人数增速可能是导致这一现象的重要原因之一。

2. 民营企业中“知识学习突出”的专科生与“综合能力突出”的本科生

综合 7 个反映高校毕业生人力资本存量的指标来看，前往民营

生愿意为企业的发展贡献才智。

完善人才激励机制，任人唯能。在多数民营企业中，实际控制人通常具有最高的任免决策权，这往往导致了“举贤不避亲”、“举贤靠关系”等情况的发生。进入民营企业的高校毕业生往往不具有这样的社会资本，在民营企业中获得重用需要付出更多的努力。这就需要民营企业的管理者完善人才激励机制，使人才的任免有章可循，任人唯能，举贤唯能。

参考文献

1. 董大伟："改革开放以来党的非公有制经济政策演进研究（1978—2016）"博士学位论文，中共中央党校，2017年。
2. 胡锦涛："高举中国特色社会主义伟大旗帜为夺取全面建设小康社会新胜利而奋斗"，《人民日报》2007年10月25日。
3. 黄剑辉："改革开放40年以来中国民营企业发展历程回顾与展望"，《扬州大学学报（人文社会科学版）》2019年第23期。
4. 孟大虎、苏丽锋、李璐："人力资本与大学生的就业实现和就业质量——基于问卷数据的实证分析"，《人口与经济》2012年第3期。
5. 中华全国工商业联合会，中国民（私）营经济研究会：《中国私营经济年鉴2010.6—2012.6》，中华工商联合出版社2013年版。

（蒋承，北京大学教育学院；戴君华，华樾（北京）科学技术研究院）

『一带一路』与民营企业发展

罗来军　张瑜瑜

近年来，由于受到国内产业结构调整、生产成本上升等因素的影响，我国民企开始更多地依靠“走出去”来开拓国外市场。然而，与金融危机前我国民营企业走向发达国家市场的情况不同，金融危机爆发使西方国家经济出现持续低迷，我国民营企业家对手中的“资本”该何去何从深感迷茫。我国综合考虑当前国际国内形势，适时提出“一带一路”倡议，为我国企业“走出去”勾画出一个连接亚太和欧洲两大经济圈的巨大市场，从而给我国企业的对外投资指明了方向。

“一带一路”倡议是我国通往更高质量开放型经济的必由之路。“十三五”规划纲要指出,要以“一带一路”建设为统领,支持企业扩大对外投资,开展与有关国家和地区多领域互利共赢的务实合作。民营企业作为一国经济发展必不可少的组成部分,对“一带一路”建设能否顺利落实非常关键,是“一带一路”建设的重要推动者和生力军。我国民营企业在参与“一带一路”建设过程中既面临各种难得的战略机遇,同时也有许多挑战。如何把握好战略机遇,同时更好的应对各种挑战,为我国民企搭乘“一带一路”顺风车“走出去”创造良好的内外部环境是我们需要思考的问题。

一、我国民营企业参与“一带一路”建设发展现状

(一)民营企业参与“一带一路”建设热情高涨

林春回和王国平(2016)指出,在世界经济增速放缓、保护主义、单边主义加剧,国内经济下行压力加大、有效投资和消费需求不足的背景下,我国民营企业家积极抓住“一带一路”建设机遇,充分发扬企业家精神,为手中的资本寻求更广阔的市场,为我国经济谋求新的增长点。《“一带一路”贸易合作大数据报告(2018)》指出,2017 年我国民营企业 500 强中有 274 家企业参与“一带一路”建设,比例占半数以上。其中,以华为、吉利、TCL 等为代表的一大批我国优秀民营企业已经投入到“一带一路”建设中,向全世界展示了中国企业的新风貌,国际影响力持续上升。此外,刘国斌等人(2017)还指出,“一带一路”倡议的提出,极大的调动了我国中西部地区和沿边地区的民营企业参加海外投资的热情,从而加快了这些地区对外开放的速度。

（二）部分民营企业在参与"一带一路"建设中获得良好成绩

1. 民营企业是进出口的主力军

我国民营企业与"一带一路"沿线国家的进出口贸易额增长迅速，继续发挥主力军的作用。从进出口总额来看，2017 年，我国民营企业与沿线国家的进出口总额达到 6 199.8 亿美元，大概占我国与"一带一路"沿线国家贸易总额的 43.0%，贸易额增速为 12.1%。从出口额来看，如图 1 所示，2011—2016 年，我国民营企业对沿线国家的出口额占比逐年增加，2017 年占比为 55.9%，虽稍有回落，但民营企业仍旧占据主体地位。从进口额看，如图 2 所示，外资企业进口额占比最大，但民营企业进口额占比呈逐年上升态势。

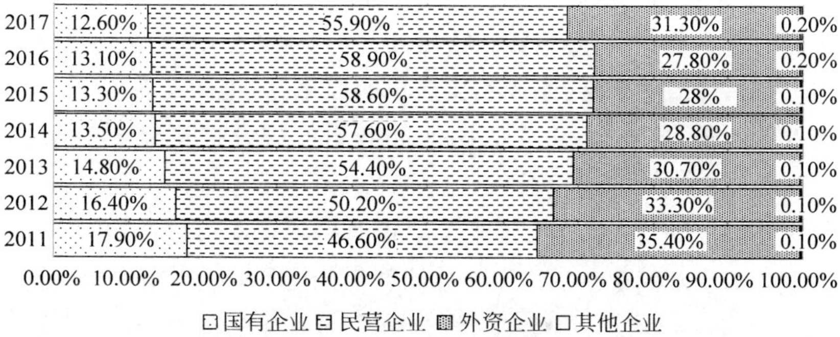

图 1 2011—2017 年我国对"一带一路"沿线国家出口贸易主体变化情况

数据来源：国家信息中心"一带一路"大数据中心、大连瀚闻资讯有限公司：《"一带一路"贸易合作大数据报告（2017、2018）》。

2. 对外直接投资持续向好

改革开放以来，我国企业主要是通过对外直接投资方式加强与亚非拉等国家的经济合作。"一带一路"战略的深入推进，使我国企业的对外直接投资空间变得更大，在进行国际投资时有了更多的选择权。第一，我国企业的对外直接投资数额持续增加。2013 年至 2018 年，我国企业对沿线国家的直接投资总额已经超过了

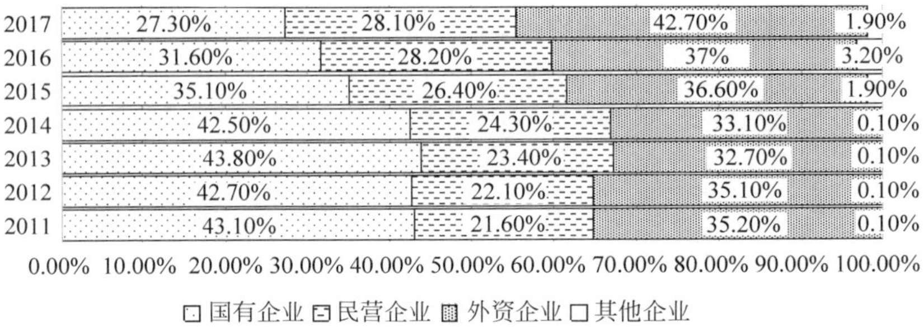

图 2　2011—2017 年我国对"一带一路"沿线国家进口贸易主体变化情况

数据来源:国家信息中心"一带一路"大数据中心、大连瀚闻资讯有限公司:《"一带一路"贸易合作大数据报告(2017、2018)》。

900 亿美元,每年平均增长 5.2 %,带动东道国就业近 30 万人。同时,我国企业与沿线国家新签订的对外承包工程合同在数量和金额上也有较大的提升,总金额已经超过了 6 000 亿美元,每年平均增加 11.9%。第二,投资主体多元化。长期以来,大型国有企业和央企是我国对外直接投资的主要力量,承担着基础设施、产能合作等国外重大投资项目的建设合作。近年来,由于国内投资回报率下降、投资空间萎缩,资本的逐利性驱动我国民营企业通过"走出去"的方式来寻求利润更高的市场。如图 3 所示,2016 年[1]我国民营企业对"一带一路"沿线国家的投资额为 106.3 亿美元,在"一带一路"投资总额中大约占 36.12%,这表明民营资本是我国参与对外直接投资的重要主体。第三,对外投资方式不断创新。我国民企之前主要是依靠绿地投资、跨境并购等传统方式进行对外直接投资,现在已经发展为包括设立境外经贸合作区在内的多种方式并举的对外直接投资模式。以境外经贸合作区为例,截至 2018 年上半年,我

[1] 本文选取 2016 年数据进行说明是因为 2017 年我国一些知名民企进行了数量庞大的非制造业类对外直接投资,且我国 2018 年已出台相关法律法规对其投资进行严格控制,故将 2017 年的数据视为异常值数据,不予考虑。

国企业已经在24个"一带一路"沿线国家成功设立了82家境外经贸合作区,累计投资达到305亿美元,总产值为924.9亿美元,上缴给东道国的税费是21.9亿美元。其中,由我国民营企业主导建立的境外经贸合作区有20多家,占比在35%左右。

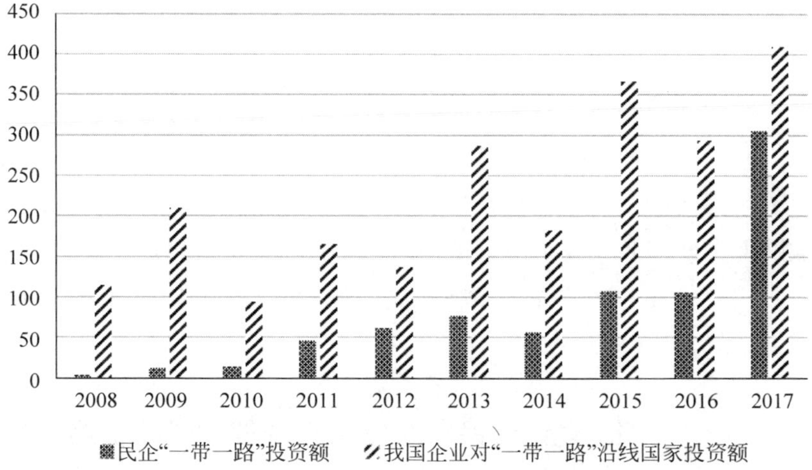

图3 2008—2017年我国企业(民营企业)对沿线国家的投资额(单位:亿美元)

数据来源:"中国全球投资追踪"数据库。

(三)民营企业通过不同方式融入"一带一路"建设

一是"抱团出海",集群式"走出去"。李志鹏等(2015)认为,我国民营企业选择集群式"走出去"可以在海外形成规模集聚效应,促进资源共享,节约成本,降低风险,提升企业的话语权,从而以更积极的姿态融入正在发生重构的全球价值链和产业链体系。二是融入国有企业的价值链"走出去"。我国许多民营企业往往受到自身资金、人员、经验等各方面的限制,想"走出去"但往往心有余而力不足。而国企作为先行者和主力军,在参与"一带一路"建设中先行先试,这几年已经在沿线国家和地区搭建了较为完备的对外投资平台。一些实力不足的民营企业可以通过融入国有企业的价值链或者产业链实现对“一带一路”国家投资的愿望。同时,国有企业也可以通过这种方式享受民营企业更专业、更高效的服务。三是民营企业依靠自身力量,通过自主发展产业链“走出去”。我国一些实力非常强的民营企业,他们会更偏好自主发展产业链“走出去”。因为其国际化经营经验十分丰富,拥有很强的创新力,在国际市场上又具有一定的知名度,对海外投资的各种风险也有较好把握。四是与国际上一些知名品牌合作“走出去”。我国有些民营企业虽然具有较强的研发能力和生产能力,但是在国际市场上并没有形成较高的知名度。例如格兰仕,其每年1 700万产品中就有6成被贴上国外知名微波炉品牌的商标。因此,这些民营企业要想“走出去”,就需要与国外知名品牌建立合作关系,利用其知名度,增加全球市场销售份额。

二、“一带一路”建设给民营企业带来难得的战略机遇

“一带一路”倡议的提出,有利于加强我国同沿线国家的经贸和投资关系,使我国的经济发展空间进一步扩大,给我国民营企业增加了应对国内转型升级问题的时间。

一是可以为民营企业在沿线国家开展投资合作创造有利的外部条件。“一带一路”倡议秉承互利共赢的理念,不仅可以满足我国民营企业对外投资的需求,同时还满足了沿线国家对提升本国经济发展水平、加强与世界各国交流合作的愿望。“一带一路”倡议还可以提升投资便利化水平,改善投资环境,使投资布局更加合理,从而不断降低企业海外投资的成本。由于大多数沿线国家的资源禀赋非常丰富,民营企业可以利用“一带一路”这个平台增加对这些国家资源和能源的投资力度,从而形成国际能源合作的新机制。此外,许多沿线国家为保障我国民营企业的合法权益以及人身安全不受侵犯,专门从制度、法律等方面制定政策,以期给我国民营企业

创造一个良好的外部环境。

二是可以使民营企业与沿线国家的经贸合作更加密切。当前，一些国际贸易摩擦不断加重，给我国企业造成了巨大的经济损失。而随着“一带一路”建设的不断推进，我国与沿线国家的关系得到了很大的改善，沿线国家的基础设施水平和经济发展水平都得到了很大的提升。因此，我国通过进一步深入与发展中国家的合作，有利于应对当前西方发达国家贸易环境不断恶化的问题，从而摆脱以往过度依赖发达国家的局面。

三是可以使民营企业加快过剩产能的输出，促进产业转型升级。2015 年我国政府提出的供给侧结构性改革，给我国民营企业敲响了警钟。之前粗放式的经济增长方式使企业积累了大量的过剩产能，例如钢铁、玻璃、铝制品等。由于沿线国家正处于经济发展的上升期，经济基础相对薄弱，因而对我国的过剩产能仍有巨大的需求。朱熙宁(2016)认为，我国的民营企业可以通过积极参与“一带一路”建设，以拓展了的经济发展空间换取经济转型升级时间，从而把我国企业生产的过剩优质产能向外输出，这样不仅可以使这些沿线国家的基础设施水平得到提高，同时还有利于缓解我国企业目前面临的转型升级阵痛问题。

三、我国民营企业在参与“一带一路”建设时面临的主要问题

在“一带一路”倡议提出来的这 6 年间，国际国内的经济、政治等已经发生了深刻改变。从国际来看，世界经济复苏缓慢，贸易保护主义抬头，这些因素都直接造成国外投资环境的恶化，使投资不确定性增加。从国内来看，我国经济面临一定的下行压力，正处于改革的阵痛期，面临新旧动能转换、供给侧结构性改革等一系列问题。因此，我国民营企业在当前背景下参与“一带一路”建设，既有

机遇,同时也存在诸多挑战。

(一)国际问题

一是部分沿线国家存在很严重的非经济风险。沿线国家的国情差异非常大,不安全不稳定因素颇多。例如,中亚和西亚地区地缘政治关系复杂,南亚地区经济发展基础薄弱,部分中东国家深受极端主义、分裂主义等威胁,而部分东盟国家则与我国存在领土纠纷等。张燕生等人(2017)认为,“一带一路”沿线大多数国家正处于当今世界地缘政治竞争最激烈的地区,他们面临地缘政治安全赤字的危险。薄文广(2018)同时指出,近 10 年来,沿线国家中至少有 22 个国家曾经爆发过一次较大的军事冲突或者政治动乱。方旖旎(2016)的研究则表明,在各种非经济风险中,我国民营企业认为以东道国政策阻碍为首的政治风险最突出,例如,政策不连续,各种审批手续纷繁复杂,有时甚至无法保障我国企业的人身以及财产安全;其次是包括语言、文化以及风俗习惯在内的社会风险较为突出。宗教信仰以及文化习俗的差异,使我国企业在与沿线国家进行沟通交流时面临很大障碍,制约了我国企业国际化经营的步伐。

二是部分沿线国家对来自中国的资本持敌视态度。我国民营企业代表的民营资本与国有企业代表的国有资本,虽然在投资资金来源以及项目选择等方面存在许多差异,但被外国统一看作是中国资本。张宁(2017)指出,由于一些国家对“一带一路”倡议存在误读,因此经常将我国国有企业正常的海外投资与并购等视作政府行为,制造舆论,向世界传播“中国威胁论”、“新殖民主义”,极大地影响了我国与这些国家合作的进程。

三是部分沿线国家基础设施薄弱,法律法规不健全。陈剑(2016)认为,“一带一路”沿线国家众多,政治、经济环境差异较大,存在基础设施建设落后、法律法规建设不全等软硬件问题。在“硬件”方面,部分沿线国家在交通运输、网络通信等方面的基础设施建设落后，从而限制了与这些国家的合作进程。在“软件”方面，部分沿线国家法律法规建设不全，加之政府有关部门执法随意性较大，从而导致法律的权威性不足。这些软硬件问题的存在，无形中给我国企业赴海外投资增加了很大的不确定性。

（二）国内问题

一是与国有企业地位公平性问题。蓝庆新（2017）认为我国民营企业在参与“一带一路”建设过程中，反映最集中的问题是与国有企业的地位公平性问题。我国民营企业在进行海外投资时，在享受政府给予的政策优惠以及资金支持时的力度还不够，无法和国有企业以同等地位参与“一带一路”建设。长此以往，我国民营企业的积极性会受到很大的影响。例如，在融资方面，国有企业往往可以获得幅度大、利率低的政策性金融贷款，而许多民营企业则根本无法享受这些优惠待遇。

二是金融支持不足。王济光（2017）指出，由于我国银行对民营企业存在“慎贷”行为，导致民企融资困难，从而直接影响我国民营企业的国际化发展空间。辜胜阻等（2017）也认为，我国民营企业在进行对外直接投资时，资金融通是决定投资成功与否的关键因素。由于“一带一路”沿线国家营商环境与欧美发达国家相比存在很大差距，因此，我国民营企业在对沿线国家投资时会较难获得西方国家金融机构的贷款。目前，为“一带一路”建设提供金融支持的主要是亚投行、金砖国家银行、国家开发银行、丝路基金、中非基金等政府性金融机构，但他们把资金主要贷给了大型国企，民企往往很难从这些机构获得贷款。除资金支持不足外，金融服务体系的不健全则是另一个制约我国民企发展的关键因素。由于我国商业银行在沿线国家开设的分支机构较少，人民币清算银行与本币互换网络覆盖不全，以及国际金融体系的不稳定等原因，我国民营企业无法享受到完善的金融服务，从而给对外投资带来了很多困难。

三是中间组织较少,中介服务体系不健全。首先,为我国民企服务的中间组织较少。我国现有的中介机构普遍缺乏对“一带一路”国家和地区进行科学的风险评估和资信审查等方面的能力,因而对国际化的咨询公司、资信评级机构以及律师和会计事务所等中介机构需求非常迫切。其次,中介服务体系不健全,缺乏高效及时的信息查询和服务平台。由于我国中介服务体系还不完善,无法满足企业对信息的有效性、系统性、及时性等需求,从而严重影响了我国民营企业的海外投资行为。例如,我国企业很难依靠国内现有的中介组织提供当沿线国家在经济、政治等方面突然发生变化时的一个市场调研报告。最后,我国政府的驻外使领馆给我国民营企业提供的对外援助和商业保障等方面的服务较为欠缺。例如,当我国企业在东道国的合法利益无法得到保障时,由于维权机构较少,我国企业经常无法得到及时的专业咨询和法律帮助,这给我国民营企业的海外维权带来了一定困难。

四是民企的对外投资风险防控体系建设滞后。李红娟等人(2017)认为,我国民营企业起步晚,风险管理水平严重滞后于国际化发展进程,从而给民营企业的海外投资行为带来较大风险。在对外投资合作初期,我国民营企业由于自身能力限制,往往无法对东道国的政治、法律、劳工等可能存在的风险进行科学合理的评估,从而为后期的经营管理埋下隐患,使对外投资的不确定性增加。同时,由于我国还没有完全建立保障民营企业境外合法权利和资产收益的机制,导致我国民营企业经常遭遇来自东道国在税收优惠、市场准入等方面的政策歧视。

(三) 民营企业自身问题

一是缺乏合作意识,无序过度竞争行为较为普遍。由于对整体规划布局与统筹协调不到位,合作意识欠缺,我国民营企业对在海外投资时面临的热门地区和热门产业经常“一哄而上”,重复投资、投资过剩问题层出不穷。例如,一些民营企业在非洲、中东等国家进行项目投标和产品销售时,无视国际规则和市场规律,同行业之间经常存在恶性竞争,最后只能把机会拱手让给国外企业。另外,在与非洲和中南半岛等国家进行贸易往来时,一些企业追求短期利益,盲目开采东道国的自然资源,不注重环境保护,不遵守东道国的法律法规,不履行企业的社会责任,对我国企业的名声产生了不良影响。

二是缺乏创新精神,市场竞争力较弱。长期以来,我国民营企业都是依靠低劳动生产成本优势以及超强的模仿能力参与国际竞争,在核心技术、品牌形成等方面投入不足,创新能力缺乏,产能过剩、产品升级问题一直无法有效解决,在国际市场上的竞争力较弱。裴志林和张志文(2013)指出,从近些年我国参与对外直接投资的企业可以看出,大多数民营企业都分布在价值链的低端,而对研发、服务等投入不足。

三是缺少兼具国际化视野和综合能力的复合型人才。人才是“一带一路”建设成功的关键因素,企业的跨国经营更需要懂技术、懂管理、懂财务等各方面的高素质人才。周方银(2015)认为,“一带一路”作为国家战略,从提出到实施进度非常迅速,因而我国之前形成的人才培养模式以及培养出来的人才数量均无法满足其需求,从而造成了人才缺口。“一带一路”覆盖地区是伊斯兰文化、基督教文化、佛教文化等多元文化交织的地区,社会风俗和商业习惯复杂,语言种类多样,适用的商业法律法规也存在许多差异,然而我国民营企业通常缺乏既拥有专业技能知识又有海外工作经历的综合型人才,再加上对东道国的相关法律制度以及风俗文化了解不深,从而给“走出去”企业的经营管理和投资带来极大的挑战。

四、关于民营企业参与“一带一路”建设的政策建议

国家在对“一带一路”倡议进行总体谋划之后,其落地最终还是需要依靠企业的力量。因此在参与“一带一路”建设时,除发挥

国有企业的主力军作用之外,也应充分挖掘民营企业作为生力军的潜力。

1. 使民企和国企享有同等地位

国有企业和民营企业是使“一带一路”建设真正落地的两股重要力量,尤其是国有企业,其在“一带一路”建设中的地位是不可替代的。但是与国有企业相比,我国民企也有其自身独特的优势。例如,民营企业可以打破我国国有企业在进行海外投资时的局限性,淡化政府色彩,避免西方国家对我国国有企业正常的对外直接投资行为进行过度解读。因此,民营企业迫切需要政府创造一个可以与国有企业公平竞争的外部环境。应以可持续发展为目标,遵循平等化和市场化原则,使民营企业和国有企业在参与“一带一路”建设中保持竞争中立,并且在政策支持、资金融通、公共服务等方面给予国企和民企同等的待遇。同时,降低民营企业的行业准入限制,拓宽民营企业对外投资的渠道,使民营企业更好发发挥“一带一路”建设生力军的作用。

2. 积极扩展融资渠道,扩大融资规模

就政府而言,由于我国民企通常规模较小,信用较低,无论是商业银行还是国有银行都会更希望把钱贷给有政府兜底的国有企业。所以在这种情况下,就需要我国政府出面鼓励一些大型的金融机构在境外发行“一带一路”建设债券,再由金融机构将这些资金转贷给民营企业。同时,有关监管部门应出台相关政策来确保民企和国企可以获得相同的外汇支持。就金融机构而言,应加快金融基础设施建设,形成一套完善、成熟的金融体系,提高金融服务效率,更好地为民营企业服务。就民企而言,需要积极主动的为自身融资寻找出路。由于发达国家资金相对来说更加充裕,因而其借贷成本会比我国国内低,所以民营企业在融资时需要同时考虑国内国外两个市场的资源状况,降低融资成本,从而使自身利益最大化。

3. 加快成立中介组织，加强中介服务体系的建设

一方面，我国应选取一批在法律、财务、风险评估、信息等领域具有发展前景的中介组织在“一带一路”相关国家和地区设立中介机构，为我国民营企业解决贸易摩擦、法律纠纷等提供帮助。同时鼓励已有的中介组织加强内部改革，使其更快的融入到“一带一路”建设中来，更好地为民营企业海外经营出谋划策。另一方面，我国应加强中介服务体系建设，例如行业协会和商业协会可以通过加强网站建设，把自己搜集到的关于“一带一路”沿线国家的各种政策以及潜在的风险等信息通过网站公布出来，使我国民营企业可以及时掌握这些信息，从而更好地规避风险，在国际市场上占有更多的主动权。

4. 健全对“一带一路”沿线国家投资风险评估和预警机制的建设

我国政府应大力加强对沿线国家投资风险披露和预警机制建设，以企业履约能力、赢利能力等指标为依据，建立科学的风险评价方法。另外，我国政府还应同时设立“一带一路”投资的“正面清单”和“负面清单”，为我国民营企业海外投资提供风向标以及明确投资不可为行业。这样做可以帮助他们更好地识别并规避风险，从而推动企业有序有重点地参与海外投资。

5. 加强引导和约束，提升民企自身素质

一方面，政府应针对民企的不同情况，积极引导其合理选择适合自己的国际化路径，不要盲目跟风。例如，可以在民营企业之间建立产业联盟，合理分配利润，避免恶性竞争。同时，引导企业加大创新力度和研发投入，提高自身科技水平，强化品牌培养意识，从而不断提升其在国际市场上的竞争力。另一方面，政府需要对我国“走出去”的民营企业加强约束，使其主动了解当地的风土人情，积极与当地政府、人民建立友好合作关系，敢于承担企业的社会责任，带动当地经济更好发展，提升“一带一路”沿线国家居民的幸福感

和获得感。

6. 强化人才培养,充分利用国内外人才

我国应强化人才培养战略,使我国的人才储备增加,破解我国民企遇到的人才“瓶颈”问题。培养具备国际化视野的复合型人才,既要让国内人才“走出去”,又要善于利用沿线国家本土的优秀人才。一方面,大力培养精通外语、熟悉国外经济政治和法律环境等方面的专业人才,并增加他们出国留学访问的机会。另一方面,挖掘沿线国家中的优秀本土人才,同时吸引我国海外留学生和华人华侨,打造本土化“人才供应链”管理体系。

参考文献

1. 薄文广、周燕愉、李晓曼:“促进民营企业融入‘一带一路’的思考”,《中国国情国力》2018 年第 4 期。
2. 陈剑:“‘一带一路’需要规避风险扎实推进”,《中国发展观察》2016 年第 8 期。
3. 方旖旎:“民营企业对‘一带一路’沿线国家大型直接投资非经济风险与对策的研究”,《晋中学院学报》2016 年第 5 期。
4. 辜胜阻、吴沁沁、庄芹芹:“推动‘一带一路’建设与企业‘走出去’的对策思考”,《经济纵横》2017 年第 2 期。
5. 蓝庆新:“应大力推进民营企业参与‘一带一路’建设”,《人民论坛 · 学术前沿》2017 年第 9 期。
6. 李志鹏、徐强、闫实强:“民营企业集群式‘走出去’模式与经验”,《国际贸易》2015 年第 10 期。
7. 林春回、王国平:“我国民营经济在‘一带一路’中如何‘走出去’——以福建民营企业为例”,《华侨大学学报(哲学社会科学版)》2016 年第 4 期。
8. 刘国斌、胡玮桐、王福林:“延边地区融入‘一带一路’建设的困境与突破”,《东疆学刊》2017 年第 4 期。
9. 裴志林、张志文:“中国民营企业‘一带一路’的态势与思考”,《北京社会科学》2013 年第 3 期。
10. 王济光:“民营企业参与‘一带一路’战略走出去问题研究”,《经济界》2017 年第 6 期。
11. 张宁:“‘一带一路’倡议下国有企业‘走出去’面临的挑战与应对”,《国际贸易》2017 年第 10 期。
12. 张燕生、王海峰、杨坤峰：“‘一带一路’建设面临的挑战与对策”，《宏观经济研究》2017 年第 11 期。
13. 周方银：“‘一带一路’面临的风险挑战及其应对”，《国际观察》2015 年第 4 期。
14. 朱熙宁：“民营企业融入‘一带一路’战略研究”，《黄河科技大学学报》2016 年第 5 期。

（罗来军，北京大学光华管理学院；张瑜瑜，中国人民大学经济学院）

如何有效化解民营资本向乡村流动的信息障碍——以武夷山市五夫镇『生态银行』模式为例

韩非池　赵心泽

一、民营资本下乡面临信息障碍

习近平总书记指出:“要推动人才、土地、资本等要素在城乡间双向流动和平等交换,激活乡村振兴内生活力。”民营资本向乡村流动,是城乡要素双向流动的重要组成部分,对整合农村资源,激发内生动力有显著作用。农村丰富的自然资源和广阔的市场,也是民营经济未来发展需要把握的重要机遇。但也需看到,进一步推动民营资本向农村流动,还需克服诸多障碍,其中一个重要因素,是投资决策面临的信息不确定性。

从理论上看,环境信息的不确定性与企业投资可能存在正反两个方向的相关关系。一方面,信息不确定性会导致管理层在进行投资时更加谨慎(Bloom et al.,2007),从而减少公司的投资;另一方面,信息不确定也可能增加预测和监督管理层行为的难度,掩盖其投资失败所应负的责任,从而增加高管扩大无效率投资以增加私人收益的可能性。微观环境信息的不确定性到底如何影响企业投资,则取决于企业的融资约束,如果公司受到的融资约束较小,管理层可能利用充裕的资金在信息不确定的环境中进行过度投资,提高公司投资规模;而当融资约束较大时,资金短缺使管理层投资空间压缩,投资失败责任加大,同时延迟投资还存在实物期权效应,所以公司在选择投资时将更谨慎,倾向于降低投资规模(McDonald & Siegel,1986;申慧慧等,2012)。

我国不同股权性质的公司所受到的融资约束差异较大(Chow & Fung,1998),国有企业在获得股权和债权融资方面相对于民营企业有很大优势,民营企业普遍面临较为严重的融资约束。因此,当投资环境的信息不确定性较强时,民营企业更倾向于减少和延迟投资。相对于营商环境更规范和要素市场更发达的城镇,民营企业在农村投资面临的信息不确定性更强。根据调研中民营企业家的反映,投资农村面临的信息不确定性主要表现为"四个不了解"。一是不了解土地性质。民营企业到农村难以掌握土地使用性质的具体信息,违规建设后无法办理相关手续乃至被清理的情况时有发生。二是不了解规划导向。不少地区镇、村一级没有编制规划,基础设施建设布局不清晰,产业导向也不明确。民营企业难以建立对当地发展的稳定预期,部分投资项目也因配套设施不齐备或产业限制收紧而搁浅。三是不了解资源底数。山水林田湖草等自然资源和民居古建等人文资源很大一部分掌握在农户手中,民营企业与分散的农户逐户沟通,拼凑农村资源整体图景的信息成本巨大。四是不了解农户预期。不同农户对于民营企业进驻开发,流转资源的收

化名镇”、“国家级特色小镇”和“国家级田园综合体”试点乡镇。境内山水相映，环境优美，留存了大量朱熹（朱子）文化遗迹，形成了全镇“八山一水一分田，朱子文化在其间”的生态资源格局。

尽管武夷山市自然、人文资源丰富，但是由于是“双遗产”地，域内大部分区域以保护生态为主体功能，且地形狭长、地势崎岖，还存在工业发展受限，可开发土地面积狭小，自然资源分散等局限，同时外部资本尤其是民营资本来武夷山投资往往无法摸清土地性质、资源分布等情况，信息障碍比较突出，面临“两少”（优质客商少，优质项目少）、“两缺”（项目用地指标紧缺，项目经营人才紧缺）的问题。

为应对这些发展瓶颈，探索绿水青山向金山银山转化的样板路径，2017年，福建省南平市出台了《南平市“生态银行”试点实施方案》。武夷山市五夫镇作为试点镇开始进行“生态银行”试点，通过自然资源管理、评估、流转、交易等方面的探索创新，形成了一条化解民营资本下乡信息障碍的典型路径。

（二）试点对象

五夫镇的“生态银行”试点包括山、水、林、田、湖、古民居等多种资源，“麻雀虽小，五脏俱全”。全资源品类的试点让“五夫模式”更有系统性，也更加符合习近平总书记“山水林田湖草是一个生命共同体”的生态文明思想。

（三）“生态资源一张图”

“生态银行”运行的基础，首先是绘制“生态资源一张图”。为了化解民营资本下乡关于土地性质、规划限制、资源分布的信息障碍，五夫镇请武夷山市政府发函协调各部门在五夫镇地图上画出了各类开发“红线”，包括自然资源部门的基本农田、一般农田和建设用地情况；林业部门的国家级和省级生态林情况；环保部门的水保、土保要求;发改部门(现已转移至生态环境部门)的主体功能区划分情况等。最终形成电子化、可视化、交互式的五夫镇“生态资源一张图”,明确了自然资源的可开发程度和边界。

(四)运行流程

“生态银行”模式在运行中,主要是回答项目建设中“资源怎么收储、资产怎么整理、资本怎么引入”三个问题,可分为收储资源、整理资产、引入资本三个阶段(见图1)。

1. 资源收储

资源收储又包括“实际收储”和“预存”两种模式。

“实际收储”是指通过资源购买、流转、租赁、使用权抵押贷款、股份合作、托管经营等方式,将零散化、碎片化资源,收储进入“生态银行”运营平台或武夷山市自然资源局、五夫镇政府、村集体。武夷山市目前成立了“生态银行”运营平台公司(以下简称“生态银行”公司)作为市一级的资源收储平台。在实际收储工作中,则因地制宜选择收储主体,既发挥了村集体了解资源底数和农户情况的优势,又发挥了“生态银行”公司作为市一级平台高规格、跨区域、数字化的长处。

自五夫镇“生态银行”试点工作开展以来,已通过武夷山市自然资源局实际收储土地资源3 345.5亩;通过村集体实际收储水资源集雨面积41.69平方公里,库容392.68万立方米;通过“生态银行”公司实际收储林业资源7 468.72亩,古民居19栋。其“生态银行”公司对古民居的收储,采用了“数字化建档”模式,运用三维激光技术,获取接近百万个带空间坐标信息的数据点,完成对古民居建筑及构件的测绘工作,跨越农户产权分割的障碍,以完整院落为单位形成GIS数据库进行管理。

“预存”则是五夫镇“生态银行”模式的创新概念,是指“生态银行”公司向百姓发放“五夫镇生态资源登记卡”作为凭证,农户将对

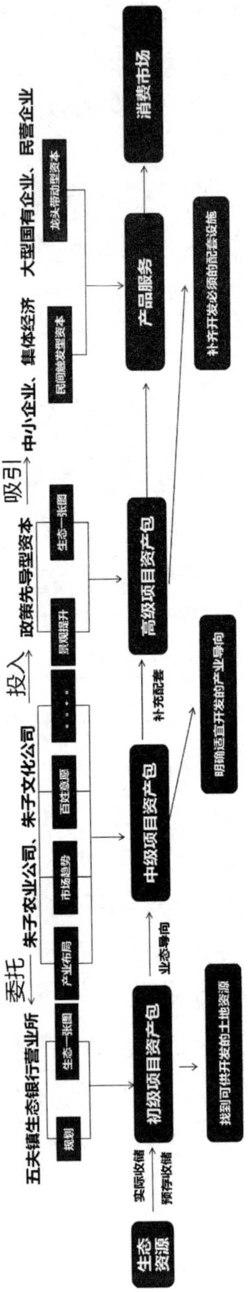

图1　“生态银行”运营流程图示

自有生态资源的开发预期,包括对自有资源收储方式、收储价格、收储周期、收储用途等方面的信息,通过镇政府的便民服务中心,登记录入“生态银行”公司。“生态银行”公司建立数据库,滚动管理已收储的生态资源信息和百姓自有生态资源的预存信息。预存到“生态银行”公司的生态资源,将纳入“生态资源一张图”接受管控。百姓对生态资源的使用,必须符合市、镇规划的管控要求。

“生态银行”公司可向关注五夫镇开发的第三方智库、企业提供资源预存信息,有针对性地策划项目,引入资本。企业在投资时,可依据预存信息,科学评估项目开发时意向地块(区域)的开发成本、开发难度、开发优先级。农户将开发信息进行预存,虽然没有经济补偿,但政府保证将其信息优先与客商对接,同时多个农户的资源可以系统整合,并获得政府在配套设施方面的优先支持。预存体系下的资源虽然大部分时间都不为政府所有,但却达到了为规划所控、为第三方所谋、为企业所开发、为百姓所享的客观效果,为后续资本到位后的资源实际收储打下基础。目前,“生态银行”公司已预存土地资源 1 500 亩,林业资源 3 801.9 亩,水资源集雨面积 42 平方公里,库容 380 万立方米,古民居 50 栋。

2. 整理资产

在收储资源后,“生态银行”公司需要将资源整合为可供外部资本开发的资产包。具体分为初级、中级、高级三个阶段。

初级项目资产包的形成标志,是找到了可开发的地块区域。“生态银行”公司将已收储的生态资源信息、百姓的生态资源预存信息标记到“生态资源一张图”上,整理出位于市、镇规划重要发展轴带、不触及任何管制区线(生态保护红线、永久基本农田、城镇开发边界、生态林、限制开发区等)的地块(区域),作为优先推出开发的生态资源。完成从生态资源到初级项目资产包的第一轮整理。目前,“生态银行”公司已累计整理地块约 1 650 亩,民居 70 余栋(见表 1),等待后续的整理提升。

表 1　“生态银行”公司整理的部分可开发地块与民居

名　　称	数　　量
五夫村-典村村-西尾村地块	约 500 亩
翁墩村龙井坑地块	约 120 亩
翁墩村万亩荷塘地块	约 70 亩
五夫村-留村地块	约 810 亩
五夫村高速路口地块	约 150 亩
兴贤村-五一村-五夫村古民居	19 栋
兴贤村烤烟房	7 栋
大将村卜空古民居	47 栋

资料来源：调研整理搜集。

中级项目资产包的形成标志，是明确了要开发的业态导向。在梳理出可开发地块后，“生态银行”公司发挥平台作用，引入相关单位、机构、团体、企业法人、自治组织等多种主体（见表 2），参与中级项目资产包的整理提升。在“生态银行”公司的统筹下，各主体发挥自身在产业体系搭建、行业政策解读、市场动态预判、产品研发策划、社情民意摸底、建筑规划设计等方面的优势，反馈信息，提供咨询服务，帮助“生态银行”公司决策，赋予初级项目资产包以产业定位，形成“国学文化产业”、“森林康养产业”等八个不同的产业方向（见表 3），

表 2　参与五夫镇生态资产整理提升的部分机构

类　　型	机构名称
高端智库	国务院参事室当代绿色经济研究中心
政府机构	福建省卫星遥感测绘中心、南平市自然资源局、武夷山市招商局
镇村机构	五夫镇国土资源所、建设所、水利站、各村两委
民营企业	北京央美景观文化艺术有限公司、深圳市蕾奥规划设计咨询股份有限公司
科研院所	福建农林大学、福建工程学院、福州阳光学院
民间团体	福州台胞投资协会、武夷山广东商会

资料来源：调研整理搜集。

表 3　“生态银行”公司策划的部分地块的产业定位

地　　块	产 业 定 位
五夫村-典村村-西尾村地块	国学文化产业
翁墩村龙井坑地块	森林康养产业
翁墩村万亩荷塘地块	文化研学产业
五夫村-留村地块	农旅体验产业
五夫村高速路口地块	农产品加工产业
兴贤村-五一村-五夫村古民居	民俗风情产业
兴贤村烤烟房	精品民宿产业
大将村卜空古民居	野奢酒店产业

资料来源：调研整理搜集。

共策划出“五夫国学文化产业园”、“龙井坑森林康养度假区”等中级项目资产包，以引入资本，等待推向市场招商。

高级项目资产包的形成标志，是补齐难开发的配套设施。五夫镇自然文化禀赋优越，但基础设施薄弱，土地开发成本较高，为吸引社会资本进入，必须提升自然文化风光，把长板做长；并改善基础设施，把短板补齐。这些提升改善工作，由于前期投入量大、收益回报期长、投资风险大，往往只能依赖更加注重社会效益的政策资金或国有资本来完成。五夫镇争取了国务院有关部门、省政府、亚洲开发银行等机构的大量投资、补助和贷款（见表 4），以“生态银行”公司等作为开发平台，开发了“五夫忠文桥”“五夫环镇路”等一批项目（见表 5），有效推动了农业、文旅等基础设施的完善。通过开发建设，提升了景观、补充了配套设施，成为在投资开发市场上更具吸引力的高级项目资产包。2013 年五夫镇村集体经营性建设用地价格 1 平方米约为 960 元，经过配套设施的大力开发，2019 年 1 平方米均价已涨到 3 500 元左右。

表 4　五夫镇争取的部分资金项目

机　　构	项　　目	金　　额
福建省政府	省级农民创业园	900 万
农业部	国家级田园综合体试点	2.4 亿
住建部	国家级历史文化名镇	500 万
发改委	历史文化名镇修复资金	480 万
环保部	水土保持资金	2 300 万
亚洲开发银行	贴息贷款	1 200 万美元

资料来源：调研整理搜集。

表 5　五夫镇开展的部分基础设施提升工程

项目名称	提升地块	投资额
镇区主干道“白改黑”	全镇	800 万元
五夫忠文桥	全镇	1 300 万元
全域花海	全镇	980 万元
镇区重点区域“立面改造”	全镇	400 万元
镇区重点区域“杆线下地”	全镇	450 万元
潭溪亲水步道体系	全镇	2 789 万元
五夫环镇路	五夫国学文化产业园	8 300 万元
乡村人居环境整治	龙井坑森林康养度假区	150 万元
乡村生活雕塑小品	五夫世界朱子朝圣中心、万亩荷塘亲水民宿	200 万元
旅游标识标线、交通监控	五夫 4A 级景区、万亩荷塘亲水民宿	120 万元

资料来源：调研整理搜集。

3. 引入资本

“生态银行”实施以来，五夫镇实际收储土地资源 3 345.5 亩，预存土地资源 1 500 亩。先后策划实施总投资 500 万元以上农业现代化项目 63 个，其中，已建成 33 个、正在建设 17 个，前期 13 个。在谈农旅融合、文旅融合项目 3 个，总投资约 100 亿元。“生态银行”项目开发引入的资本类型，可分为政策先导型、民间触发型、龙头带动型 3 类。

一是政策先导型，指通过“生态银行”公司出账的武夷山市本级财政资金或争取到的上级专项资金。即推动配套基础设施开发，形成高级项目资产包的政府资金。这部分资金除了补齐配套设施，加强地块在开发市场上吸引力外，也具有引领外部资本投资方向、增强外部资本投资信心的先导作用。

二是民间触发型，指来自于中小民营企业、村集体经济的项目资金。民间触发型资本主要有两个特点，首先是依附性，民间中小资本更看重经济效益，喜欢做“借力打力”的聪明投资。这类资本通常要在观察到政策先导型资本的投入后，才会选择跟随投入。例如“生态银行”公司投资 3 898 万形成“五夫农产品精深加工区”后，先后有 12 家民营企业闻讯而动，投资建厂，累计投资 4 220 万元。其中某岩茶企业考虑到加工区有“一张图”规划，建设没有违规风险，且配套设施齐全，决定投资 780 万元，拍得地块 3. 93 亩，建设占地 2 700 平方米的茶叶加工厂房，预计投资年收益率为 7. 2%(见表 6)。

表 6 “五夫农产品精深加工区”内某岩茶加工企业经营情况估算

项　　目	单价(元)	数　　量	金额(元)
岩茶销售	精茶 300/斤	10 000 斤	300 0000
环保设备补贴	/	/	100 000
总收入	/	/	310 0000
土地费用	/	/	650 000
土地交易税费	/	/	150 000
毛茶人工费用	280/天	10 人、20 天	56 000
精茶人工费用	280/天	10 人、120 天	336 000
材料成本	青叶 4/斤	100 000 斤	400 000
水费	/	/	5 000
电费	/	/	25 000
财务费用	5%	贷款 1 000 000 元	50 000

续表

项　目	单价(元)	数　量	金额(元)
行政人员费用	6万	3人	180 000
市场销售费用	/	/	150 000
公司活动费用	5 000	20次	100 000
交通费用	/	/	45 000
产品包装费用	/	/	75 000
厂房折旧费用	/	/	100 000
设备折旧费用	/	/	200 000
燃料费用	/	/	15 000
总成本	/	/	2 537 000
净利润	/	/	563 000

资料来源:调研整理搜集。

其次是精细化,这类资本由于小本经营,危机意识强,更加精打细算,要求一分投入、一分效果,往往能做出一些游客满意度较高的精品业态。例如"生态银行"公司建设"乡村生活雕塑小品"、"潭溪亲水步道体系"后,武夷山市兴贤毓秀旅游服务中心(兴贤村办企业)投资500万元开发"万亩荷塘亲水民宿"项目,目前已成为《大众摄影》杂志的网红摄影点。

三是龙头带动型,指来自于在行业内享有崇高声誉的大型国有企业、大型民营企业的项目投入资金。其特点是:投资周期长、投资体量大、链接资源广、要素需求大、品牌效应好。对于大型项目的开发运营,"生态银行"公司必须通过将高级项目资产包出售、租赁、托管、入股合作等方式,引入龙头带动型资本。例如与世界500强、上海市属特大型国有企业绿地集团洽谈通过股份合作的方式,撬动70亿元资本,开发建设"绿地·五夫国学文化产业园";与大型民营企业贵澳集团洽谈通过股份合作的方式,撬动10.8亿元资本,开发建设"贵澳·五夫农业科技园"等。

四、武夷山市五夫镇“生态银行”模式的亮点和局限

总体看,武夷山市五夫镇的“生态银行”模式,在解决民营资本下乡信息障碍,改善民营资本投资环境方面,有以下几个突出亮点。

一是清晰、系统地明确了土地性质和规划导向。由于土地性质和规划导向信息往往掌握在县自然资源、生态环境部门(原国土、规划、林业、环保等部门),且对具体地块的定位还需要联系有关测绘部门专门测定,成本较高。民营企业在镇村开发自然资源时,往往难以精确掌握地块的土地性质和规划用途。“生态资源一张图”很好地解决了这个问题,且由相关机构通过中级项目资产包的开发提出了较为科学的产业导向,让民营企业下乡布局项目时能有更清晰的方向和界限,做到“从心所欲不逾矩”。

二是激发农户自发汇总资源底数和开发预期。山水林田湖草等各类自然资源往往持有在分散的农户手中,且较多农户还由于务工等原因不在当地,民营企业主动搜集和更新资源的分布、品质、数量、价格等信息成本往往难以承受。“生态银行”通过“预存”的方式,利用优先开发、优先招商的激励机制激发了农户的积极性,以较低的成本获得了资源底数和开发预期信息。国有资源收储平台作为信息发布者,还具有一定增信作用,能降低民营企业对农户违约的担忧。

三是通过收集全门类自然资源信息,为整体开发配套基础设施打下基础。五夫镇“生态银行”统筹了全域内有开发价值的山、水、林、田、湖、民居等各类自然资源,避免了信息的碎片化,加强了五夫镇基础设施开发规划的科学性和系统性,提升了五夫镇申请政策支持资金的竞争力,也为围绕产业项目整体性地开发配套基础设施创造了条件。

四是全域整体收储资源为生态资源权益的进一步互换流转理

下伏笔。在“生态银行”项目资产包流动资金充足，且各类资源收益信息比较充分的前提下，不同农户持有的不同项目的现金流权可以进行质押入股，从而形成生态资源的二级市场。例如农户可以其拥有的生态资源入股“生态银行”开发的其他地区的项目资产包，并享受项目回报。而“生态银行”平台远期会使用从该农户手中收储的生态资源，推出新的项目资产包。未来二级市场的建立将进一步提高土地等自然资源的利用效率，增强其用益物权的效用及流动性。

从调研看，“生态银行”模式也存在一些局限性。一是开发平台还不够专业。五夫镇目前主导收储资源的是村集体的村办公司，汇总资源开发项目资产包的主要是朱子文化公司和朱子农业公司两家平台（统称为“生态银行”公司）。这两家平台在成为“生态银行”的开发平台前，分别是设计文旅项目和开发田园综合体的公司，目前仍兼营其他业务，对于自然资源开发缺少专业经验。

二是项目发展依赖带头人的引领支持。“生态银行”模式的成功，与武夷山市领导的思路指引以及资金、渠道、宣传等资源支持，五夫镇领导的统筹布局和不断创新，村集体负责人的号召协调密不可分。这需要各级带头人都具有较强的能力和威信。尤其是村集体的负责人，直接影响投资项目“最后一公里”的落实。从调研看，五夫镇也存在部分村，由于村集体负责人无法协调村民意见，只能将项目收益乃至征地补偿款等原始资金直接分配给村民，影响了项目资产包的进一步壮大升级。

五、启示和建议

武夷山市五夫镇的“生态银行”模式的经验，对有效化解民营资本向乡村流动的信息障碍，有重要的启示意义。要为民营企业投资农村创造良好的信息环境，需在信息产生、传递、整合、运用以及风险防控等环节综合施策，打通信息流通整合的渠道网络。

一是合理设计平台，让农户广泛参与信息生产。搭建类似“生态银行”公司的农户参与平台，由县、乡、村三级宣传组织，并通过配套设施开发整合、政府补贴、抵押入股等激励机制激发农户主动参与信息生产的积极性，帮助民营企业以较小的成本获得资源底数、农户开发预期等情况。

二是打破部门壁垒，畅通信息传递渠道。加强行政力量协调，统合自然资源、生态环境等不同部门的土地分类分区信息，明确县、乡镇、村集体的责任分工，做好“一张图”，建好数据库，努力实现信息及时共享更新，让民营企业在投资时能“胸有成竹”。

三是打造专业化团队，提高信息整合效率。选拔市场意识强、熟悉地方实际的优秀干部，组建招商班子；聘请富有开发经验的专业运营团队，发挥专家学者“外脑”作用。通过内外“两个班子”，加强资源禀赋和市场需求信息整合，结合比较优势明确产业定位，提高与民营企业洽谈沟通的效率。

四是发挥政府先导作用，加强信息深度运用。用好用足整合后的资源分布和产业导向信息，积极争取政策资金支持，完善交通、通讯、物流、景观等配套基础设施整体开发。参照风险投资运营模式，撬动社会资本与重点投资客商开展深度战略合作，缩短民营企业投资创业周期。

五是多管齐下，防控信息不确定带来的投资风险。引入保险、期货、担保等金融工具，合理锁定市场风险；制订规范合同文本，完善合同鉴证、纠纷调解等执法机制，保护民营企业远离农户违约风险；加大财政补贴、贴息、中央预算内投资等政策资金支持力度，提高民营企业经营决策容错率。

参考文献

1. 陈国进、王少谦：“经济政策不确定性如何影响企业投资行为”，《财贸经济》

2016 年第 5 期。
2. 林毅夫、李志赟:“政策性负担、道德风险与预算软约束”,《经济研究》2004 年第 2 期。
3. 申慧慧、于鹏、吴联生:“国有股权、环境不确定性与投资效率”,《经济研究》2012 年第 7 期。
4. 新华社:“习近平在参加十三届全国人大二次会议河南代表团审议时指出推动人才、土地、资本等要素在城乡间双向流动和平等交换”,《南方都市报》2019 年 3 月 9 日, http://epaper.oeeee.com/epaper/A/html/2019-3/09/content_6755.htm.
5. Bloom, N., S. Bond and J. V. Reenen, “Uncertainty and Investment Dynamics”, *Review of Economics Studies*, vol. 74, no. 2, 2007, pp. 391-415.
6. Chow, C. K. W., and M. K. Y. Fung, “Ownership Structure, Lending Bias, and Liquidity Constraints: Evidence from Shanghai's Manufacturing Sector”, *Journal of Comparative Economics*, vol. 26, no. 2, 1998, pp. 301-316.
7. Leahy, J., and T. Whited, “The Effects of Uncertainty on Investment: Some Stylized Facts”, Journal of Money Credit and Banking, vol. 28, no. 1, 1996, pp. 64-83.
8. McDonald, R., and Siegel, D., “The Value of Waiting to Invest”, The Quarterly Journal of Economics, vol. 101, no. 4, 1986, pp. 707-727.

(韩非池,国家发展改革委就业司;赵心泽,国家发展改革委价格司)

民营企业的中国智造之路——以人工智能在停车行业的应用为例

王丽华　田　磊　王江洲　王宏国　鲁　昊

一、引言　从中国制造到中国智造

改革开放40年来，中国特色社会主义不断取得重大成就，中华民族实现了从一穷二白到富起来的心愿。特别是经过近几十年的快速发展，我国制造业规模跃居世界第一位，建立起门类齐全、独立完整的制造体系，成为支撑我国经济社会发展的重要基石和促进世界经济发展的重要力量。但我国仍处于工业化进程中，与先进国家相比还有较大差距，从工业大国到制造强国任务艰巨紧迫。因此，要实现中国从制造业大国迈向制造业强国的目标,各行业在新时代要避免脱实向虚,心无旁骛攻主业。

当前,新一轮科技革命和产业变革与我国加快转变经济发展方式的新常态形成历史性交汇,国际产业分工格局正在重塑,新形势对中国制造业既带来了机遇也提出了挑战。新一代信息技术与制造业深度融合,正在引发影响深远的产业变革,形成新的生产方式、产业形态、商业模式和经济增长点。各国都在加大科技创新力度,推动三维(3D)打印、移动互联网、云计算、大数据、生物工程、新能源、新材料等领域不断取得新突破。德国在2013年推出"工业4.0"计划,并上升到国家战略。它以"智能+网络化"为核心,强调智能工厂、智能生产、智能产品三大要素,即注重工业本身的智能化。美国早就在2012年把"工业互联网"上升到国家战略。其核心是注重人、机、网三大要素的交互,不断提高生产力,借助网络和数据的力量提升整个工业的价值创造能力。

2015年5月《中国制造2025》应运而生,作为我国制造强国战略的第一个十年的行动纲领。它将"智能制造"作为主攻方向,依靠互联网与工业不断协同,在新一轮产业革命中紧抓全球制造业革新的契机,在互联网和智能制造两方面深入推进。把加快推动新一代信息技术与制造技术融合发展,作为制造信息化与工业化深度融合的主攻方向。着力发展智能装备和智能产品,推进生产过程智能化,培育新型生产方式,全面提升企业研发、生产、管理和服务的智能化水平。研究制定智能制造发展战略,加快制定智能制造技术标准,加快发展智能制造装备和产品,推进制造过程智能化。在重点制造领域关键环节,开展新一代信息技术与制造装备融合的集成创新和工程应用。支持政产学研用联合攻关,开发智能产品和自主可控的智能装置并实现产业化。"中国智造"呼之欲出。

在这个大背景下,民营企业如何顺应"中国智造"的新趋势,应对国际竞争的大舞台,乘势而上实现智能发展之路,成为我国民营企业今后发展的一个重要方向。本文先简要介绍我国人工智能政策的演进，然后重点以人工智能在停车行业的实现应用为例，尝试呈现出我国民营企业的智能制造的探索实践和发展方向。

二、人工智能的政策与实践

在实现“中国智造”的道路上，我国制造业转型升级、创新发展迎来重大机遇。作为人类社会信息化的又一次高峰，人工智能(AI)正在加速向各领域全面渗透，将重构生产、分配、交换、消费等经济活动环节，催生新技术、新产品、新产业。基于信息物理系统的智能装备、智能工厂等智能制造正在引领制造方式变革；可穿戴智能产品、智能家电、智能汽车等智能终端产品不断拓展制造业新领域。

党的十九大报告指出，推动互联网、大数据、人工智能和实体经济深度融合。人工智能作为新一轮产业变革的核心驱动力，将进一步释放历次科技革命和产业变革积蓄的巨大力量，对于打造新动能具有重要意义，正成为国际竞争的新焦点和经济发展的新引擎。我国已经把人工智能放到了重要的战略位置。

1. 我国人工智能政策演进

2015 年 7 月，国务院印发《“互联网+”行动指导意见》，明确人工智能为形成新产业模式的 11 个重点发展领域之一，将发展人工智能提升到国家战略层面，提出具体支持措施，清理阻碍发展的不合理制度。

2016 年是“十三五”起步之年，也是中国人工智能商用的元年。

2017 年 3 月，“人工智能”首次被写入政府工作报告。同年 7 月，国务院印发了《新一代人工智能发展规划》，明确了我国新一代人工智能发展目标。这份具有里程碑意义的规划，对人工智能发展进行了战略性部署，确立了“三步走”目标[1]，力争到2030年把我国建设成为世界主要人工智能创新中心。这意味着到2030年我国人工智能产业竞争力将达到国际领先水平，智能经济、智能社会取得明显成效，为跻身创新型国家前列和经济强国奠定重要基础。

2018年政府工作报告指出，做大做强新兴产业集群，实施大数据发展行动，加强新一代人工智能研发应用，在医疗、养老、教育、文化、体育等多领域推进“互联网+”。发展智能产业，拓展智能生活。

2. 我国民营企业的人工智能实践

当前，新一代的人工智能浪潮由企业带动和引领。许多国家已关注到人工智能巨大的发展潜力，加大了对人工智能研究的资助。国际上人工智能的创新和创业日趋活跃。以创业企业为例，市场调查公司通过“风险扫描”绘制的一张人工智能创业地图显示，截至2015年，全球人工智能初创企业已有855家，横跨13个门类，总估值超过87亿美元。但人工智能创新和创业多集中在北美、西欧地区，中国科研机构和企业尚未赶这个全新的舞台。谷歌、IBM、亚马逊等各自开展了对人工智能领域的研究，代表性的如谷歌的人工智能程序AlphaGo。

在我国，中国企业也在探索智能制造之路，AI已经走入日常。我国对智能城市、智能医疗、智能交通、智能制造、无人驾驶等领域的研究需求与日俱增。华为、阿里巴巴、百度等公司在人工智能方面也各有建树（见表1）。最常见的如“人脸识别”，这一人工智能技术已在多家公司的刷脸支付和刷脸上下班打卡考勤中被广泛应用。

---

[1] “三步走”是：到2020年，人工智能总体技术和应用与世界先进水平同步，人工智能产业成为我国新的重要经济增长点，技术应用成为改善民生的新途径；到2025年，人工智能基础理论实现重大突破，部分技术与应用达到世界领先水平，人工智能产业成为带动我国产业升级和经济转型的主要动力；到2030年，人工智能理论、技术与应用总体达到世界领先水平，我国成为世界主要人工智能创新中心。

百度人脸识别技术还应用在旅游等场景和业态中，在浙江乌镇和福建武夷山等旅游景区，通过精准人脸识别的闸机，可以提高游园体验及管理效率。在交通出行领域，南航在南阳姜营机场实现了“刷脸登机”。未来人脸识别系统将升级机场管理系统，推动无纸化进程，甚至机场内消费等都可以通过人脸识别来完成。

表1 2018年度人工智能企业百强（局部）

排名	企 业	iPower	iBrand	iSite	总分
1	华为	94.56	93.54	92.42	94.14
2	腾讯	93.30	94.14	91.70	93.31
3	百度	91.99	92.91	88.91	91.87
4	阿里巴巴	91.70	91.98	88.86	91.47
5	平安集团	90.72	92.06	87.15	90.63
6	科大讯飞	90.62	90.38	86.50	90.16
7	搜狗	90.14	90.85	87.47	90.01
8	汉王科技	90.26	91.07	83.90	89.79
9	中科创达	88.85	90.14	85.94	88.82
10	医渡云	88.74	90.17	86.48	88.80
11	华大基因	88.18	88.46	90.03	88.42
12	商汤科技	88.03	88.95	88.13	88.22
13	神州控股	87.72	89.80	86.11	87.97
14	旷视科技	87.97	89.90	79.55	87.51
15	全志科技	86.02	88.33	88.79	86.76
16	寒武纪科技	87.50	83.22	84.02	86.30
17	海云数据	84.97	87.20	92.94	86.21
18	神州泰岳	85.13	87.19	91.71	86.20
19	阅面科技	84.99	86.72	92.82	86.12
20	智车优行	85.32	86.02	91.06	86.03

在医疗领域，口服一粒“胶囊机器人”，15分钟后就可以形成几万张肠胃的医疗影像，并实时传输给医生。胶囊内镜机器人已投入临床，在北京、上海、广州、武汉、山东等地多家知名医院及大型专业体检中心进入商用，可以为患者解除插管的痛苦。

在制造领域，格力空调很早就开始对生产线进行自动化改造。由于大部分自动化生产设备的核心技术在国外，定价权掌握在别人手里，不得不自己研发。而现在，格力工厂已经实现了无人化，设备也在逐步自主研发。

3. 我国发展人工智能的优势与不足

整体而言，我国发展人工智能具备两大重要优势。一是我国拥有庞大的应用市场。一旦某个产品进入应用领域，我国市场很快就为该产品积累海量数据。在人工智能时代，数据就是生命，数据就是竞争优势。因此，尽管我国在一些技术领域并不具有领先优势，但可以把这些技术快速导入市场应用领域，并生成数据资源。我国一些公司正是基于这种庞大的用户规模实现了快速增长。二是我国拥有数量庞大的科研人员队伍。近年来，大量科研人员开始聚焦人工智能发展。我国科研方面的论文发表数量和专利申请量均在世界前列，表现出强大的学习和创新能力。强大的学习和创新能力使我国具备良好的赶超基础，未来一段时间有望改变在人工智能技术上的相对弱势地位。

目前，美国在人工智能领域仍处于世界领先地位，与欧洲和日本相比，我国已经在人工智能领域全面发力，正在成为世界人工智能领域的新增长极。一些中国公司正在与国外大公司进行竞争，知识竞争优势仍有待积累。

根据麦肯锡《中国人工智能的未来之路》报告，中国与美国是当今世界人工智能研发领域的两大巨头。除了中国的人工智能国际科技论文和发明专利授权量已居世界第二外，在人工智能领域还活跃着百度、阿里、腾讯等龙头企业，以及像科大讯飞那样的垂直研发与生产劲旅，这些都驱动着我国在语音与视觉识别、自适应自主学习、直觉感知等方面不断取得技术突破并跃居世界领先水平，推动智能监控、生物识别、无人驾驶以及工业机器人和服务机器人等逐步进入实际应用。我国在人工智能领域的技术基础与产业链的基础日渐扎实。

我国的人工智能科研已经形成了较好的产出和实力，但与发达国家尤其与美国相比，整体发展水平依然存在显著差距，原创性和有影响力的成果较少。比如基础理论的重大原创成果不足，像高端芯片、基础材料、元器件、软件与接口等方面的技术对外依赖性较高，作为人工智能重要载体的机器人核心技术如减速机、伺服电机和控制器等零部件也近乎完全依靠外援。我国人工智能的高尖端人才极少，中国人工智能人才主要集中在应用领域，而美国人工智能人才主要集中在基础领域和技术领域。美国在芯片、机器学习应用、自然语言处理、智能无人机、计算机视觉与图像等领域的相关人才都远远超过中国。仅数据科学家，美国就有超过一半的人有10多年工作历练，而我国不足5年专业研究经历者高达40%。此外，在人工智能研发领域，国内科研机构和企业尚未形成具有国际影响力的生态圈和产业链，缺乏系统的超前研发布局。

三、中国民营企业的智能之路——以停车行业为例

（一）停车行业发展历程与现状

1. 停车行业发展历程

第一阶段：纯人工管理阶段（自停车收费至1991年）。这个阶段收费大部分控制在政府单位，同时产生少量的民营企业，如：上海地空停车管理有限公司、北京市海安停车管理有限责任公司、北京市卡拜克停车管理有限责任公司，其中典型的北京市海安停车管理有限责任公司经历了从自行车管理收费到机动车停车收费的管理方式，在此期间采取人工手写纸质小票，出场查询时间，计算费用。

第二阶段：出入口管控阶段（1991—2009年）。该阶段涌现出了一批制造硬件的工业企业和设备销售服务一体的综合性企业，具有行业代表性的如深圳市捷顺科技实业股份有限公司。从此，中国

停车行业走上了中国制造之路,通过设备来解决人为因素造成的不标准问题,停车行业得到逐步发展。

第三阶段:智能停车阶段(2009—2012 年)。在这个阶段也涌现出了行业优秀的视频解决方案的供应商,如杭州海康威视数字技术服务股份有限公司。该阶段通过视频影响保存了进出停车场的图片数据,让停车经营管理所需的报表、数据为决策提供有效的支撑,极大提高了停车场的运行效率。

第四阶段:"互联网+"停车阶段(2012 年至今),即智慧停车阶段:AI 人工智能、IOT 及互联网在停车行业的应用日趋广泛,停车服务逐步向数字化转型,让停车场实现了真正意义上的无人值守。在这个阶段,全球涌现出大量的科技公司。该阶段不仅注重前端硬件的"智造",更注重使用者的交互功能、性能方面的提升,以及软件和平台方面的建设。在发展过程中,国内部分大型国有企业、上市公司也涉足智慧停车行业。如朗新科技股份有限公司,北京百会易泊科技有限公司等。智慧停车民营企业均开发智慧停车系统,以停车位资源为基础,运用物联网、云计算、大数据等技术,在解决停车效率问题和停车场信息不对称的基础上,进而提高停车位利用率、优化停车场管理、提升停车用户体验、改善停车环境和增强安全防护,达到停车位资源利用率最大化、停车效率的最优化、停车场利润的规模化和车主停车一站式服务的便利化。智慧停车可以有效缓解城市停车难题,已成未来停车行业发展大趋势。

2. 智慧停车民营企业发展现状

我国智慧停车的概念兴起于 2012 年,2015 年迎来爆发,成为智慧停车元年,有超过 200 家企业参与智慧停车建设。

以北京百会易泊科技有限公司为例,自 2012 年 10 月 24 日注册成立,开始就定位高科技互联网,将停车场数据进行联网化,实现数据共享,给车主提供便捷的停车数据支撑,共投入 1 000 万元资金,派出 200 名一线信息采集人员,80 人研发团队,采集 18 个城市

80 000 多停车场静态停车位数据和 40 000 万多停车场动态停车位数据，通过百度地图、高德地图、四维图新等各大地图商以停车场数据支撑；2014 年融资 1 000 余万元，开始投入路侧停车平台开发，推进了停车行业进一步互联网化的进程。2015 年通过行业巨头融资 5 000 余万元，大力发展路外封闭停车场平台系统，推进停车场视频识别+电子支付系统的改造；2016 年 8 月第一个无人值守停车场上线，标志着停车场无人化时代的到来，进而推进 AI、IoT 落地实施，引领整个行业技术向前发展。

目前，我国停车行业发展阶段正处于从“初步改造阶段”向“延伸应用阶段”过渡的快速上升期，即针对停车场进行智慧化改造，利用 AI 人工智能及物联网实现车牌、车型、车标等自动识别，自动计费，在线支付（包含无感支付），远程服务等功能，实现停车粗放型管理向数字化转型。未来智慧停车不仅结合 AI 人工智能在停车场景的应用，还会通过互联网大数据分析，附加洗车、保养、车险、维修等一系列汽车后服务和推广服务，为车主提供更多的便捷。最终，将车、人、生活连接起来，为车主提供美好生活服务。

我国智慧停车民营企业迅猛发展主要得益于以下几个方面的优势：

（1）产业政策扶持。自智慧停车兴起以来，国家和各政府部门不断颁布相关政策，为其营造良好的政策环境，有效推动智慧停车产业的发展进程。2015 年 8 月，国家发改委、财政部等六部委联合银监会共同颁布了《关于加强城市停车设施建设的指导意见》；同年 9 月，住建部等七部门颁布了《关于加强停车设施管理的通知》；2016 年 9 月，住建部和国土部发布了《关于进一步完善城市停车场规划建设和用地政策的通知》，全国各地也纷纷出台了一系列法规为停车行业的发展做好了铺垫。

（2）停车市场需求大。从需求侧来看，由于我国社会经济、城镇化的快速发展，机动车保有量快速增长，停车位缺口不断拉大，停车总量相对不足，当前有限的停车位资源无法满足日益增长的日常停车需求。从供给侧来看，车多位少，再加上潮汐周期流动，导致停车资源闲置、浪费严重，不论是需求比例、还是利用率都十分不均衡。在此背景下2010年，我国智慧停车设备及系统市场规模仅为14.5亿元，到2016年市场规模已增至62亿元，同比增长21.57%。截至2017年末，我国智慧停车市场规模为80亿元，同比增长29.03%。未来几年，如市场规模以20%左右的速度继续增加，预计到2022年我国智慧停车市场规模将达到236亿元。另外，停车管理企业需求的不仅仅是停车设备及系统，更需要有效的一体化服务，智慧停车的市场规模将更大，未来发展前景广阔。

（3）“互联网+”带动巨大发展。通过互联网将社会闲散、分散的车位资源和临时路侧车位连接起来，实现停车资源的最优化利用。互联网和停车行业深度融合，改变了停车场行业的经营模式，提高了车场智能化监管与信息服务水平，并依托资本市场的支持迅速发展。通过互联网将社会闲散、分散的车位资源和临时路侧车位连接起来，实现停车资源的最优化利用。

（4）技术升级催化行业提升。从最初的传感器到影像感测，再到车牌识别技术，停车行业整体科技水平升级，用户进出场寻找车位等体验不断优化。随着人工智能、大数据、物联网、5G技术的发展，以及智慧城市的建设，可将采集到的数据信息进行二次分析从而反向推动智慧停车产业的正向发展。

（5）对市场有着区别于国企的灵活性和敏感度。国有企业在智慧停车领域方面，由于机制的原因，往往在应用上线和推广上会略显滞后于民营企业。如类似于彩生活及龙湖这样的企业在停车领域的创新频率上，要明显地快于国有企业。在技术研发选型上，民营企业大多基于成本的考虑都会选择开源软件作为基础平台，反而在创新的速度上有更大的空间。在政策机制方面，由于其自身灵活性要高于国有企业，在民营企业内部可以随时就业务的需求和市场的变化做出灵活动态的调整。在资金投入方面，基于成本考虑民营企业对技术的选择和应用的有效性更加的重视，对投入产出比会更加敏感，会大量的采用社会资源联合进行创新试错，通过市场消化成本压力。

（二）民营企业在智能停车行业的机遇与挑战

1. 机遇方面

（1）机动车保有量持续增加。据公安部统计，2018 年全国新注册登记机动车 3 172 万辆，机动车保有量已达 3.27 亿辆，其中汽车 2.4 亿辆，小型载客汽车首次突破 2 亿辆；机动车驾驶人突破 4 亿人，达 4.09 亿人，其中汽车驾驶人 3.69 亿人。截至 2019 年 3 月底，全国机动车保有量更是达到 3.3 亿辆，其中汽车 2.46 亿辆；驾驶人 4.1 亿人。

从公安部发布数据来看，2018 年，全国汽车保有量比 2017 年增长 10.51%，其中，小型载客汽车增长 11.56%，是汽车保有量增长的主要组成部分；私家车（私人小微型载客汽车）持续快速增长，2018 年保有量达 1.89 亿辆，近五年年均增长 1 952 万辆；载货汽车保有量达 2 570 万辆，新注册登记 326 万辆，再创历史新高。从分布情况看，全国有 61 个城市的汽车保有量超过百万辆，27 个城市超 200 万辆，其中北京、成都、重庆、上海、苏州、郑州、深圳、西安等 8 个城市超 300 万辆，天津、武汉、东莞 3 个城市接近 300 万辆。

2018 年，机动车驾驶人数量达 4.09 亿人，其中汽车驾驶人达 3.69 亿人，占驾驶人总数的 90.28%。从驾驶人年龄看，26 至 50 岁的驾驶人达 3 亿人，占驾驶人总数的 73.31%；18 至 25 岁的驾驶人达 5 136 万人，占 12.55%；51 至 60 岁的驾驶人达 4 663 万人，占 11.40%；超过 60 岁的驾驶人达 1 123 万人，占 2.74%。从驾驶人性别看，男性驾驶人达 2.86 亿人，占 69.87%；女性驾驶人 1.23 亿人，占 30.13%，比 2017 年提高了 1.34%。

（2）停车管理需求量空间巨大。随着近年来我国机动车保有量的爆发式增长，停车难日益成为城市发展的一大痛点，考验着城市管理者的智慧。在“第二届（2018）中国城市静态交通论坛”上，各方代表认为，根治停车难顽疾，需要将智慧停车纳入城市规划，并推动停车行业有序健康发展。

汽车保有量不断增长，停车设施需求也随之扩大。据预测（见图1），2018年我国停车位需求量将近3亿个。随着汽车保有量的进一步提高，到2019年停车位需求或将达3.3亿个。

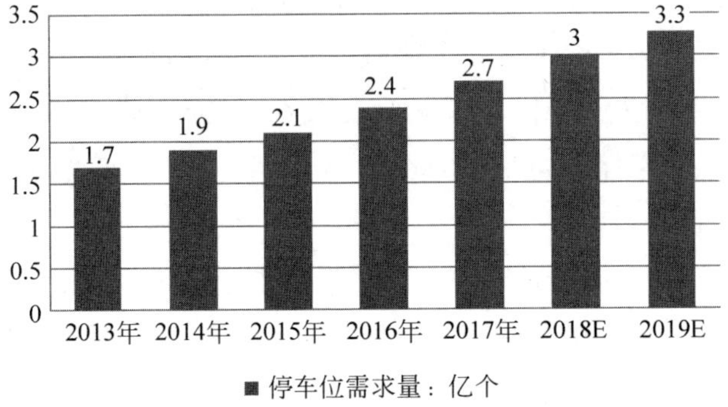

图1　中国停车位需求量走势预测

“互联网+停车”打开了停车产业创新发展的新思路，促进停车产业的智慧化、信息化对于实现停车设施存量的高效共享和提高停车产业的运行效率有着至关重要的作用，对推进智慧交通国家战略具有深远意义。“互联网+停车场”将成为停车产业发展的主要方向。

2018年智能停车市场规模突破100亿元。随着后期城市停车难、停车贵等问题凸显，智慧停车将成为城市发展的主要需求（见图2）。预计到2020将达到154亿元。

（3）城市响应智能停车建设。近年来，深圳、杭州等地在发展智慧城市的同时，对智慧停车也做了很多新尝试。调研发现，城市智慧停车包括硬件建设和软件建设两个方面，其中：硬件是通过立

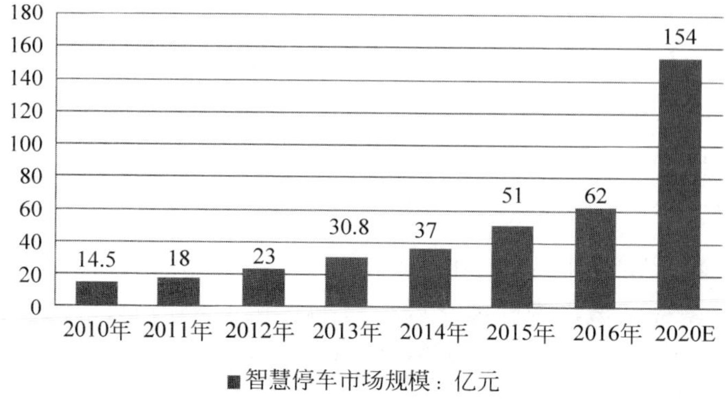

图2　2010—2020年我国智慧停车市场规模走势预测

体停车设备建设而拓宽城市停车的空间;软件则通过互联网软件系统建设来整合城市停车资源。通过停车信息的实况采集和实时数据的同步更新,搭建静态交通统一管理平台,为动态交通发展助力。应该说,智慧停车即优化了停车管理环节,又降低了停车时间成本,是未来解决停车问题的发展趋势。

以成都为例,智能停车场已经实现了闪付收费。成都为缓解中心城区停车难问题而利用公园绿地新建的地下停车场2013年起陆续投用,其中茶店子公园地下公共停车场创造了成都的"第一",这是成都市首家智能停车场。该停车场采用了"云智慧停车管理系统",车主可先登录成都停车平台查询并预订车位。

智慧停车,对于智慧城市建设来说,是一个不断扩大的刚性化需求;对于车主来说,是一个快捷和便利的人性化需求。因此,无论从政府角度出发还是从民生角度出发,智慧停车的市场都具有广大的前景,是一个万亿级的市场。

2. 挑战方面

(1)停车场资源供给失衡。一方面,车多位少,停车缺口较大。很多小区、商超等传统停车场在一开始的建设中,对停车场配比考虑不足;再加上我国大部分城市的车库产权十分分散、容量偏小,降低了部分车库对外开放共享的积极性,再加上管理不当等混乱局面的存在,都给智能停车发展增加了难度。另一方面,传统停车场多,智能化和联网化水平低。我国大部分停车场目前还处于智能停车初级阶段的初步改造中,仍有一部分是通过刷卡或人工管理等方式来管控,对现在较为流行并且成熟的 ETC、图像识别等技术应用率较低。相关数据显示,全国各城市智慧停车场覆盖率都在 6%以下,而其中 84%的城市智慧停车场覆盖率不足 1%,与其他发达国家相比,智慧停车普及率低,整体水平不足。

(2) 停车管理行业集中度低,缺少专业和精益化管理模式,市场竞争环境有待改善。

一是缺少专业化管理公司,行业集中度低。行业内以中小企业为主,技术水平较低;无法满足对研发及售后服务能力的较高要求,参与企业或部门数量众多,限制了其针对客户特定需求的个性化开发能力,目前暂时未出现“领头羊”企业。

二是涉及多主管部门审批,难以协调。智慧停车场的建设与管理因其归属的不同,从设计、建设、经营管理各个环节涉及规划、城建、公安、交通运输、工商等多个部门。因此,监管职权相对分散,不能充分、有效、合理地发挥智慧停车场的作用,出现管理乱象。

三是不同类型的停车场,管理运营方式、参与主体不尽相同。近年来,政府密集出台智慧停车相关政策,各大企业纷纷响应加入布局,市场上涌现大量智慧停车衍生产品,因厂家背景不同,不同云平台的联网出发点、信息收集和管控的深度不同,表现出的深度和联网范围也不同,各个企业又各立门户、互不兼容,以至于市场上没有一款全国通用的智慧停车 APP,产业和产品标准化体系有待健全。

(3) 民营企业自身的痛点。除民营企业面临一些普遍性问题外,如营商环境及市场环境亟待改善、融资难融资贵、管理水平低下、规模小、创新能力不足等。停车行业还有其自身的特点所引发的各种问题。如停车行业里较大的几家民营企业:朗新、捷顺、科拓等,即使是上市公司,也因行业利润微薄、再加上近几年被资本推动的互联网停车公司纷纷免费赠送道闸等停车场硬件设备导致硬件设备生产厂商日益艰难。行业门槛很低导致的无序竞争,利润空间被挤压严重,行业内的民营企业没有余力进行技术创新、产品趋于同质化。甚至停车行业内的上市民营企业为了生存下去,纷纷干起了城市路内的车位承包运营这类传统又重资产的生意,离科技、创新、打造核心竞争力的停车行业企业巨头渐行渐远。

(三)民营企业智能停车之路展望

1. 政策保障与支持

随着"互联网+"的快速发展,智慧停车逐渐渗入日常生活中。从国家战略层面,政府密集出台了相关政策以支持、推动停车行业的发展。

表 2 我国近年停车场政策一览

时　间	政　策	颁　布　方
2015 年 4 月	《城市停车场建设专项债券发行指引》	发展改革委
2015 年 8 月	《关于加强城市停车设施建设的指导意见》	发展改革委、财政部、国土资源部、住房和城乡建设部、交通运输部、公安部、银监会
2015 年 9 月	《城市停车设施规划导则》	住房和城乡建设部
2015 年 9 月	《关于加强停车设施管理的通知》	住房和城乡建设部等七部门
2015 年 12 月	《关于进一步完善机动车停放服务收费政策的指导意见》	发展改革委、住房和城乡建设部及交通运输部
2016 年	新型智慧城市评价指标	发展改革委

续表

时　　间	政　　策	颁　布　方
2016年1月	《加快城市停车场建设近期工作要点与任务分工》	发展改革委
2016年2月	《关于进一步加强城市规划建设管理工作的若干意见》	中共中央、国务院
2016年3月	《关于印发2016年停车场建设工作要点的通知》	发展改革委
2016年3月	《加快城市停车场建设近期工作要点与任务分工》	发展改革委
2016年6月	《关于推动交通提质增效提升供给服务能力的实施方案》	发展改革委和交通运输部
2016年6月	《城市停车规划规范》	住房和城乡建设部
2016年7月	《推进"互联网+"便捷交通 促进智能交通发展的实施方案》	发展改革委和交通运输部
2016年9月	《关于进一步完善城市停车场规划建设和用地政策的通知》	住房和城乡建设部、国土资源部
2016年11月	《关于开展城市停车场试点示范工作的通知》	发展改革委
2017年2月	《"十三五"现代综合交通运输体系发展规划》	交通运输部和发展改革委

2. 市场认可与融资

随着城市汽车数量的不断增加，停车难成为城市居民和城市管理者的重要难题，也孕育出了智能停车行业的巨大潜力，吸引了创业者和资本的青睐，也唤醒了很多行业巨头的加入，整个智慧停车行业迎来了一轮新的融资热潮，越来越多的智慧停车企业相继获得资本支持，行业驶入了发展"快车道"。

2017年11月，国内停车资产管理平台阳光海天停车产业集团正式对外宣布已获得由华平投资领投、红星美凯龙跟投的 15 亿元融资；

2018 年 1 月，小猫停车获 8 000 万元 B 轮融资，专注智慧停车全产业链；花花出行获数千万天使轮额融资，物联网创新入局智慧停车原创；

2018 年 2 月，蚂蚁金服 2 亿元投资顺易通，智慧停车领域频繁出手；

2018 年 3 月，智慧停车“辉通科技”获 A 轮融资，人民日报领投、东方头条等跟投原创；

2018 年 6 月，城市级智慧停车云平台“停开心”宣布完成新一轮数千万 A 轮融资。

2018 年年底，上市公司新科技股份有限公司也加入行列，布局智慧停车领域。

3. 技术支撑与改进

（1）停车场出入口管理系统。停车场出入口管理系统为管理而配备的主要类型，占到整个智能停车场管理系统市场规模的 80% 左右；

其中，车牌识别及 AI 人工智能技术是核心，技术类别有视频车牌识别（含车型识别、车标识别、车款识别、车头车尾识别）、ETC、RFID 远距离识别等，随着视频车牌识别率的提高（领先公司已经达到 99%以上的识别率），未来视频车牌识别免停车技术将是主流。

停车收费支付技术：在互联网+停车服务发展中，手机 APP 支付、ETC、射频支付、刷脸支付、无感支付等智能移动支付手段将成为新的趋势。

（2）场内管理系统。包括车位引导系统、反向寻车系统、视频监控系统等。车位引导和反向寻车系统中，车位检测技术是核心，主要有：RFID、超声波探测、红外探测、地感线圈探测、视频识别等。

（3）互联网与大数据应用技术。先进的感知监测系统、支付技术和大数据平台,为打造互联网+停车服务创造了技术条件。通过大数据分析应用平台,找出用户停车服务需求,结合城市交通运行规律,针对学校、医院、商务中心、交通枢纽、地铁站点、旅游景区等区域的特点,通过数据分析,实行分地区、分时段、分停留时间长短收费,达到运用经济手段对停车资源进行限制、引导和调节的目的,有助于实现面向政府的决策支持服务、面向企业的运营服务和面向公众的信息服务。

4. 人才培养是关键

智慧停车行业的进入门槛越来越高,特别是对技术创新、自主研发、业务专业度、产品安全性要求很高,再加上市场变化较快,竞争激烈,需要快速占领市场,以及停车行业的运营运维等都需要大量的经验丰富的技术及销售人员。但由于智慧停车行业发展历程较短,人才培养也需要一定的时间,所以智慧停车行业中企业的发展存在着高端技术人才缺乏的风险。

具体而言,智慧停车行业中复合型人才十分匮乏,就技术领域来说,完全是跨学科的,硬件方面用到了物联网中的各种技术来实现对车辆的探测,同时通过无线通讯、移动终端的技术与平台互联互通,在平台则用到了云计算、大数据等。所以企业需要通过建立人才保障机制,根据实际工作需要引进和培养相关人才,采取多种方式培养智慧交通专业人才,提高技术人员的专业素质。

5. 智慧城市是方向

目前停车行业的状态极度分散,参与企业或部门众多,停车场的建设、经营、收费涉及发改委、住建部、公安、交运等多个部门,且不同类型的停车场,管理运营方式、参与主体不尽相同,整体来说,我国停车行业的信息化程度参差不齐,智能化水平较低,很难有一个方案商能做到城市级的智慧停车,顶层设计需要结合多方诉求。

我国正加快培育发展战略性新兴产业,构建新型智慧城市顶层设计标准,智慧社区、智慧交通就是有机构成单元。要发挥领先的技术优势,打造集成、开放的智慧城市,企业则需将掌握的停车场资源和数据和城市运行底层基础设施能力紧密结合,共享数据、开放资源、打造智能交通和智慧城市。

6. 规范发展是趋势

从互联网停车行业的发展来看,目前行业累计融资超过 20 亿元,前后有超过 200 家的公司进入该行业,但至今仍没有一头真正的独角兽出现。从行业来看,整体智能化水平低,玩家众多,数据标准不一,集成难度大,数据质量有待加强,数据免费开放意愿低;车位资源不协调、线下依赖重投入、利益谈判难度高,赢利模式不清晰;团队运维能力跟不上、管理成本较高等问题层出不穷。

展望一:充分运营停车场空间,改变单一营收结构。可通过利用大数据分析、云计算等技术应用,积累用户画像进行精准营销,或延伸至车后服务市场,增加营收。

展望二:与汽车厂商、地图供应商合作,为车主提供动态数据,推送优化后的出行及停车解决方案,实现停车资源的动态配置。

参考文献

1. "工业 4.0"时代下的家电"囚徒困境",e-works 数字化企业网,http://articles.e-works.net.cn/view/article116274.htm,2014 年 5 月 28 日。
2. 邓洲,"促进人工智能与制造业深度融合发展的难点及政策建议",《经济纵横》2018 年第 8 期。
3. 辜胜阻、杨建武、刘江日:"当前我国智慧城市建设中的问题与对策",《中国软科学》2013 年第 1 期。
4. 纪成君、陈迪:"'中国智造 2025'深入推进的滤镜设计研究——基于德国工业 4.0 和美国工业互联网的启示",《当代经济管理》2016 年第 2 期。
5. 江兴:"基于战略性贸易政策的人工智能产业发展研究",《经济体制改革》2018 年第 6 期。
6. 任仲文:《人工智能——领导干部读本》,人民日报出版社 2017 年版。
7. 巫细波、杨再高:"智慧城市理念与未来城市发展",《城市发展研究》2010 年第 11 期。

8. 于汉超、刘慧晖、魏秀、余江："人工智能政策解析及建议"，《科技导报》2018年第17期。

9. 张春菊、李冠东、高飞、史超、朱少楠："'互联网'+城市智慧停车模式研究"，《测绘通报》2017年第11期。

10. 国务院关于印发《中国制造2025》的通知（国发〔2015〕28号），中国政府网，http://www.gov.cn/zhengce/content/2015-05/19/content_9784.htm，2015年5月19日。

11. 2018年中国停车场建设行业现状分析、市场发展前景预测及行业未来发展趋势，中国产业信息网，http://www.chyxx.com/industry/201806/648839.html，2018年6月13日。

12. 2019年中国停车位需求、共享停车位开发的市场前景及盈利情况分析预测，中国产业信息网，http://www.chyxx.com/industry/201901/711274.html，2019年1月30日。

（王丽华，朗新科技股份有限公司；田磊，华润物业科技服务有限公司；王江洲，河北雄安新区；王宏国，朗新科技股份有限公司；鲁昊，河北雄安新区）

商业银行支持民营企业融资策略研究

吴增超　刘　璐　余彦儁

改革开放以来，我国民营企业快速发展，在国民经济发展、就业创业、技术创新、民生改善等方面均发挥了重要作用，民营经济逐步成为我国经济发展的重要力量。

我国民营企业融资以间接融资为主，其主要资金来源为商业银行体系，且近年来，商业银行在企业股权直投、发债等直接融资方面所发挥作用也逐渐增强。当前我国正处于经济增长速度换挡期，国际形势严峻复杂，企业经营风险加大，部分商业银行服务民企意愿减弱。商业银行作为支持民企融资的主要金融机构，在当前经济环境复杂的背景下如何更好地发挥其作用，是社会各界普遍关注的重要问题。特别是，2018 年下半年以来，国家相关政策频出，对商业银行更好服务民营企业提供政策支持，并提出了新的要求。本文在分析民企融资困难状况及原因的基础上，对商业银行支持民营企业融资的政策机遇与要求进行分析，并针对商业银行如何更好落实政策要求、更优支持民企融资提出策略建议。

一、民营企业融资困难状况分析

（一）民营企业相关概念

在针对民营企业的有关政策文件及研究文献中，“民营经济”、“民营企业”及“小微企业”经常同时被作为研究对象，在此进行分别阐述，以更好界定本文讨论的范畴。

民营经济是指民间私人投资、民间私人享受投资收益、民间私人承担经营风险的经济活动，而民营企业是指民营经济中的法人实体。判别一个企业是否为民营企业，应该看企业的主要成分，或其第一大股东是不是民间私人资本[1]。

小微企业与民营企业的划分逻辑不同，民营企业是从所有权的归属进行区分，小微企业则是从企业规模角度，针对企业员工人数、营业收入、资产总额等属性，根据不同行业特点，制定不同上限标准，不超过一定数量即定义为小微企业。

因此，民营经济指的是一种经济活动，而民营企业与小微企业是从不同维度进行划分的企业实体。在研究探讨民企发展时，“民营企业”及“小微企业”两个词汇经常同时出现，一方面是由于小微企业大多为民营所有，另一方面，小微型民企的融资困难问题相较

---

〔1〕 参见国家统计局企业调查总队课题组：“民营经济发展和民营企业成长研究”，《经济研究参考》2004 年第 22 期，第 2—3 页。

大型民企也更为显著。本文主要讨论民营企业，包括大、中型民企及小微民企。

（二）民营企业融资阶段性特点

整体而言，民企融资困难现象一直存在，且广泛为全社会所关注。在国家经济快速发展期，民营企业融资主要体现为融资较贵，资金价格的提升是对企业相对较高的信用风险进行补偿，但融资困难并不明显。经济上行阶段，由于企业自身经营发展速度快，企业赢利能力强，虽然融资成本高，但企业仍能通过扩大生产、提升周转率等方式覆盖资金成本。然而，在经济增速换挡及产业升级的背景之下，民企融资难、融资贵的问题同时出现，且融资贵进一步加大企业的经营压力，促使企业融资更难。

（三）民营企业融资困难情况分化

具体来看，民企融资困难实质上是一个结构性问题，民营企业融资状况分化明显。对于大型优质民企来说，商业银行对其融资服务在审批条件、资金价格等方面与大型国有企业基本一致，特别是针对一些行业龙头民企，由于其业务、科技、管理水平往往较高，反而成为商业银行相互竞争的核心客户。然而，对于存在盲目扩张、资金错配、管理薄弱等问题的中型民企或小微型民企，其融资困难状况往往较为明显。

二、民营企业向商业银行融资困难主要原因

（一）民企自身层面

从民企自身来看，部分民营企业在经营管理、风控意识、诚信理念等方面存在一定问题，导致其难以满足商业银行审批条件，难以获得资金支持。

其一,经营管理存在问题,导致商业银行信息获取难度加大。整体而言,民营企业经营管理不规范问题较为显著,由于经营管理理念相对薄弱、财务状况等信息披露不完整、产权界定较为模糊等原因,导致企业在融资过程中,商业银行难以获取到真实完整、符合条件的经营信息,为其融资过程带来一定障碍。

其二,转型升级速度较慢,导致商业银行对民企还款能力信心不足。我国民营企业大多从事行业较为传统,企业产品及技术附加值低,在市场竞争中处于弱势状态。在产业结构升级的大背景下,相当一部分民企转型速度不及市场所期,表现出研发投入不足、缺乏核心竞争力等特点。这将导致商业银行在尽调及授信过程中,由于企业主营业务优势不足,产品需求及市场占有率弱等原因,对其第一还款来源信心不够,最终影响放款成功率。

其三,风控意识较弱,导致商业银行对民企流动性风险心存担忧。分析近期民营困局,其主要原因并非企业主营业务出现问题,而大部分为企业的流动性风险暴露。一些民营企业由于自身风控意识较弱,在融资结构上负债比例过高,在资金使用上盲目投资过度,甚至在资金期限上,为降低融资成本,以短期负债滚动错配的方式,投资长期项目。这些现象致使商业银行担忧企业产生流动性风险,从而导致违约现象发生。

其四,诚信理念薄弱,导致商业银行对其还款意愿存有顾虑。由于部分民营企业信用观念较差,主动坏账现象时有发生,市场对其发生道德风险担忧较大,因此商业银行对民营企业信用评级普遍偏低,放款难度及资金价格进一步增加。

(二)商业银行层面

从商业银行层面,受资金有限、放贷歧视、授信审批过度依赖抵押等因素影响,民营企业从银行体系获取资金难度加大。

其一,商业银行能够提供给民企的资金额度有限。从表内资金看,受资本金约束及央行 MPA 考核等因素影响,商业银行整体放款额度有限,直接影响其通过表内提供给民营企业的资金数量,而表外通道逐渐成为民企获得资金的重要来源。但自 2018 年资管新规发布以来,商业银行表外资金缩减,民企表外融资难以延续,导致其融资压力明显增加。

其二,部分银行对民企放贷存在歧视现象。商业银行对民企放贷的不平等性,主要体现在两个方面。一是在客户选择上的歧视,受信贷规模、风险偏好等多方面因素影响,部分商业银行在标的客户的选择中,存在"重国企央企,轻民营企业"的现象。这将导致在资金规模有限的情况下,国企央企融资相对容易,而民企融资整体困难。二是在审批条件上的歧视,针对同等条件的不同类型企业,商业银行在贷款价格、放款期限、放款附加条件等方面对民营企业要求更高,客观上导致民企融资难度增加。

其三,在对民企授信审批过程中,商业银行对抵押担保过度依赖。商业银行在对民营企业放款中,由于对其第一还款来源即经营性收入难以判断或信心不足,往往要求民企提供充足的抵押担保,以起到信用补充的作用。银行对抵押过度要求与民企本身固定资产占比较少的客观现象形成矛盾,进一步降低民企融资的可获得性。

三、当前政策下商业银行支持民企融资的机遇及挑战

(一) 民营企业发展整体政策环境

近十数年来,为支持民营经济更好发展,国家在民营企业市场准入、环境优化、税收、投资、内部管理等方面出台了多项支持政策,对确定民营经济地位,优化民企发展环境起到了极大的促进作用。2018 年下半年以来,受国际环境变化、宏观经济承压及防风险、去杠杆等监管政策影响,民营企业经营及发展困难集中显现,民企债

券违约事件频发，阶段性融资难题更加显著，市场上甚至出现了一些对民营经济发展及定位的杂音。面对民企发展的困难局面及市场担忧，国家加大力气鼓励民营企业发展，对民企的政策支持“增速提挡”，进一步提振民企经营信心，提高市场活力。

梳理近年政策发现，2018 年之前，国家政策以推动民企发展为主，大多围绕鼓励和引导民间投资等方面，而 2018 年以后，政策支持方向更加具体明晰，主要聚焦缓解民营企业融资难题，强化服务支持民营企业自身发展，政策内容更加全面，举措也更加细化。

（二）近期商业银行支持民企融资的政策机遇分析

1. 资金端更加充裕，商业银行资金成本降低

2018 年以来，国家政策从支持商业银行补充资本、降低存款准备金率等多方面着手，对商业银行进行流动性支持，以缓解民营企业资金紧张状况，支持民企融资。在多项举措之中，降准的作用最为直接，有效增加了银行向民营企业的资金投放空间。2018 年定向降准四次，2019 年年初全面降准一次，扣除偿还 MLF 等因素影响，其净投放基础货币对商业银行的流动性起到了极大的支撑作用。

然而，在支持民企融资过程中，“银行体系流动性合理充裕”应当与“银行放贷意愿及企业有效需求合理充足”相互结合，二者缺一不可。将货币政策带来的低成本资金有效传导至民营企业，还需要在后者上持续发力。

2. 资产端质量提升，商业银行有效投资空间增加

一方面，国家财政政策聚焦减税降费及扩大投资，有效降低民企成本，提升民营企业投资空间及资金需求。在减税降费方面，普惠性减税力度较大，超出市场整体预期。制造业、交通运输、建筑业等行业为减税主要发力点，实质性惠及一大批民营企业。在扩大投资方面，中央对基建投资、产业升级、民生消费等稳增长重要领域进

行政策及资金倾斜,也将使相当一部分民营企业直接受益。财政政策的逐步推进,促使民企进一步减轻经营压力,增加投融资需求。资产端质量逐渐提升,商业银行在民营企业资产投放上,将会更加有的放矢。

另一方面,中央多措并举,支持民营企业经营状况改善。从外部看,一是经营环境优化,通过要求平等对待各类所有制企业,构建新型政商关系,打造良好营商环境等方式,持续优化民营经济发展环境;二是助力民企融资纾困,通过债券融资工具、集合资产管理计划、民企发展支持基金、清理企业应收账款等多种方式,帮助遭遇风险事件的企业摆脱困境。从内部看,要求企业通过主动改善经营状况,创造出有利于其自身融资及发展的经营环境,提高融资的可获得性。

民企经营状况是企业融资中的关键点,也是商业银行授信过程中的首要考虑因素。企业经营状况的有效改善,将成为商业银行支持民企融资的催化剂。

(三)商业银行支持民企融资的政策要求

为更好支持民企融资,国家出台了一系列政策,特别是 2019 年 2 月,中共中央办公厅、国务院办公厅印发《关于加强金融服务民营企业的若干意见》以及银保监发〔2019〕8 号文《关于进一步加强金融服务民营企业有关工作的通知》中,对商业银行服务民营企业提出了更为具体的要求,主要包括以下几个方面。

一是要求商业银行要优化自身综合服务体系。在放贷资金方面,要求商业银行一方面应当多渠道补充资本,提升投放空间,另一方面也应当通过盘活信贷资产存量等方式,将所腾挪资金重点投向民企;在体系建设方面,鼓励银行建设普惠金融事业部,建立可以持续推进民企融资的组织体系,将服务民企做深做细。

二是要求商业银行优化放款过程中的机制建设。商业银行应当在提升放款意愿及放款能力两方面同时发力，在放款意愿上，落实尽职免责，减轻放贷人员的心理负担，在放款结构上，发挥考核的指挥作用，提升民企融资的考核权重。

三是要求商业银行提升民营企业的授信质效。一方面，商业银行应当转移思路，改变“没有抵押，就不予授信”的固有想法，通过运用互联网、大数据等新技术，借助企业与所在产业链、上下游的交易场景，对民营企业真实经营状况进行分析，提高信用贷款占比。另一方面，要提升授信审批效率，采取授信作业线上化、审批权下放等多种方式，快速响应民企资金需求，加大信贷投放力度。

四是强调对商业银行支持民企发展的监管督查。通过定期监测，掌握监督商业银行的民企放款情况，并要求银行要处理好支持民企发展与风险防范的动态平衡，避免出现“运动式”信贷投放。

面对新的机遇与要求，商业银行应当强化落实，深耕细作，充分发挥在民企融资中的重要作用，切实支持民营经济发展。

四、商业银行支持民营企业融资策略建议

（一）做好民企分层分类，精准服务民营企业

针对民营企业融资难题，不应当一概而论。不同规模、不同类型的民营企业，其融资及其他金融服务需求也各有特点。精准服务民营企业，首先应当对民企进行分层分类。从规模上看，可将民企分为大型、中型及小微型，从类型上看，又可将民企分为优质稳健类、救助提升类、僵尸类。

商业银行可以根据自身实际，对民企客户进行分层分类，并根据不同类别，制定营销支持策略，提供更加精准、更为匹配的金融服务。例如：大型优质民企实际上并不存在融资困难问题，其在市场中的融资环境、资金价格与同等规模国企相差甚微。因此，针对大型民企，商业银行应当挖掘其增值服务机会，通过多产品、多渠道提

供全方位服务，以增强客户黏性，助力企业进一步提升。小微型民企由于在规模、信用等各方面均不占有优势，且资金需求明显，因此融资难题也更加凸显。针对小微民企，商业银行应当加大资金支持力度，配套信贷规模、财务、科技等内部资源支撑，运用金融科技等手段，挖掘分析小微企业经营信息，做到批量获客、批量授信，提升小微民企服务成效。另外，针对僵尸类企业，应当进行审慎判断，对于确认符合破产清算条件的僵尸企业，应当参照政策要求，退出支持并积极配合破产清算。

（二）优化授信审批，提升服务民企效率

授信审批是民营企业获取商业银行资金支持的关键步骤，优化商业银行授信审批工作，有利于畅通民企资金获取过程，提升银行支持实体经济效率。其一，应当落实尽职免责，缓解信贷审批及相关业务人员谨慎性心态。建议商业银行不仅要制定尽职免责管理制度，针对民营企业建立专门的容错纠错机制，更要将尽职免责制度真实体现在授信审批、贷后管理、问题贷款责任认定和不良贷款清收等各项操作层面，真正落实尽职免责。其二，减轻授信中对抵押担保的过度依赖，提升信用贷款比重。谨慎性心态往往会使审批人员形成抵押兜底思维，致使在授信过程中，忽略对第一还款来源的分析判断，形成“没有抵押，就不敢通过”的审批习惯。建议商业银行减轻抵押依赖，重视企业第一还款来源，提升企业风险分析判断能力，把控企业真实信用风险。同时，应当通过供应链金融等创新业务模式，聚焦企业真实交易场景，采取应收账款融资等方式，减少对企业抵押担保的要求，提升民企融资可获得性。其三，优化审批流程和授权管理机制，提升资金获批效率。商业银行可从各类业务实际风险出发，针对一定限额、一定业务品种范围，将业务审批权下放至归属地经营机构，同时通过线上审批、上级审批人员向经营机构派驻等方式，缩短审批时间，提高授信审批效率。

（三）强调考核激励，注重服务实体经济实质

绩效考核是商业银行业务开展的“指挥棒”，要强调绩效考核，发挥考核激励对支持民企融资的促进作用。一方面，建议商业银行调整考核导向，提升对服务民企的重视程度，落实关于提高民企融资业务权重、奖励先进等相关政策要求。另一方面，绩效考核调整应当更加重视服务实体经济实质，避免存在应付监管的心态。例如，针对民企贷款发放，政策要求对贷款户数及贷款金额双向考核，旨在避免银行贷款向大型优质民企过度集中，促使贷款流向的民企客户结构更加均衡。商业银行在细化该项考核政策时，应当制定更为详细的考核举措，避免在实操中只抓两头客户，即抓大型优质民企以完成贷款金额指标，抓小微民企以完成贷款户数指标，而忽略中型民企的贷款需求。

（四）依托金融科技，强化服务民企数据支撑

金融科技是当前商业银行转型提升的重要方向之一，充分发挥金融科技在服务民企中的重要作用，可以从以下几个方面进行考虑。其一，在民企基础数据管理方面，建议商业银行加强民企客户基础数据库建设，加快民企相关数据信息治理工作，在民企客户标识、企业基础信息录入、民企分层分类及动态调整等方面实现线上化、智能化管理，提升民企客户管理及业务推动效率。其二，在风险管理方面，应当积极运用金融科技，通过系统化的信息分析及大数据挖掘等手段，支持风险评估与信贷决策，提升贷款审批实效，并从企业评级、贷款定价等多方面提高信用风险管理水平。其三，在民企营销方面，一方面，通过大数据信息平台建设，对民营企业生产经营情况进行记录分析，精准挖掘企业金融服务需求，提升服务民企成效；另一方面，可将商业银行金融科技能力向民营企业进行“输出”，助力民企支付结算等信息系统建设，提升民企经营效率。

参考文献

1. 关兵、黄清:“民营企业融资问题与商业银行支持策略”,《商业研究》2006年第15期,第143页。
2. 郭峰:“科技引领未来——从商业银行与互联网企业合作看金融科技发展趋势”,《农业发展与金融》2017年第7期,第43—44页。
3. 国家统计局企业调查总队课题组:“民营经济发展和民营企业成长研究”,《经济研究参考》2004年第22期,第2—3页。
4. 黄剑辉、应习文、徐继峰、孙莹:“中国民营企业发展研究报告”,《民银智库研究》2017年第6期,第36—38页。
5. 任祥、张志勇:“中小型民营企业信贷风险成因及防范措施研究”,《现代商贸工业》2018年第29期,第114—115页。
6. 王丹:“信贷政策影响民营企业信贷决策的渠道分析”,《管理世界》2018年第12期,第174页。

(吴增超,中国民生银行;刘璐,银行业信贷资产登记流转中心;余彦儁,富力地产)

金融科技赋能金融供给侧改革助力民营企业发展——以广东省汕头市为例

胡晓宇　郑剑戈　刘俊毅

党的十九大报告提出,我国经济由高速增长阶段转向高质量发展阶段,必须坚持以供给侧结构性改革为主线不动摇。习近平总书记指出,金融是现代经济的血液,血脉通,增长才有力;金融活,经济活,金融稳,经济稳。作为供给侧结构性改革的重要内容,金融供给侧结构性改革对推动金融业高质量发展,保障金融支持实体经济平稳健康运行具有重要意义。近年来,不断兴起的金融科技对金融市场、金融机构和金融供给服务产生了重大而深远的影响,如何正确认识金融科技;理解金融科技对金融供给带来变革的理论机制；怎样以金融科技赋能金融供给侧结构性改革的同时，通过体制机制有效规避风险；则是一项亟待研究的重要课题。

一、金融科技的概念、发展的理论依据与特征

（一）金融科技的概念

金融科技，英文缩写为 Fintech，字面上由金融的英文单词“finance”和科技的英文单词“technology”派生而来，顾名思义，是利用各类科技手段改造完善传统金融行业的一种新型业态。借鉴包括金融稳定理事会（FBS）在内的多方国际权威机构的界定，一般认为金融科技是指将包括大数据、云计算、区块链等在内的一系列新兴前沿科技与金融领域深度融合，全面改造提升支付清算、借贷融资、财富管理、零售银行、保险、交易结算等金融产品服务质量和效率，从而优化金融服务供给的新兴业务模式。

（二）发展金融科技的理论依据

从现代金融理论来看，本斯顿和史密斯（Benston and Smith，1976）指出金融机构存在的一个重要原因就是既降低了需求端的资源配置成本，又降低了供给端的金融契约服务成本。而阿科洛夫（Akerlof，1970）则指出，信息不对称会导致市场供给萎缩。金融市场上，从银行挤兑引发金融危机，到信贷供给萎缩，再到长期存在的中小微企业融资难、融资贵，都与信息不对称密切相关。斯蒂格利茨和维森（Stiglitz and Weiss，1981）就指出信贷市场由于信息不对称而存在着明显的信贷供给不足。汉考克和维尔考克斯（Hancock and Wilcox，1998）更加清晰地阐述了信贷供给对企业生产乃至宏观经济的影响，信贷供给的下降会影响市场微观主体的活力，小型金融机构的有效供给缺失比大型金融机构对实体经济的负面影响会更明显，中小微企业在遭受信贷供给的负面影响方面最为严重。因

此,为增强金融服务供给,缓解信息不对称是一项重要措施。斯彭斯(Spence,1973)提出信号理论,认为通过收集信息能有效降低信息不对称对经济活动的抑制作用。利兰德和派尔(Leland and Pyle,1977)则论证了金融中介在缓解信息不对称方面的优势作用,金融机构强大的信息收集和处理方面功能降低了由信息不对称导致的金融风险,扩大了金融服务供给,从而提高了经济活动效率。

以上经典文献表明,降低金融交易成本、缓解信息不对称是提高金融有效供给,推进金融与实体经济协同发展、高速增长的关键,也是金融供给侧改革的必由之路。而新世纪以来的技术进步则为此打开了"机会窗口"。米什金(Mishkin,1999)认为交易成本和信息不对称是持续推进金融结构变迁的驱动力,科技的进步既通过全要素生产率渠道促进经济增长,也通过大幅降低交易成本、改善信息不对称提高金融服务效率来促进经济增长。由信息技术进步带动的金融科技正是后者的典型代表,并发挥着越来越重要的作用。苏珊等(Susanne et al.,2016)认为,金融科技通过向金融机构提供基于信息技术的金融产品创新,使金融机构更高效地运行,提升了金融产品和服务的广度和深度。华纳等(Arner et al.,2015)认为金融科技有利于激发企业家精神,创新形成新的产业组织载体和形式,从而扩大生产就业,提高经济活动效率,促进经济增长。随着国内互联网金融的蓬勃发展,国内文献重点对互联网金融开展了研究。谢平和邹传伟(2012)认为以互联网金融为代表的金融科技使金融交易能扩大到传统直接和间接金融模式所不能覆盖的领域。吴晓求(2015)基于金融理论阐述了互联网金融的发展逻辑,认为金融科技有助于推动金融结构变革和金融效率提升。

(三)金融科技的特征

一般而言,金融科技具有低利润率、轻资产、高创新和增长快等典型特征。(1)低利润率是指金融科技普遍运用互联网平台改造商业模式和提升传统金融服务与产品，因而需要借助强大的网络效应，而网络效应在充分发挥规模作用之前不可避免地需要依赖前期的高投入，直到达到网络效应的临界点才有望实现高速增长，因而在相当长的一段时期内呈现低利润率的特征。(2)轻资产是指金融科技往往只需要较低的固定资产即可开展运营，其固定成本随着规模的扩大而递减。事实上，现实经济中金融科技的案例通常在其早期充分利用技术优势，尽可能使用银行清算网络、云计算资源等现有基础设施以减少自有固定资产的投入。金融科技轻资产的属性使得其在战略发展和业务拓展等方面更加灵活、创新度更大。(3)高创新是指金融科技的创新精神十分强大，能快速吸收和引入前沿技术和理念，进而加快金融产品的快速迭代，实现所谓"破坏性创新"(disruptive innovation)。从某种意义上讲，金融科技的高创新特征加速了金融创新的进程。(4)增长快是与低利润率相对的一个特征，如前所述，当金融科技前期高投入达到一定的临界值后，网络效应将得以充分发挥，使得边际成本持续递减，经过创新改造后的金融业务得以快速甚至爆炸性的增长。

二、金融科技赋能金融供给侧改革的技术支撑、理论机制与体现

(一) 支撑金融科技蓬勃发展的关键技术

金融科技席卷全球，深度融合改造传统金融供给侧，离不开新一代科学技术的支撑。从技术革命和金融创新的推动力来看，大数据和云计算、人工智能、数据资金安全技术是三大关键技术支柱。

1. 大数据和云计算

大数据和云计算在金融科技领域广泛应用，是金融科技的核心驱动技术之一。云计算可以降低金融公司的运营成本和满足复杂

运算分析需求，而大数据与金融科技融合发展体现在数据搜集、整合及应用三个方面：一是数据整合方面，传统金融机构基于竞争关系往往难以实现数据共享，而第三方金融科技公司通过合作共赢模式能够将用户沉淀在各大金融机构的数据进行整合并实现数据密度的提升；二是数据搜集方面，金融科技借助新的数据采集技术相比传统金融的数据来源更广泛、更多元，从而实现数据广度的提升；三是数据应用方面，金融业务本身对数据依赖性极强，而经过整合、分析、处理的大数据对业务蕴含价值更高，不仅能应用于金融业营销环节，提升对客户的筛选能力，还能通过构建精准识别、筛选、评级的风控模型，为金融科技公司加强风险控制与管理提供重要决策依据，最大程度实现数据效度的提升。

2. 人工智能

人工智能（Artificial Intelligence）致力于通过机器智能实现对人的意识、思维的信息过程的模拟，其在初级阶段实现对简单劳动的替代，第二阶段则尝试替代复杂劳动。人工智能在金融投资领域的应用常常被称为"AlphaGo 在金融科技领域的延伸"。通过将人工智能技术与包括投资目标、风险承担能力、职业特点、收入水平、性格偏好等在内的投资者个体特征信息相结合，自动计算构建和推出适合该投资者的最优资产配置组合，从而在追求分散、稳健、长期收益的过程中最大化投资者的效用。

3. 区块链等数据资金安全技术

区块链（Block Chain）是基于分布式记账原理，使用去中心化共识机制维护一个类似于公共、透明、海量记账簿的完整分布式不可篡改账本数据库。区块链在金融领域的潜在应用十分广阔，其记录功能被广泛地应用于数据资金安全技术方面，从而减少数据和资金安全暴露的风险，既有效降低银行的运营成本，提升登记、发行、交易、转让、交割清算效率，又强化了私人信息的保护。

（二）金融科技赋能金融供给侧改革的理论机制

结合前文对金融科技技术支撑与经典的现代金融理论的分析，可以得知，金融科技提高金融有效供给、推进金融高质量发展主要是通过防范化解风险和缓解信息不对称程度两大机制实现的。深刻把握上述两大机制，对于充分发挥金融科技助力当前金融供给侧改革具有重要意义。

1. 防范化解风险

随着金融科技的发展，P2P 等互联网金融业态经历了野蛮生长阶段，部分 P2P 机构风险集聚，甚至破产跑路。如何依托金融科技促进金融稳定，防范系统性金融风险，实现经济增长的良好态势，是推进新时代高质量经济发展和构建现代化经济体系过程中所面临的重大课题。金融业传统的风控技术与模式在风险管理的时效性、模型有效性、监控领域等多个维度的不足之处愈发明显。即风险管理缺乏高效的前置性防范与全过程的嵌入，而更加注重事后的补漏；缺乏全面的定量风控能力，以定性风控为主；缺乏实时性拦截并由此导致结构性风险，具有较强的滞后性；缺乏精确的用户画像，以主观规则为主。大数据、云计算等技术成为推动科技创新与金融产业变革的生产资料与生产工具，极大意义上发展了金融业的生产力。

金融科技的应用不仅仅是获客，更重要的是实现风险的控制与管理。金融科技依托前述关键性前沿技术的支撑，不断构建高效、安全的金融基础设施，突破了传统金融业风险控制与管理的边界与局限，提高风控的效率与质量，实现了优质、安全、高效的金融产品与服务供给，强有力地推进普惠金融的发展。

2. 缓解信息不对称程度

以大数据和云计算等为代表的金融科技被广泛应用于高度自动化和网络化的信息处理，极大地提高了风险定价和风险管理效率,显著降低了信息不对称程度。从金融科技缓解信息不对称程度的过程来看,关键在于如何在种类繁多、数量庞大的数据中快速获取有价值的信息,从而基于这些信息做出相应的金融决策。

随着数字化社会的发展,数据来源日益广泛,数据体量持续扩大,数据微观特征更加多样,而云计算等金融科技的深度发展则使得对海量信息数据的高效分析和深度挖掘成为可能。通过分类回归、聚类分析、趋势研判等技术方法,金融科技使得信息处理的效率和准确度大幅提高,既在事前做出比传统信息处理更加科学、客观的预测,又通过全过程的监测与事后评估不断反馈和改进信息处理方式,从而使金融供给赖以需要的信息对称度大幅提高,促进了有效金融供给,有力地支持了实体经济的发展。以信贷为例,运用金融科技对经济主体的信用水平进行更加精准的量化,金融中介能捕捉传统金融难以获取的分散化信息,从而使部分私有信息显性化,促进市场信息更加充分、更加透明,同时还可以动态地预测违约概率,极大地缓解了信息不对称程度,提高了信贷风险管理和风险定价的效率。目前,国内一些金融机构已基于金融科技自主研发了新型信贷评估体系,正逐步替代原有传统的信贷评估方法。

(三)金融科技赋能金融供给的体现

根据《零壹财经》的统计,截至2018年,全球涉及金融科技领域的公司众多,覆盖54个国家,CB Insight数据显示2018年金融科技公司融资规模达396亿美元,较上年增长120%,再创新高。从当前业务领域的覆盖面来看,目前金融科技已深度融入并改造提升了以下5大金融服务的供给。

1. 深度融入并提升了借贷融资金融服务的供给

金融科技深度融入并提升借贷融资方面金融服务供给,主要借助互联网网贷平台和众筹等模式实现。互联网网贷平台面向全国开展业务,打破区域限制,扩大了业务范围。其业务集中在无抵押个人贷款和小型企业贷款领域,具有更加方便、快捷的借款申请流程。其目标客户主要为那些无法从传统金融机构手中获得贷款的用户、有短期融资需求的用户或者未能充分获得金融服务的用户。众筹则主要是中小企业通过简单易用的众筹平台从广大投资者手中募集资金来支持项目和风险投资。

2. 深度融入并提升了保险金融服务的供给

通过金融科技与传统保险业的深度融合,形成了互联网保险的新业态,从而借助保险产品互联网销售平台,极大的简化客户投保和理赔流程,降低传统保险产品销售的人力成本和运营成本,并通过让利使客户享受更加优质优惠的保险服务。

3. 深度融入并提升了财富管理金融服务的供给

通过将前沿的运算方法和计算软件应用于财富投资管理,金融科技公司得以依托更具科学性和敏感性的投资决策程序,自动建立股票、基金、债券等投资组合,从而降低投资门槛和交易费用,简化投资决策流程,使得财富管理金融服务的供给更加便利、更加安全。

4. 深度融入并提升了零售银行金融服务的供给

通过将信息通讯技术和生物识别技术深度融入传统零售银行业务,具有集成性的简洁明了的 APP 零售银行界面被开发出来,从而形成了新型的纯线上数字银行业态,从而一改传统零售银行业务高度依赖物理网点的特征,实现远程开户和线上业务办理功能。同时结合基于大数据技术的征信系统向符合条件的对象提供覆盖面更广、金融产品服务更精准的小额信用贷款。

5. 深度融入并提升了支付结算金融服务的供给

第三方支付公司利用基于金融科技架构的智能终端,实现了点对点支付产品和服务的解决方案,大幅降低传统支付结算的金融服务供给成本,同时极大提高了支付结算的效率。金融科技深度融入支付结算领域,为支付公司强化各类商户合作、快速扩大为客户提供支付结算服务的规模提供了重要基础。

三、广东省汕头市金融科技赋能金融供给侧改革助力民营企业发展的实践情况

（一）汕头市发展金融科技金融的现实意义

当前，汕头市在金融机构数量、从业人员、业务规模等主要指标居粤东地区首位，金融集聚效应不断增强，但是相比深圳、广州、厦门等城市，汕头市的金融结构体系及金融发展已明显滞后。金融产业发展高度依赖于金融人才、资金和信息等资源，而深圳、广州、厦门对金融资源的虹吸效应使汕头市在同质化竞争中难有机会，因此，汕头市必须以发展金融科技为新的突破口，构建开放型经济新体制，通过有效防范化解风险和缓解信息不对称程度提升金融服务供给能力，推动汕头金融供给侧改革，实现汕头金融高质量发展。

（二）汕头金融科技赋能金融供给侧的实践情况

从当前汕头市业务领域的覆盖面来看，金融科技已深度融入并改造提升 5 大金融服务领域的供给。

1. 借贷融资领域

汕头市探索发展互联网小贷牌照，目前已成功引进 2 家互联网小贷公司落户（央企华润的润信小贷和纳斯达克上市企业搜狗的搜狗小贷），注册资本金 9 亿元，2018 年累计发放贷款 114 056 笔，金额 73 400. 35 万元，贷款余额 24 801. 26 万元。其商业模式是利用大数据技术，利用已有场景收集用户的资料数据，通过 AI 分析标记融资主体及其还款能力，通过两年的发展华润和搜狗小贷在行业中的增速和健康性均在全国前列，其中搜狗小贷运作至今的不良率为 0。

2. 保险金融领域

汕头市正积极推动联动优势、搜狗等上市公司发起设立互联网

保险经纪牌照。其运作模式是通过大数据技术筛选理赔概率较低的客户进行营销,一方面通过降低保险经纪费用,从而降低客户的实际保费;另一方面通过与承保的保险公司对低理赔率产生的超收进行分成,获得较大收益。该类互联网保险经纪公司的成立将从购买和理赔服务以及金融信用体系完善等方面提供强有力的支撑。

3. 财富管理领域

汕头积极推动李嘉诚先生的维港投资集团和马化腾先生的腾讯集团发起设立一家注册资本20亿元的中外合资证券公司,该公司的运作模式是运用大数据分析各大投资者的风险喜好,将科技与金融紧密融合,制定风险等级不同的投资产品,集中散户资金,帮助投资者更加理性投资,并逐步推动资本市场投资去散户化。

4. 零售银行领域

汕头市致力于推动当地银行业创新金融产品和服务方式,广东华兴银行等银本地行机构已推出网上银行APP,在线上转账、理财、收付款等方面提升了服务供给。同时,设立基于大数据和云计算技术的融资担保公司,通过第三方增信,降低优质中小企业的融资门槛。

5. 支付结算领域

汕头市正学习借鉴连连银通电子支付有限公司业务模式,推动实力较强、具有金融科技背景的大型企业在境外支付结算等跨境金融方面开展创新,进一步完善金融服务模式,为跨境消费结算、外商投资贸易结算提供服务供给。

(三)汕头金融科技赋能金融供给侧改革助力民营企业发展的实践经验

综合上述实践情况,汕头市主要通过以下三点着力发展金融科技,推动地方金融供给改革,推动地方金融高质量发展:一是通过引入一批新兴科技金融牌照业务公司落户汕头,破解金融机构、金融人才地域化限制的发展瓶颈；二是创设金融科技的数据分析和应用场景，提升金融服务实体经济的效率和辐射能力；三是对接科技金融牌照公司的运作数据，集成汕头市特色金融产业数据库，未来作为政府监督管理和企业经营决策的重要依据。

从前文提到的金融科技赋能地方金融供给侧改革的三大关键技术支柱（大数据和云计算、人工智能、数据资金安全技术）方面，汕头也全力支持本地金融机构的在金融科技关键技术上的创新与应用。

在大数据和云计算方面，以华润小贷为例，其以全网搜索积累的数据为支撑，将大数据技术应用于客户管理、信用与风险管理、产品定价、另类数据管理等金融领域，建立了以安全可控的开源大数据计算体系为基础，以数据仓库为核心的大数据清洗、存储、使用系统。同时，搜狗（汕头）还以最先进的知识图谱与图数据库技术为支撑，建立了超过百亿对象的多维复杂网络社会关系分析体系（AIComm），有效地对金融业务中的团伙欺诈、地域欺诈、"薅羊毛"等行为起到了防范作用，对于基于团体欺诈的识别率达到了80%以上，实现了全面风险控制管理。

在人工智能方面，以搜狗小贷为例，其以最前沿的人工智能技术为支撑，与微软、谷歌、清华大学等全球多个具有深厚人工智能底蕴的机构深度合作，将金融业务场景的各种需求进行机器学习算法建模，并在算法中结合最新的深度学习、强化学习和迁移学习技术，将不同场景的用户需求事件以及事件结果作为算法建模对象，在各个应用场景下为金融用户提供顺畅高效、快捷方便的普惠金融服务。在用户端，搜狗金融结合 NLP 语义理解分析与网络使用行为分析，自主开发了智能用户需求分发系统（AIKnow），在用户最需要提供普惠金融服务的时候，通过先进的 APP 人机交互技术与用户进行互动，将搜狗普惠金融服务推送给用户，并根据用户的实际情况提供不同的个性化定制产品，满足各个层级、各个领域用户的不同需求。

在数据资金安全技术方面,汕头市充分发挥金融科技在金融统计监测系统的作用,通过加强金融基础设施的统筹监管和互联互通,建立健全风险监测预警和早期干预机制,构建基于金融技术的地方金融非现场监管平台,推进金融业综合统计和监管信息共享,实现对地方金融业态的实时监控,补齐监管短板,提升防范化解金融风险能力。汕头市地方金融非现场监管系统目前已接入互联网小额贷款行业,并将逐步接入股权交易中心、地方资产管理公司、融资租赁、融资担保、商业保理、传统小贷和典当等金融行业,实现各类地方金融行业监管全覆盖。

四、金融科技赋能金融供给侧改革存在的问题和政策建议

(一)金融科技赋能金融供给侧改革存在的问题

金融科技的快速发展无疑为金融供给侧改革提供了新动能,但也存在着众多问题和挑战。

一是加剧了监管当局对金融科技的监管难度。有观点认为,金融科技只有在不被监管的环境下才能发展,但从国内外的实践经验来看,世界各国和地区均对金融业务实施了严格的监管。金融业从根本上看是一个高度“严监管”的行业,也只有在一个有规则的环境下发展金融科技,并借助金融科技推进金融供给侧改革,才能有利于实现金融支持实体经济保持平稳健康运行的目标。目前,金融科技的迅速发展导致相关监管机构很难快速更新行业监管知识和理念,短期内难以培养具有相关专业知识的监管人才,以在金融科技发展的同时确保监管的效率和质量。另一方面,金融科技促使金融去中心化的进程大大加快,使得金融行业门槛大幅降低,从而增加了行业监管难度。由于我国长时间处于金融供给不足的金融抑制状态,直到金融科技的出现才大量兴起诸如第三方支付、众筹、智

能投顾、P2P 等新兴业态，这其中不乏出现许多金融科技企业在并无雄厚资金支持的情况下毫无顾忌地进入金融市场，导致游离于监管体系之外的金融创新“野蛮生长”，为金融监管带来了新的重大挑战。

二是金融科技在破除传统金融服务行业受地域时间限制而存在的弊端、提高金融产品服务供给的质量和效率的同时，也加剧了金融信息安全风险。通过运用大数据等金融科技手段，相关企业可以大规模获得用户数据，使得信息泄露风险高度集中，一旦发生问题很可能会危及客户隐私、产品信息，甚至威胁企业经营安全。在当今世界，网络黑客攻击事件屡见不鲜，网络金融犯罪对金融行业构成重大威胁，而部分金融科技企业对于客户私人信息保护意识不强，防止信息泄漏的相关措施不足或建设滞后，极易产生信息安全风险。事实上，传统金融机构对于信息保密重视程度远高于金融科技企业，却依旧无法做到信息安全的万无一失，这更加要求金融科技企业加强客户私人信息的保密工作，健全和完善相关信息安全措施。

三是金融科技加剧了潜在的金融不稳定风险。金融科技使得金融行业有了全天候的服务能力，延长了外部突发事件的冲击时间，势必更加考验金融科技对于突发事件的处理能力。而金融科技在带来金融服务效率提高的同时，也加快了风险传导的速度，加剧了市场的不稳定性和波动，例如智能投资顾问和风险管理算法会加剧金融市场交易过程中的羊群效应和共振效应，导致同一时间段的大量资金流动的动量交易，从而诱发潜在的金融风险。此外，更多风险客户的引入和客户风险承担偏好的提升也会加剧这种不稳定性。在传统金融运营模式下，大多数客户都是金融机构经过时间洗礼的长期客户，金融机构和客户群体对于彼此大多有着较为充分的了解，客户风险承担偏好稳定、风险承担能力较强，而随着金融科技的广泛应用特别是移动互联网技术的普及，参与金融活动的客户来源更加多元,风险承担能力差别较大,一旦遇到突发事件,可能会加剧市场波动。

(二)金融科技赋能金融供给侧改革的对策建议

针对上述问题和挑战,本文对金融科技赋能金融供给侧改革,实现金融业的稳定发展与高速增长相结合提出如下政策建议。

一是构建监管长效机制,保持金融科技健康发展。当前金融科技正处于进一步发展的重大机遇期,只有监管得当,才能使其获得保持长期良好发展的外部环境。金融科技企业不应排斥监管,而应更加积极地响应监管部门的政策,加强双向沟通,通过加深对相关法律法规的理解不断进行自我调整以适应外部环境。地方监管当局一方面要不断完善自身监管机制,加强对金融科技发展趋势的前瞻性研判,密切关注新兴金融科技发展最新动向,保持与金融科技企业的沟通;另一方面,要在增强相关专业人员配置的同时,提高对金融科技的监管有效性,着手构建与时俱进的金融科技监管长效机制,在保障金融科技有序发展的同时,将潜在金融风险置于监管可控范围之内。

二是充分借鉴国际成功经验,结合我国国情积极探索新型监管方式。世界上不少国家或地区在先明确金融科技业务本质后,确定相关金融监管机构对金融科技发展进行研究和监管,比如英国设立了金融行为监管局,韩国设立了金融监督院,新加坡设立了金管局,香港也有金管局和香港证监会等机构。我国也应密切关注国际上最新监管动态和趋势,借鉴国际上成功经验,同时应该结合我国国情,积极探索监管方式。目前,国际上比较通行的监管措施是“监管沙盒”,即在一个缩小版的真实市场中,给予金融机构对基于金融科技的创新产品和服务模式先行先试的权利,借助真实的经济运行及时发现并规避产品缺陷与风险隐患,从而将潜在金融风险控制在有限可控的范围内,并为监管当局在这一过程中通过创新指导窗口获得有效监管经验提供实验场，最终提高监管当局在真实市场中监管水平。

三是加强企业信息安全意识教育和消费者金融知识教育。要提高金融科技企业对保持用户个人信息的重视程度，建立信息防火墙等信息保护措施，对于调取用户信息进行全程监管，确保用户信息安全。监管部门可通过建立社会信用黑名单，完善相关法律法规，加强执法工作力度，对于恶意泄露客户信息、有犯罪记录的的企业给予严重警告或者行业禁入，净化金融科技发展环境，加强消费者对于金融科技的信任。同时要加强对于消费者和投资者的金融知识普及教育，提高其辨别金融科技产品真伪优劣的能力，减少参与金融活动过程中的羊群效应和动量交易，减轻市场波动以防范潜在的金融不稳定风险。

参考文献

1. 吴晓求："互联网金融：成长的逻辑"，《财贸经济》2015 年第 2 期。
2. 习近平："深化金融供给侧结构性改革 增强金融服务实体经济能力"，《人民日报》2019 年 2 月 24 日。
3. 习近平：《决胜全面建成小康社会 夺取新时代中国特色社会主义伟大胜利——在中国共产党第十九次全国代表大会上的报告》，人民出版社 2017 年版。
4. 谢平、邹传伟："互联网金融模式研究"，《金融研究》2012 第 12 期。
5. Akerlof, G. A., "The Market for "Lemons": Quality Uncertainty and the Market Mechanism", *The Quarterly Journal of Economics*, 1970, 84(3): 488-500.
6. Arner, D., Barberis, J, Buckley, R., "The Evolution of Fintech: A New Post-Crisis Paradigm", *Social Science Electronic Publishing*, 2015, 47(4): 1271-1319.
7. Hancock, D., Wilcox, A. J., "The 'Credit Crunch' and the Availability of Credit to Small Business", *Research Program in Finance Working Papers*, 1998, 22(6-8): 983-1014.
8. Leland, H. E., Pyle, D. H., "Information Asymmetries, Financial Structure, and Financial Intermediation", *Journal of Finance*, 1977, 32(2): 371-387.
9. Scholes, M., Benston, G. J, Jr. C, W, S., "A Transactions Cost Approach to The

Theory of Financial Intermediation", *Journal of Finance*, 1976, 31(2): 215-231.
10. Spence M., "Job Market Signaling", *The Quarterly Journal of Economics*, 1973, 87(3): 355-374.
11. Stiglitz, J. E., Weiss, A., "Credit Rationing in Markets with Imperfect Information", *American Economic Review*, 1973, 71(3): 393-410.
12. Susanne, C. et al., "The Financial Technology Handbook for Investors, Entrepreneurs and Visionaries", 2016.

(胡晓宇,北京大学政府管理学院;郑剑戈,广东省汕头市人民政府;刘俊毅,广东省汕头市金融工作局)

“一带一路”倡议下中国民营企业投资境外工业园区的实践

赵祚翔　张　龙　李晨姝

一般来说,工业园区是指在相对独立的区域内聚集若干类不同性质的工业企业,而这些相对集中的工业企业共同拥有一个主管单位负责对进入园区的企业提供必要的基础设施、管理等服务(戴卫明,2004)。可以说,工业园区的设立通常是由政府为实现自身工业化发展目标而设立的特殊政策性工具。工业园区作为集约化资源配置的方式,可以有效地节约管理成本,催生产业聚集效应。在对世界各国尤其是发展中国家实现工业化提升和经济转型方面,工业园区的重要意义已经得到了广泛的共识(UMIDO,2012)。

从新结构经济学的视角来看,经济特区或者工业园区的作用在于帮助那些基础设施水平相对落后、资本要素禀赋相对短缺的经济体,可以在有限的区域内集中优势资源,改善局部范围内的基础设施条件和营商环境,并给予园区内符合当地比较优势的企业一定优惠条件,消除产业早期发展的瓶颈性限制条件,促进当地产业集群的发展,有效推动当地工业化的进程(林毅夫,2012)。

一、中外合作工业园区的发展现状

自改革开放以来,中国工业园区建设取得了巨大的成就。1985年7月由中国科学院与深圳市政府联合创办"深圳科技工业园"标志着我国大陆第一个高新技术产业开发区的诞生,这也是中国第一家真正意义上的工业园区。自此以后,中国工业园区的设立和开发进入了数量扩张阶段。1994年,中国与新加坡合作共建了苏州工业园区,为中国工业园区的开发提供了"引进来"的模式,通过借鉴海外园区的开发模式和样板示范,一批新建的中外合作工业园区有效的提升了中国在园区规划与设计、产业引进与配套、建设管理与咨询等方面的能力(关利欣,2012;熊国平,2003)。2006年,海尔集团在巴基斯坦投资开发了中国第一家境外合作园区,"海尔-鲁巴经济区"。积极参与开发和建设中外合作园区使得中国的工业园区开发模式进一步得到丰富,由过去的单一"引进来"转变为"走出去",创造了工业园区新一轮的发展契机和热潮。根据商务部统计,截至2018年中国共有境外合作区118家,广泛分布在各大洲的50个国家和地区,通过商务部考核的国家级境外合作区有20家。在"一带一路"六大经济走廊所经过的65个国家和地区中,已经有45家中外园区建设和运营中(部分园区详情参见表1)。

表1 2018年通过考核的20家国家级中外合作园区的汇总

排名	园区名称	成立时间（年）	主导产业
1	中俄（滨海边疆区）农业产业合作区	2004	种植、养殖、农产品加工
2	泰国泰中罗勇工业园	2006	汽配、机械、家电
3	巴基斯坦海尔-鲁巴经济区	2006	家电、汽车、防治、建材、化工
4	俄罗斯乌苏里斯克经贸合作区	2006	轻工、机电、木业
5	尼日利亚莱基自由贸易区	2006	生产创造、仓储物流、城市服务、房地产
6	柬埔寨西哈努克港经济特区	2006	纺织服装、五金机械、轻工家电
7	中国-印尼聚龙农业产业合作区	2006	油棕种植开发、精深加工、收购、仓储物流
8	越南龙江工业园	2007	纺织轻工、机械电子、建材化工
9	赞比亚中国经济贸易合作区	2007	有色金属、现代物流、商贸服务、加工制造、房地产、配套服务
10	中国印尼经贸合作区	2007	汽车装配、机械制造、家用电器、精细化工、新材料
11	埃及苏伊士经贸合作区	2008	新型材料、纺织服装、高低压电器设备、石油装备
12	中俄托木斯工贸合作区	2008	森林抚育采伐、木材深加工、商贸物流
13	埃塞俄比亚东方工业园	2008	纺织、皮革、农产品加工、冶金、建材、机电
14	乌兹别克斯坦吉扎克工业特区	2009	建筑材料、真皮制品、灯具和五金制品、电机电器、农用机械、纺织品
15	老挝万象赛色塔综合开发区	2010	能源化工、农畜产品加工、电力产品制造、饲料加工、烟草加工、建材、仓储物流
16	匈牙利商贸物流合作区	2011	商品展示、运输、仓储、集散、配送、信息处理、流通加工

续表

排名	园区名称	成立时间（年）	主导产业
17	中匈宝思德经贸合作区	2011	化工、生物化工
18	吉尔吉斯斯坦亚洲之星农业产业合作区	2011	种植、养殖、屠宰加工、食品深加工
19	中国印尼综合产业园区	2013	镍铁、不锈钢
20	俄罗斯龙跃林业经贸合作区	2013	林木采伐、粗加工和深加工、森林培育、林产品展销、跨境物流

目前,中国境外合作园区大多以企业作为投资主体,以商业运作为基础,园区开发者也往往会对投资所在国的投资环境和招商引资政策等多方面因素进行考量和决策。一些发展中国家和地区政府也积极参与中外合作园区的开发,以吸引更多的企业到本国进行投资,增加当地的就业和税收、扩大出口创汇、提升技术水平、促进本国的经济发展。近年来,中国境外合作园区的快速发展也可以有效地将中国对外投资、基础设施建设、双边贸易结合起来,而且形成一揽子效应,为鼓励中国企业抱团出海提供了重要保障。

但是,境外合作园区的开发建设往往面临融资规模较大和赢利周期较长的挑战。因此,融资渠道是否畅通成为园区投资者密切关注一个重要问题。从世界范围内来看,工业园区融资的手段主要包括政府自有资本或国家举债融资、私营部门融资以及公私合作等方式(杨艳龙和唐礼智,2009)。而中国作为近年来运用工业园区最为成功的国家之一,其融资渠道主要由政府主导并融合了多样化的实际资金渠道,例如土地出让、以行政指令建设的基建基金、相关国债、国有企业海外资本市场融资等等(汪华,2010)。从最新的中国海外工业园区融资实践中可以发现,许多境外合作园区的开发者和管理者已经对一些新型投融资模式进行了有益的探索(马霞和宋彩岑,2016),越来越多的民营企业也逐渐参与境外工业园区的建设和运营之中,展现出较高的积极性。而学术界目前针对民营企业投资境外合作园区模式的系统化梳理还较少。因此,本文对中国民营企业投资境外合作园区的典型案例进行系统化剖析,对理解现有境外园区投资和运营模式的优缺点,完善金融机构对民营企业"走出去"的支持,促进"一带一路"倡议下中外园区更好的发展都有十分重要的意义。

二、民营企业参与境外合作园区投融资模式的特征

与制造业相关的海外合作园区融资模式可以纵向划分为两步。一是基础建设融资,包括基本的道路设施、厂房、水电等供应,能够满足园区开工运营的融资。二是基础建设融资之后的持续发展融资,包括设施扩建,增加园区服务等满足入园企业和园区本身的后续发展需要的融资。基础建设融资额度高、赢利模式不清晰、不确定性风险较大,而持续发展融资是在已有园区开发的基础上进行融资,融资额度可大可小、信息更加充足,因此可以有效降低融资风险。

民营资本独资或合资经营工业园区的一个主要特征是初期基础建设投入能力较小,必须尽可能的压缩成本、创造回报,尽可能地拉动其他融资主体配合融资,争取政策融资支持如政策类基金、贷款等。另外,在持续融资阶段,园区开发者也愿意投资一些园区内较有潜力的工业企业或赢利能力较高的项目,以便于能够较快地赚取现金流,滚动投入园区后续开发。

埃塞俄比亚东方工业园是中国民营企业独资在境外建设工业园区的较早也是较为成功的案例。江苏永元集团 2007 年起开始建设东方工业园,规划用地 5 平方公里。永元集团在建设东方工业园时的资本来源除企业自有资本以外,还从国内银行得到了一定比例的贷款,并在广东省政府的帮助协调下,取得了较为优惠的贷款利

率。东方工业园在开发过程中严格控制成本,配套建设成本仅为430人民币每平方米,在同类园区中属于较低的。此外,永元集团还参与投资了入园企业包括两个水泥厂、一个钢厂以及后续的药厂,均取得了较好的回报。并将投资入园项目中获取的收益也投放到了园区建设当中。

东方工业园的融资模式根据园区建设发展的不同阶段,形成了一条非常明晰的变化轨道。初期第一部分投入由企业自行投入,包括依靠企业自身能力向国内银行借贷,待项目有所初步进展后再进行招商引资,以寻求与国内外企业、开发性金融以及政策性基金的融资合作。利用企业资金的融资方式是合资参股园区内工业,以工业项目的赢利来为园区创造"滚动式收入"。滚动式收入主要来源于三家江苏永元独资企业,东方中舜水泥厂、LQY制管有限公司和东方钢铁厂。另外,与国内民营企业合资成立的两家企业(三圣药业和三圣特种建材)的经营收入,也为园区开发贡献了一部分资金支持。而开发性金融参与方包括世界银行国际金融公司(International Finance Corporation,IFC)和中非发展基金,二个投资主体都分别以参股永元集团的工业投资项目为渠道,对园区进行融资[1]。政策性现金支持包括商务部对境外经贸合作区有3亿人民币的支持,省市级别鼓励园区的支持资金也有1亿多元人民币的额度。在园区开发中后期,开发商的持续融资模式主要依靠投资园区内工业上缴的管理费用,和通过独资或合资所成立水泥厂、钢厂等符合当地发展需要且赢利能力较强的制造业企业来赚取园区开发的资金。一般来说,10年是工业园区开赢利的期限,东方工业园

---

〔1〕 据东方工业园管委会称,2010年IFC通过决议参股15%投资东方工业园"2+1项目"。"2"即年产30万吨的棒线材、年产10万吨的镀锌彩涂2个自建入区项目,"1"即工业园基础设施建设。中非发展基金通过决议参股40%投资"4+1项目",在IFC参股"2+1项目"基础上增加东方和中舜2个水泥项目(资料来源:北京大学新结构经济学研究院)。

2015 年起通过出售租赁土地、收取服务费、收取公共设施如污水处理费用等实现了园区本身赢利，形成了可持续投入的资金来源。园区在 2015 年实现收支平衡，2016 年园区赢利 1 亿元人民币，此后每年接近 50%的赢利增长，投资回报率超过 15%[1]。

三、差别化的投融资模式在民营企业境外园区建设运营的应用

（一）基础建设阶段的具体投融资渠道

根据中国国家开发银行的基础设施投资经验，基础设施项目的自生能力即项目本身的可持续经营能力，可以归纳为三个层次：投资回报低而无自生能力得项目、有部分投资回报但仍然需要依靠政府补贴的项目，以及投资回报高且自生能力强的项目（国家开发银行–中国人民大学联合课题组，2007）。

第一，对于难以收回投资的项目，如免费公共公路和城市绿化项目等，普遍的投资方式是依靠财政投入，或用历年园区开发的收益来承担建设成本。具体渠道可以包括管理费、公共设施服务费或者是园区开发商的投资收入等来源。因此，对于此类现金流极为有限的项目，其投资回收方式主要是依靠政府扶持或园区开发商的其他收入，而非依靠项目本身带来的现金流。因此，这类项目对吸引私人部门投资的能力有限。为了更好的利用园区效应带动地方经济发展，政府则需要发挥因势利导的作用（林毅夫，2012）。由于园区所面临的软硬基础设施的瓶颈性约束是随着发展阶段不同而变化的。在园区发展的初期，面临预算限制的情况下，基础设施投资需要有的放矢。一般来讲，开发者倾向于将有限的资本放在最能解

[1] 资料来源："民企投资样本：埃塞俄比亚东方工业园"，《21 世纪经济报道》2017 年 4 月，http://www.sohu.com/a/131730558_100540。

决园区瓶颈性限制的项目上，以及无法利用民营资本却能产生很强的正外部性的项目上。

第二，对于有部分可持续经营能力但自身能力有限的建设项目，其融资方式可以通过吸引私人部门的进入，但是仍需要政府配合，比如给予一定的财政补贴和其他政策优惠条件，如园区内的污水处理项目。通过补贴，政府可以将污水处理利润提升到基础设施开发商可接受的水平。另外，污水处理厂建成后，也可以通过自身产业链上下游的价值开发来提升项目赢利水平。比如，一些园区的污水处理厂可以将处理过的水提供给附近发电厂用作冷却机组的水，或是将处理完的剩下的污泥加工成化肥，以获得额外收入补贴初期建设的费用（司言武，2017）。

第三，对于自身能力较强的基础设施项目，园区开发者可以充分发挥其有潜在的商业价值，将园区融资的压力分散给参与建设的私营部门，甚至还有机会为当地财政收入做出贡献。此类项目一般包括电力、通信、收费公路、通信等。世界银行根据对孟加拉国、中国、肯尼亚以及玻利维亚的能源基础设施研究发现发电厂项目的回报率甚至可以高达 100%（Canning and Bennathan，2000）。2014 年，山东如意集团计划在巴基斯坦建设马苏德纺织工业园区，并配套电厂设施。一方面，投资建设自属的配套电厂能够为纺织园区内的企业提供成本价格的充足电力，可以大大降低企业的生产成本。另一方面，配套电厂还可以补充当地电网，以电价作为部分赢利。另外，如意计划在巴基斯坦旁遮普省投资的纺织园区，也采用了配套电厂现行的模式。因为电力项目的盈利前景较好，园区开发者也可以从市场上找到合适的基建企业共同合资开发来分散投资风险。2014 年，如意集团与山东华能共同出资总计 112 亿元人民币，投资建设了萨希瓦尔 2×66 万千瓦煤电项目。项目建成后，将持续每年发电约 95 亿千瓦时，实现销售收入 100 亿元人民币，同时也对如意的纺织工业园建设计划提供了保障。[1]

因此,根据不同基础设施赢利特点,差异化的融资方式在基础建设阶段可以灵活运用。而动员私营部门和海外资本的力量支持有自生能力的园区基建项目,将能极大地降低园区开发者的投融资风险,缓解当地政府的财政负担。

(二)持续发展阶段的具体投融资渠道

一般来说,园区开发者可以通过投资园区内赢利前景较好的工业企业,收取土地、厂房等收益以及园区管理费用等手段来获得一定的持续发展融资。但是,这些融资规模通常都不是很大,而且需要较长时间的积累。近年来,海外园区的建设运营单位更愿意使用一些更加灵活的金融手段,比如资产抵押贷款、股权融资和上市融资来募集园区持续发展阶段的资金。这些渠道的主要优点是能够为园区的扩张发展提供一次性的大额融资。埃塞俄比亚东方工业园管委会就曾提到资产抵押贷款是国内园区开发较为可行的方案。但对海外园区来说,海外资产很难进行国内抵押,境外发展中国家的金融市场又不足以进行类似的抵押融资。随着我国银行境外分支的发展,金融政策的逐步改善,资产抵押会成为园区持续融资的一大稳定来源,但可行的解题之路如"内保外贷"(卓星,2012)、境外"买壳融资"等仍处于设计摸索阶段。为了吸引持续融资,园区在基本完成基础建设开发后,需要表现出一定的赢利能力或社会效果。比如成功吸引较有实力的入园企业;表现出较好的投资额度和吸引投资额比率;园区固定资本升值潜力较好;配套赢利点如商业地产开发项目等有一定的潜力和效益等。关于泰达海外园区投资的周期性增赢利点参见图 1。

---

[1] 数据来源:"到中国'铁杆朋友'巴基斯坦建电厂",《齐鲁晚报》2015 年 3 月。

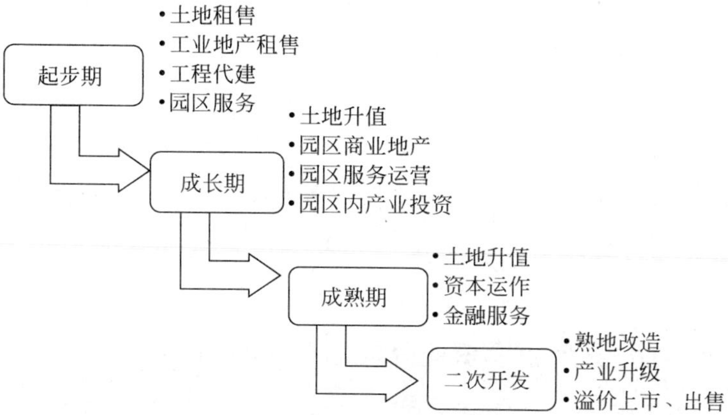

图 1　泰达海外园区周期新增赢利点

资料来源:根据《泰达海外模式研究报告》整理。

在运用金融渠道吸引私人资本方面,中非泰达–苏伊士园的做法可以提供一个很好的参考。该园区已有十多年的经营历史,是中国境外合作园区中发展得较好的典型。其初始资金主要由泰达下属的中非泰达与埃及当地合资投入,中非泰达投资股份有限公司占75%,另25%由埃中合营投资公司投资,共同组成埃及泰达投资公司。在园区持续发展阶段,中非泰达进行了股份混合所有制改革,顺利吸引了包括山东如意集团在内的两大战略投资者,混改完成后中非泰达持股42%,战略投资者分别持股17%和33%,另有中非基金持股8%。同时如意集团也是苏伊士园区的入园企业。如意集团参股中非泰达,不仅可以给园区后续管理带来资金的补充,同时也提高了如意作为埃及入园企业的管理权[1]。同时,参与中非泰达在海外园区的管理业务,也为如意集团未来的发展规划,即独立投资建设海外工业园区提供了相关经验。

[1] 资料来源:“泰达控股混合所有制改革调查:三个‘第一’是如何做到的”,《天津日报》2018 年 5 月,http://news.enorth.com.cn/system/2018/05/08/035478257.shtml。

在苏伊士园区的融资案例中，开发性金融在园区的不同阶段都发挥了重要的融资功能。在园区建设初期，通过股权投资的方式为园区建设注入了早期资本。当园区基础建设完毕急需后续融资支持时，国家开发银行用优惠贷款形式给予了园区开发者一定的资金支持，其中对非中小企业专项贷款基金也在园区的持续融资阶段起到了重要作用。

四、针对民营企业投资境外园区的具体建议

（一）在园区基础建设时期，开发者应与当地政府积极协调争取园区内较高的留存收益

对于一些在低收入的发展中国家建设开发的合作园区项目，在基础建设初期，园区开发者尤其是民营企业往往会面临较大的资金负担，加上一些项目的投资周期长、资金回收不确定性高等因素，此类项目在金融市场上所能得到的融资机会普遍不高。加上许多发展中国家政府的财政能力明显不足、国内资本稀缺，依靠当地政府来协调资源直接帮助园区开发提供融资渠道的可能性并不大。然而，即便是投资所在国政府不能为园区开发者提供便利的初期发展资金，当地政府也可以采用允许园区开发商在园区运营初期减免税收或留存较高比例的收益等一系列优惠政策，来帮助开发商将收益以滚雪球的方式用于园区的持续开发。中国境外园区投资者可以充分与所在国政府进行沟通，保证这种用财政上的激励可以有效地减轻园区的基础建设融资压力。

（二）适当增加前期基础设施设计投入，平衡超前基础建设的成本和预算

基础设施的生命周期普遍较长，一个电厂或者公路项目的生命周期可能长达一二十年，但是其运营能力很难根据需求的提升做出

及时的调整。尤其,当发展中国家经历经济腾飞时,快速的工业化对基础设施能力的要求也会迅速增大。在工业化早期,园区对基础设施的诉求可以暂时满足于基本可用的港口和道路等,而随着经济发展,园区内企业对基础设施的需求会逐渐提升。此时生产要素的价格,尤其是劳动力、土地、材料和设备的价格都可能会上涨。因此,超前建设将比几年后的价格更低,长期来看更便宜。境外园区开发者,特别是资本相对充足的运营企业可以适当地超前建设基础设施来克服基础设施随着经济增长后出现的需求不匹配的情况。虽然,未来基础设施的需求变动并不确定的,增加了在园区内外超前建设基础设施的难度。这就要求作为园区基础设施的提供者既要考虑到超前建设的成本优势,也要平衡预算的分配。尤其是对于在一些商业运营空间较大的基础设施领域,可以将一部分风险交给其他私营部门管理。但需要注意的是,想推动其他私营部门涉足基础设施项目,园区建设者必须加强基础设施风险管理能力,用可持续经营的方式建立私营部门对基础设施投资的信心。

(三)配合基础设施发展阶段和项目的赢利能力,灵活运用多种融资模式

在基础建设阶段,园区开发商应该充分利用不同的融资渠道,比如自有资金、商业贷款、国际开发性金融贷款、债券融资等,并根据基建项目的可赢利性和融资方式对收益的要求,进行灵活搭配。其中,商业贷款的投资年限较短,一般不超过7年,且对回报率有较高的要求;而国际开发性金融贷款针对中长期融资,且对贷款利率要求较低,并且可以通过资源质押的方式,用现货流代替现金流还款。如果是与投资所在国政府进行合作的园区开发项目,可以合资涉足当地的优势行业以偿还园区贷款,并帮助所在国进行主权信用的建设。园区在当地的融资也可以有条件的尝试债券融资,但是发行债券对开发商的信用和所在国的政府信用有着很高的要求,适合

有一定资本市场基础的国家。另外,园区开发商也可以探索新型的联合融资方式,将整体园区融资项目根据不同的还款期限、利率结构进行拆分,全方位吸引不同渠道的资金。在持续融资阶段,园区开发商还应注重培育园区内具有比较优势的企业,增强园区的"造血功能",并通过股权融资的方式参与入园企业的发展,将利润转化为园区持续融资的资本,以降低境外园区建设的融资风险。

参考文献

1. 戴卫明:"专业化工业园区的理论与实证",《求索》2004 年第 9 期。
2. 关利欣:"中新境外工业园区比较及启示",《国际经济合作》2012 年第 1 期。
3. 国家开发银行–中国人民大学联合课题组:《开发性金融经典案例》,中国人民大学出版社 2007 年版。
4. 林毅夫:《新结构经济学:反思经济发展与政策的理论框架》,北京大学出版社 2012 年版。
5. 马霞、宋彩岑:"中国埃及苏伊士经贸合作区:'一带一路'上的新绿洲",《西亚非洲》2016 年第 2 期。
6. 司言武:"城市污水处理行业政府补贴政策研究",《浙江社会科学》2017 年第 5 期。
7. 汪华:"工业园区建设融资方式探讨",《新会计》2010 年第 1 期。
8. 熊国平:"苏州工业园发展规划研究",《城市规划学刊》2003 年第 2 期。
9. 杨艳龙、唐礼智:"海内外科技园区融资体系的比较与启示",《经济与社会发展》2009 年第 11 期。
10. 卓星:"重视内保外贷的几种可能",《中国外汇》2012 年第 15 期。
11. Canning David and Bennathan Esra, "The Social Rate of Return on Infrastructure Investments", World Bank Working Papers WPS2390, 2000.
12. UNIDO, "Europe and Central Asia Regional Conference on Industrial Parks as A Tool to Foster Local Industrial Development", Baku, Azerbaijan, Conference Report, 2012.

(赵祚翔,北京大学新结构经济学研究院;张龙,对外经贸大学法学院;李晨妹,北京大学新结构经济学研究院)

我国民营企业面临的信贷歧视问题及应对措施——基于银企关系的视角

高庆坤　胡诗阳

早在1930年现代经济学之父凯恩斯就在其著作《货币论》中指出“银行通过信贷数额的配给可以调节投资规模，从而影响宏观经济”，可见信贷资源配置对产业发展和实体经济增长起着不可或缺的作用。事实上，银行贷款作为最普遍的资源配置方式，为最广泛的企业提供资金，在世界各大经济体中都起着主导性作用。因此信贷资源配置问题一直是各国经济和金融学界热议的经典话题。中国特殊的制度背景下，商业银行在金融体系中占绝对主导地位，银行贷款在企业融资总量中长期占比超过60%，说明信贷资源对于中国企业的生存和发展都至关重要。另一方面,长期以来产权性质差异导致信贷资源分配不均衡,民营企业融资难、融资贵的问题一直得不到有效解决。关于此问题,我们首先从理论上阐释造成民营企业信贷歧视的根本原因,并梳理信贷歧视的具体表现形式,分析信贷歧视造成的经济后果。在此基础上,我们从银企关系的视角提出民企企业信贷歧视问题的应对措施,并希望能为企业提供一定启发。

一、信贷歧视产生的理论根源

信贷歧视的概念最早于20世纪80年代被西方学者提出,并迅速成为金融领域的重要话题。在西方国家,信贷歧视主要集中在企业所有者或管理者的性别,种族和肤色等特征上。然而不同于西方国家,现有研究认为我国信贷市场存在较为严重的所有制信贷歧视,即民营企业和国有企业在银行信贷资源获取方面长期存在明显差异。

基于所有权性质对民营企业的信贷歧视是中国金融体系的特殊现象,这其中既有我国特殊制度背景和历史因素的影响,也存在所有制差异所导致的企业基本面差异的影响。早在2000年世界银行的报告表明20世纪90年代中国民营部门获得的银行信贷还不到总信贷规模的1%。随着我国改革开放和市场化进程的不断加深,这一现象有所缓解,但民营企业获得银行贷款仍然困难。根据学者统计[1],近年来我国民营企业对GDP的贡献已超过70%,但从银行获得的正式贷款却不到20%,其余80%的贷款被国有企业占

---

[1] 参见陈耿、刘星、辛清泉:“信贷歧视、金融发展与民营企业银行借款期限结构”,《会计研究》2015年第4期,第40—46页。

据。如图 1 所示,根据境外机构统计[1],民营企业作为主体的中小企业 2018 年潜在融资需求高达 4. 37 万亿美元,而可获得融资供给仅为 2. 48 万亿美元,缺口高达 1. 89 万亿元,融资缺口占 GDP 的比重近 20%。

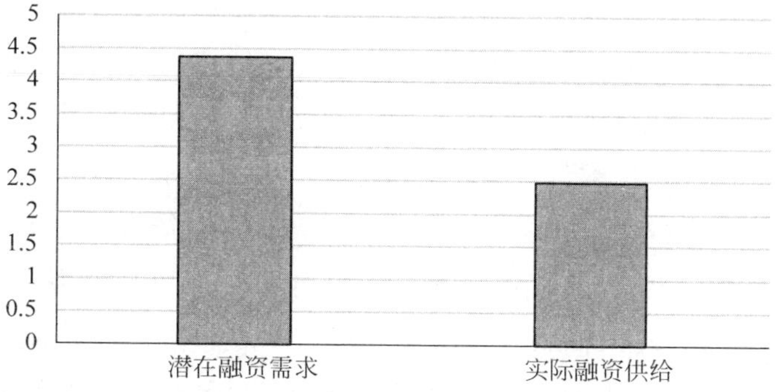

图 1　我国中小企业信贷融资缺口

要妥善解决或缓解民营企业遇到的所有制信贷歧视问题,首先需要对信贷歧视的成因进行深入剖析。我国特殊的所有制产权差异造成国有企业和民营企业在预算软约束条件,信息不对称程度和政治关联方面的显著差异,导致商业银行基于理性选择向国有企业投放更多信贷。

(一) 预算软约束

预算软约束的概念最早由匈牙利经济学家科尔奈(Kornai)提出,它指出在社会主义经济体制和转型经济体制中存在的普遍现象,即国有企业出现亏损时,政府通常会采用信贷支持,增加补贴甚至财政拨款等各种方式进行救助,因而使得国有企业背后有地方政

[1] 2018 年世界银行《中小微企业融资缺口:对新兴市场微型、小型和中型企业融资不足与机遇的评估》报告。

府或中央政府的隐性担保,难以真正发生贷款违约。科尔奈把这一现象产生的原因归结于社会主义政府的“父爱主义”。

中国学者[1]认为国有企业普遍承担着战略性政策负担和社会性政策负担,政府对企业的政策性负担所造成的亏损会进行隐性担保,同时将更多的资源向国有企业倾斜,因而造成了信贷资源向国有企业集中。2018 年中国人民银行党委书记郭树清就表示,“各种隐性担保和刚性兑付没有真正打破。市场硬约束和软约束的问题仍然比较突出,特别是市场化法治化破产机制远未形成”。

从商业银行的角度,隐性担保使得国有企业贷款出现实质性违约的风险远低于民营企业。2014 年第十四届亚布力论坛上,中国最大的商业银行工商银行董事长姜建清就表示,“国有企业违约率低,贷款规模大,而小企业违约率高,按照市场化选择,贷款给国企是正常的”。据债券市场的统计,2018 年民营企业的信用债存量只占到国有企业的八分之一,但是违约金额却是国企的两倍以上,也就是说总体而言民营企业的违约率是国有企业的近二十倍。由此可见,出于理性人的角色,商业银行更愿意将贷款拨给国有企业。

(二)信息不对称

国有企业和民营企业在信息透明度方面也存在较大差异。由于政府、银行(特别是国有银行)和国有企业长期的业务关系,银行已经建立了非常好的信息渠道来获得国有企业的内部信息,相反,银行收集和处理民营企业的信息成本会相对较高。如 2018 年被冠以“违约潮”的年份中,民营企业频频“暴雷”的状况说明民营企业和商业银行之间的信息不对称程度高于国有企业,商业银行缺乏了解民营企业经营状况和贷款风险程度的充足信息。国内学者广泛

---

[1] 林毅夫、李志赟:“政策性负担、道德风险与预算软约束”,《经济研究》2004 年第 2 期,第 17—27 页。

认为的民营企业经营存在的“不透明性”和其信息的“不公开性”，使得商业银行在信贷过程中需耗费大量的资源与时间，为满足众多民营企业的融资需求，商业银行必须与众多的投资个体进行接触，耗费高昂的信息成本，导致商业银行与以中小企业为主体的非国有经济的贷款交易成本远高于与国有大型企业的贷款交易成本。

特别是根据行为金融学理论，经济决策时往往对负面的小样本事件进行夸大，甚至将小样本概率代替总样本概率的发生，即非贝叶斯法则。基于这一理论，在实际的信贷行为中，存在噪声、信息不对称等非理性的现象，特别是在当下民营企业信息披露制度依旧不够完善的情况下商业银行会对民营企业持有一种民营企业客户信贷偿还能力差、信誉低下的刻板印象，导致了非贝叶斯法则信贷浪潮，体现为商业银行在民营企业贷款数量上的锐减。现实中不乏许多优质的民营企业，仅仅因为占比较小的负面民营企业信息的存在而增加民营企业整体在商业银行信贷的平均违约概率的估计，间接影响商业银行信贷资金的配置状况，使得民营企业融资难上加难。

特别是我国利率市场化改革还未真正完成，商业银行的贷存款利率受到人民银行和银保监会等监管部门的限制和窗口指导，这使得商业银行在进行信贷决策时会优先考虑如何规避损失，其次才是收益情况。这也就使在实际经济活动中商业银行的损失规避行为导致了民营企业在融资问题上的长期处于劣势地位。

（三）政治关联和国有银行的功能定位

我国的商业银行脱胎于计划经济的银行系统，大部分在20世纪八九十年代才完成公司制改革，并且国有银行是中国银行体系的主体，承担了大量的政策性业务，对国有企业和地方经济发展进行资金支持是其最主要功能定位之一。因此，国有企业和国有银行之间存在天然的政治关联关系，国有银行更有可能出于政治目的而非经济利益来为国有企业提供债务融资。有研究表明，国有企业向银行争取贷款时，银行对国有企业的担保需求较低，未来的贷款资金监管也较松。

二、信贷歧视对民营企业发展的影响

（一）长期存在融资难融资贵问题

信贷歧视的直接影响是造成民营企业获得贷款更加困难，融资成本高，且负债内部结构失衡。长期以来，国有企业贷款占比相对保持稳定，且以中长期借款为主要资金来源，融资成本低。而民营企业中长期贷款占比较低，更加依靠短期借款、票据融资、非标融资和债券融资，融资成本很高。

根据国内研究机构统计，截至 2018 年上半年我国上市国有企业债务融资余额超过 10 万亿元，同期上市民营企业债务融资余额 4.4 万亿元。从平均值来看，上市中央国企平均债务融资规模超 300 亿元，地方国有企业平均债务融资规模超 110 亿元，而上市民营企业平均债务融资规模不足 50 亿元。从债务融资结构来看，国有企业融资以借款为主，占比平均约为 70%，其中长期借款更是主要资金来源。与之相比，民营企业债务融资结构波动明显，债券融资在近年占比接近 40%，是各类所有制企业中最高水平，且长期借款比例明显小于国有企业，更依靠短期借款、票据融资等。

根据国内研究机构统计[1]，中国民营企业严重依赖内部融资，这一部分占比高达 60%，是美国对应比例的 2 倍。民营企业从银行贷款的比例大约 20%，远低于国外同类企业 42%的比例，潜在融资需求远远未得到满足。（见表 1）100 人以下的中小民营企融资约束情况更严峻，申请商业银行贷款被拒的可能性超过了 50%，融资难

---

〔1〕 方正证券研究报告《警惕新一轮国进民退——反思民间投资下滑的本质原因——供给侧改革之七十三》。

的问题远未得到解决。(见表 2)

表 1 中美中小企业融资结构(%)

	自由资金	银行贷款	发现债券	股票融资	其他
中国	60	20	0.3	0.6	19.1
美国	30	42	5	18	3

表 2 银行对中小企业贷款申请的审批情况(%)

企业规模	拒绝数量比例	拒绝数量次数
<50 人	65	78.9
50 至 100 人	56.4	57.9
101 至 500 人	40.9	44.2
500 人以上	26.1	24.3
合计	58.3	65

(二)银根紧缩时期民营企业生存困难

在不同时期,民营企业受到的信贷歧视程度不同、具体形式也有所差异。相比在货币政策宽松的时期,民营企业受到的融资约束主要体现在融资条件苛刻,融资成本偏高,影响到民营企业的赢利能力和主业发展;货币政策紧缩时期,民营企业受到的融资约束体现为无法获得贷款,负债增长率明显放缓,大量民营企业存在破产风险。

一般而言,货币政策通过货币渠道和信贷渠道影响实体经济。货币渠道是通过利率、汇率影响实体经济。比如货币政策可通过改变利率影响企业的资金成本,从而影响企业的投资行为。信贷渠道是通过银行信贷资源投放影响实体经济。中国的银行体系在国内经济中占绝对主导地位,而大部分商业银行具有国资背景,这使得中国货币政策传导机制中信贷渠道起主要作用。同时也导致在货币政策紧缩时期,银行系统在分配“紧缺”的信贷资源过程中信贷歧视现象非常明显，民营企业受到的融资约束已经不是融资成本的高低，而是难以获得贷款。

最近的一个货币政策紧缩周期是从2015年开始，直到2017年。中国财政科学研究院2018年的“降成本”调研统计了全国1.28万家企业，其中32%为国有企业，60%是民营企业。如表3所示，从调研情况结果来看，“去杠杆”期间国有企业平均融资规模反而迅速上升，从2015年的7.15亿元上升到2017年的22.54亿元，民营企业从5.99亿元下降到4.6亿元。另一方面，从资产负债率也能反映出民营企业在此期间新增贷款极为困难，2017年年末国有工业企业总体负债率为60.4%，而民企企业仅为51.6%，这反映出民营企业潜在融资需求得不到满足，资产负债率被动向下调整（见表3）。

表3 “去杠杆”时期融资规模变化情况

	国有企业平均融资规模	民营企业平均融资规模
2015年	7.15亿元	5.99亿元
2017年	22.54亿元	4.6亿元

三、银企关系如何缓解信贷歧视

（一）银企关系重要性的理论基础

银企关系对企业获得银行贷款、缓解融资约束具有重要作用。在企业银行融资活动中，借款人信息对于银行信贷决策具有重要意义。银行与企业的关系有助于广泛地获取借款人私有信息，从而克服信息不对称等市场摩擦，并以此优化银行信贷决策的能力，控制贷款风险。银企关系存在的现实基础和基本特征包括：一是信息的获取和利用是建立在长期关系上；二是银企之间能够形成长期隐性合约关系；三是建立起的合约能够有效降低代理成本；四是双方合约中包含抵押和个人担保，长期关系能够确保有效监督和利用抵押品;五是关系借款有助于在关系期间对贷款项目的成本分担。

事实上,中国市场经济下构建长期稳定的银企关系尤为重要,不仅能够增加银行与企业互通信息、降低信息不对称,还能通过银企之间非公开信息交流的途径构建起以信任和信用为核心的互惠互利的伙伴关系,进而实现信贷资源优化均衡配置。尤其对处于经济发展转型时期的民营企业而言,银企关系成为金融、法律等正式制度不完善时的替代性治理途径。长期银企关系建立起来的关系借贷模式,可以帮助民营企业缓解信贷歧视,同时也有利于商业银行进行贷款的风险评估和监督借款人合理使用贷款。国内学者[1]基于32个大中城市的企业调查研究发现,民营企业保持较多的关系银行数量能够显著增加其信贷可获得性。

(二)构建银企关系的几种常见路径

1. 通过产融结合

产业资本与金融资本结合一般简称为产融结合,它是指非金融企业和金融企业通过交叉持股等方式进行资本合作的行为。产融结合是在市场经济的发展过程中,产业资本市场化和金融资本市场化的必然结果。产融结合通常有两种方式:第一,金融资本参股或控股产业资本,常见的有日本的主银行制(Main Bank)、德国的全能银行制(Universal Bank);第二,产业资本参股或控股金融资本,包括入股银行、证券、保险公司等金融机构,从而实现企业经营的多元化和企业资本的虚拟化。鉴于银行在金融体系中的重要地位,产业资本与银行资本的结合成为产融结合最重要的模式。随着我国经济的发展和金融业改革的推进,产业资本与银行资本的融合也逐渐受到理论界和实务界的关注。

---

[1] 何韧:"银企关系与银行贷款定价的实证研究",《财经论丛》2010年第1期,第57—63页。

根据2003年修改的《中华人民共和国商业银行法》第43条规定银行禁止持有非金融企业(以下简称“企业”)的股份,即银行资本不能参股或控股产业资本。但是,根据法律的规定,企业可以成为银行的股东,即产业资本可以参股银行资本。因此,企业持有银行股份是我国民营企业进行产融结合的主要方式。事实上,为了促进民营经济的发展,缓解民营企业融资难问题,我国对企业持有银行股份是较为鼓励的。2005年国务院发布了《关于鼓励支持和引导个体私营等非公有制经济发展的若干意见》为民营企业参股金融机构提供了政策保障。目前,不少民营企业成为商业银行的股东。例如,2009年年底雅戈尔集团持有宁波银行7.16%的股权,并在宁波银行董事会中派驻一名董事。

2. 通过聘请银行背景高管

社会关系网络作为正式制度的一种替代机制,已成为企业生存和发展的重要方式。企业聘任有银行工作背景的高管而与银行建立起非正式联系这一现象在国内外都具有一定的普遍性。关于具有银行背景的高管在上市公司中发挥的作用主要有三种理论:资源支持理论、监督理论和财务专家理论。资源支持理论是指曾经的银行背景高管在结束与银行的雇佣关系之后,在上市公司任职,充分利用自身拥有的银行关系资源和外部关系网络,为任职企业争取更为宽松的贷款条件,获取更多的贷款资源,从而缓解企业的融资约束。监督理论是指具有借贷关系的银行派遣现任的银行背景人员同时在企业任职,他会从银行利益出发,代表债权人利益监督公司,从而便于以较低成本代表债权人利益监督公司,更有效地处理与企业的代理问题。在公司经营业绩良好时,也可能帮助企业进一步获得贷款,满足企业潜在融资需求。财务专家理论则认为,银行业者任职于企业的主要职能是利用丰富的金融资本市场工作经验和专业技能,为公司在资本市场上融资提供建议,同时拓展银行自身的业务。

国内学者发现,聘请现任或离任银行工作人员担任企业总经理或者董事的民营企业能够获得更高的信贷额度,更多银行贷款,特别是成本较低的中长期贷款。近年来不少银行高管卸任后赶赴企业任职,也从侧面说明银行背景高管对缓解企业融资困境具有帮助。例如2015年原中国银行副行长王永利离职后去往乐视控股任高级副总裁。华夏银行副行长黄金老离职后去往苏宁集团任副总裁。

3. 通过存款业务

由于我国存款准备金、存贷比等金融监管指标都与存款相关,再加上利率市场化改革导致的银行存款竞争加剧,使得存款以及理财产品等存款替代性产品对银行经营发展尤为重要,是银行能够进一步发放贷款的基础。因此,我国特殊制度背景下银行对存款的异常重视,银行之间争夺存款的现象也非常普遍。任何一家银行都迫切希望贷款企业未来能够提供存款或者购买理财产品,甚至可能会将存款或购买理财作为提供贷款的隐性条件,以满足银行扩大未来贷款额度的现实需求。例如2012年银监会专门下发《关于整治银行业金融机构不规范经营的通知》整饬银行以贷转存、存贷挂钩、借贷搭售等问题,进一步说明了银行在分配信贷资源过程中会兼顾吸收存款的现实需求。

实际上,银企关系是银行和企业之间长期商业往来形成的双向关系,企业需要银行提供贷款资金进行生产经营,银行也需要争取企业生产经营、股权债券融资等所得资金作为存款以满足金融监管要求和实现业务扩张。因此,存款和类存款金融产品是企业维护银企关系的重要筹码,在银企互动中发挥着重要作用。

如果民营企业可以有效利用存款因素在贷款定价乃至贷款分配中的作用,通过存款与银行搭建起长期的相互合作和支持。银企关系的建立过程中,银行不仅仅希望能获得企业的私有信息,减少信息不对称,同时更希望在此过程中向企业提供多种多样的金融服务。

事实上，如图 2 所示，2010—2017 年 A 股上市公司购买银行理财产品的金额逐年增长，从侧面反映出通过存款业务构建银企关系的普遍性和必要性。

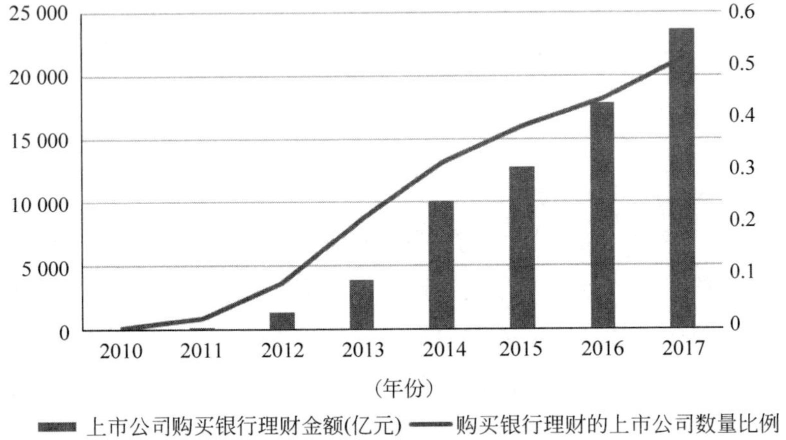

图 2　上市公司购买银行理财产品趋势

四、政策建议

中国共产党的十九大报告充分肯定我国民营经济的重要地位和作用，明确指出要支持民营企业发展，激发各类市场主体活力，要努力实现更高质量、更有效率、更加公平、更可持续的发展。另一方面，发展好民营经济更需要客观看待中国经济发展的历史背景，比如我国商业银行体系以及多种所有制经济是在改革开放后才逐步发展起来，所有制带来的一系列问题造成信贷资源配置在很长一段时间内存在受政府部门影响、向国有企业倾斜等非市场化配置的现象。

（一）坚持以竞争中性为原则的市场机制

未来如何解决民营企业信贷歧视问题，促进民营企业与商业银行的互动互助，建立良好的银企关系，关键是建立优质制度，特别是实施所有制中立、竞争中性的改革非常重要。一是简化有可能影响公平竞争环境的政府商业活动，包括分离竞争性与非竞争性业务，限制国企业务扩张权限等。二是逐渐取消对国有企业的隐性担保，打破刚性兑付，不会对其商业性活动加以补贴或救助。三是国有企业经营性活动需获取与同类商业主体可比的回报率。四是国有经济主体必须在最大程度上与私营企业面临相同的税收和监管环境，取消对国有和私有企业在税收和监管方面的区别待遇。五是债务中性，即政府对国企提供融资须保证融资条件与市场利率相一致。

（二）加强民营企业内部控制，缓解信息不对称

相比国有企业，大多数中小民营企业缺乏制度化工作流程和高效的内部控制体系，因而造成民营企业信息不透明程度高，经营风险大，难以保持长期的银企合作关系和银行信贷支持。首先，民营企业应该明晰内部治理结构，优化决策体系，深化各级部门改革和制度化工作流程。其次，应该加强企业内部风险管控体系，健全内部评估、风险预警系统，以降低管理者的非理性行为和企业财务风险。

（三）构建多层次、广覆盖和差异化的银行体系

在中共中央政治局就完善金融服务、防范金融风险的第第十三次集体学习上，中共中央总书记习近平指出，要构建多层次、广覆盖、有差异的银行体系，端正发展理念，坚持以市场需求为导向。主要应从两方面入手，一是丰富商业银行之间的差异，二是提供更多元化的金融服务产品，拓宽融资途径。具体而言：

一是要从银行类别出发，增加中小金融机构数量和业务比重，改进小微企业金融服务。中小银行在业务模式、客户定位等有别于大型商业银行和股份制商业银行，弥补了现有银行体系不足，提高

了金融服务可得性，在缓解民营企业融资难、融资慢等方面发挥了积极作用。未来应从拓宽中小银行负债来源、支持中小银行多渠道补充资本、引导中小银行开展好产品创新等方面进行调整和完善，以支持中小银行健康发展。

二是从债券和信贷两个主要债务融资渠道提供更多元化的金融服务产品。债券方面可以大力发展民营企业债券融资支持工具。由央行提供部分初始资金，通过专业机构市场化运作，出售信用风险缓释工具和担保增信等方式，为有市场、有前景、有技术、有竞争力，但暂时遇到流动性困难的民营企业发债，提供信用支持。信贷方面综合运用货币信贷政策工具，引导金融机构对民营企业增加信贷投放，对小微、三农、扶贫、双创等普惠金融领域较好的金融机构，给予进一步的政策倾斜。

参考文献

1. 陈耿、刘星、辛清泉："信贷歧视、金融发展与民营企业银行借款期限结构"，《会计研究》2015 年第 4 期，第 40—46 页。
2. 林毅夫、李志赟："政策性负担、道德风险与预算软约束"，《经济研究》2004 年第 2 期，第 17—27 页。
3. 陆正飞、祝继高、樊铮："银根紧缩、信贷歧视与民营上市公司投资者利益损失"，《金融研究》2009 年第 8 期，第 124—136 页。
4. 杨静修、唐秀梅："民营企业融资难的原因分析及对策建议——基于行为金融学的视角"，《经营与管理》2019 第 5 期，第 15—18 页。
5. 祝继高、陆峣、岳衡："银行关联董事能有效发挥监督职能吗？——基于产业政策的分析视角"，《管理世界》2015 年第 7 期，第 143—157 页。
6. Kornai, Janos, *Economics of Shortage*, North-Holland Press, 1980.

（高庆坤，中华人民共和国财政部金融司；胡诗阳，重庆大学经济与工商管理学院）

图书在版编目(CIP)数据

中国道路与民营企业发展/厉以宁主编.—北京:商务印书馆,2019
(中国道路丛书)
ISBN 978-7-100-17888-4

Ⅰ.①中… Ⅱ.①厉… Ⅲ.①民营企业-企业发展-研究-中国 Ⅳ.①F279.245

中国版本图书馆 CIP 数据核字(2019)第 223585 号

中国道路丛书
中国道路与民营企业发展
厉以宁 主编
程志强 副主编
赵秋运 主编助理

商 务 印 书 馆 出 版
(北京王府井大街36号 邮政编码100710)
商 务 印 书 馆 发 行
北京艺辉伊航图文有限公司印刷
ISBN 978-7-100-17888-4

2019年11月第1版　　开本 710×1000 1/16
2019年11月北京第1次印刷　　印张 26¼
定价:79.80元